地方立法的科学化与合理性研究

DIFANG LIFA DE KEXUEHUA YU HELIXING YANJIU

魏治勋　白利寅◎著

中国政法大学出版社

2024·北京

图书在版编目（ＣＩＰ）数据

地方立法的科学化与合理性研究 / 魏治勋等著. -- 北京 ： 中国政法大学出版社，2024.

8. -- ISBN 978-7-5764-1748-7

Ⅰ．D927

中国国家版本馆 CIP 数据核字第 2024K8R405 号

出 版 者	中国政法大学出版社
地　　址	北京市海淀区西土城路 25 号
邮寄地址	北京 100088 信箱 8034 分箱　邮编 100088
网　　址	http://www.cuplpress.com (网络实名：中国政法大学出版社)
电　　话	010-58908285(总编室) 58908433 (编辑部) 58908334(邮购部)
承　　印	北京鑫海金澳胶印有限公司
开　　本	720mm×960mm　1/16
印　　张	16.5
字　　数	270 千字
版　　次	2024 年 8 月第 1 版
印　　次	2024 年 8 月第 1 次印刷
定　　价	75.00 元

上海政法学院学术著作编审委员会

四秩芳华，似锦繁花。幸蒙改革开放的春风，上海政法学院与时代同进步，与法治同发展。如今，这所佘山北麓的高等政法学府正以稳健铿锵的步伐在新时代新征程上砥砺奋进。建校 40 年来，学校始终坚持"立足政法、服务上海、面向全国、放眼世界"的办学理念，秉承"刻苦求实、开拓创新"的校训精神，走"以需育特、以特促强"的创新发展之路，努力培养德法兼修、全面发展，具有宽厚基础、实践能力、创新思维和全球视野的高素质复合型应用型人才。四十载初心如磐，奋楫笃行，上海政法学院在中国特色社会主义法治建设的征程中书写了浓墨重彩的一笔。

上政之四十载，是蓬勃发展之四十载。全体上政人同心同德，上下协力，实现了办学规模、办学层次和办学水平的飞跃。步入新时代，实现新突破，上政始终以敢于争先的勇气奋力向前，学校不仅是全国为数不多获批教育部、司法部法律硕士（涉外律师）培养项目和法律硕士（国际仲裁）培养项目的高校之一；法学学科亦在"2022 软科中国最好学科排名"中跻身全国前列（前 9%）；监狱学、社区矫正专业更是在"2023 软科中国大学专业排名"中获评 A+，位居全国第一。

上政之四十载，是立德树人之四十载。四十年春风化雨、桃李芬芳。莘莘学子在上政校园勤学苦读，修身博识，尽显青春风采。走出上政校门，他们用出色的表现展示上政形象，和千千万万普通劳动者一起，绘就了社会主义现代化国家建设新征程上的绚丽风景。须臾之间，日积月累，学校的办学成效赢得了上政学子的认同。根据 2023 软科中国大学生满意度调查结果，在本科生关注前 20 的项目上，上政 9 次上榜，位居全国同类高校首位。

上政之四十载，是胸怀家国之四十载。学校始终坚持以服务国家和社会需要为己任，锐意进取，勇担使命。我们不会忘记，2013 年 9 月 13 日，习近平主席在上海合作组织比什凯克峰会上宣布，"中方将在上海政法学院设立中国-上海合作组织国际司法交流合作培训基地，愿意利用这一平台为其他成员国培训司法人才。"十余年间，学校依托中国-上合基地，推动上合组织国家司法、执法和人文交流，为服务国家安全和外交战略、维护地区和平稳定作出上政贡献，为推进国家治理体系和治理能力现代化提供上政智慧。

历经四十载开拓奋进，学校学科门类从单一性向多元化发展，形成了以法学为主干，多学科协调发展之学科体系，学科布局日益完善，学科交叉日趋合理。历史坚定信仰，岁月见证初心。建校四十周年系列丛书的出版，不仅是上政教师展现其学术风采、阐述其学术思想的集体亮相，更是彰显上政四十年发展历程的学术标识。

著名教育家梅贻琦先生曾言，"所谓大学者，有大师之谓也，非谓有大楼之谓也。"在过去的四十年里，一代代上政人勤学不辍、笃行不息，传递教书育人、著书立说的接力棒。讲台上，他们是传道授业解惑的师者；书桌前，他们是理论研究创新的学者。《礼记·大学》曰："古之欲明明德于天下者，先治其国"。本系列丛书充分体现了上政学人想国家之所想的高度责任心与使命感，体现了上政学人把自己植根于国家、把事业做到人民心中、把论文写在祖国大地上的学术品格。激扬文字间，不同的观点和理论如繁星、似皓月，各自独立，又相互辉映，形成了一幅波澜壮阔的学术画卷。

吾辈之源，无悠长之水；校园之草，亦仅绿数十载。然四十载青葱岁月光阴荏苒。其间，上政人品尝过成功的甘甜，也品味过挫折的苦涩。展望未来，如何把握历史机遇，实现新的跨越，将上海政法学院建成具有鲜明政法特色的一流应用型大学，为国家的法治建设和繁荣富强作出新的贡献，是所有上政人努力的目标和方向。

四十年，上政人竖起了一方里程碑。未来的事业，依然任重道远。今天，借建校四十周年之际，将著书立说作为上政一个阶段之学术结晶，是为了激励上政学人在学术追求上续写新的篇章，亦是为了激励全体上政人为学校的发展事业共创新的辉煌。

党委书记　葛卫华教授

校　　长　刘晓红教授

2024 年 1 月 16 日

目 录 //CONTENTS

导　论

一、本书的选题背景与问题意识

中国的地方立法在 2015 年因《中华人民共和国立法法》（以下简称《立法法》）的修改发生了重大改变。为了落实党的十八届四中全会关于依法赋予设区的市地方立法权的精神，全国人大在 2015 年对立法法作出了重要修改，其中第 72 条明确规定：设区的市的人民代表大会及其常委会根据本市的具体情况和实际需要，在不同宪法、法律、行政法规和本省、本自治区的地方性法规相抵触的前提下，可以对城乡建设与管理、环境保护、历史文化保护等方面的事项制定地方性法规。这就意味着全国人大以基本法律的形式向全国二百多个设区的市授予了地方立法权，从而使得中国的地方立法权从省级和较大的市扩展到所有设区的市，这是中国当代地方立法史上的一个非常重大的转变。从此，设区的市可以根据本地经济社会发展的实际情况，因地制宜地在立法法授予的三个领域的地方立法权权限之内，制定本市的地方性法规，为地方治理的精细化开辟了广阔的前景。

各个设区的市获得地方立法权以后，谋划立法的积极性高涨，在短期内产出了大量的地方性法规，但问题也逐渐显露。根据学者的概括，问题主要集中在如下几个方面：[1] 一是立法机构人员的素质存在明显差异。由于全国所有设区的市是一夜之间获得地方立法权的，各设区的市的法工委暂时专业

---

〔1〕　参见李菊：《推进设区的市行使地方立法权情况分析》，载《地方立法研究》2017 年第 3 期。

人员欠缺，素质差异较大，多数人不懂得立法的理论和技术，更没有多少地方立法方面的实践。尤其突出的现实问题是专业人员比较缺乏，甚至出现了"一人一委"的现象。二是立法能力亟需提高。由于多数设区的市过去没有法工委和法制委，没有从事地方立法的经验，被授予地方立法权以后，面临着立法能力不能适应现实的急剧变化的困境。尽管全国人大和各省市自治区人大常委会举办了一些立法理论与实务培训班，但地方立法工作者短期内仍然很难消化这些立法理论和技术，需要在实践中逐渐演练和掌握。三是设区的市的地方立法存在贪大求全的现象。地方立法被当成了一种显而易见的政绩予以积极追求，加之能力欠缺，人员缺乏，实践经验不够，必然造成地方立法质量的下降，且表现出多个方面的症状，比如抄袭上位法，重复立法，立法资源浪费，立法效率低下，立法不能反映地方特色等，这些状况在较短时间内是比较难以克服的。

但前文描述的这些现象仍然只是"现象层面"的存在。地方立法存在的深层次问题远不止如此，从更本质的层面来看，地方立法存在的问题并不仅仅是实践上的或者是现象层面的，而是带有明显理论向度的。有学者曾经概括为如下几个重要方面：[1]第一个方面，是设区的市的地方立法权的权限范围并不清晰。从全国人大的授权来看，设区的市的地方立法权被限定为城乡建设与管理、环境保护、历史文化保护等三个方面，但这三个方面的具体范围是什么？其实是不清楚的。这个问题不仅涉及"法律保留"和"不抵触原则"等基本问题，还涉及对三项地方立法权的具体范围的辨析和界定问题。举其要者有：设区的市的人大与其常委会的立法权限如何划分？宪法和法律在规定地方人大的立法权时，一般都采取对地方人大及其常委会并列表述的方式，但是在地方立法实践中，除少数涉及人民代表大会职权的地方性法规之外，地方人民代表大会很少审议和通过地方性法规。立法法针对这一情况专门强调规定：本行政区域特别重大事项的地方性法规由人民代表大会通过，但什么是特别重大事项？法律没有规定。这就使得设区的市的人大与其常委会的立法权限划分始终难分难解，这是地方立法实践和理论研究遇到的一个重要障碍。第二个方面是，设区的市的地方性法规与本级政府规章如何划分

---

〔1〕 参见王正斌：《〈立法法〉对设区的市一级地方立法制度的重大修改》，载《中国法律评论》2015 年第 2 期。

立法权限？设区的市的地方性法规与政府规章在行政级别上是同等的，但他们的界限在哪儿？法律并没有做出明确规定。从立法法关于设区的市地方立法权限的规定来看，城乡建设与管理、环境保护、历史文化保护都属于具体行政事项。而对于地方的具体行政事项，设区的市的地方政府是可以制定政府规章的，但这三项权限恰恰又同时属于设区的市的地方立法权的范围。如何对设区的市的地方性法规与设区的市的政府规章的立法范围作出划分，显然就成了另一个地方立法实践和理论研究难题和障碍。还有第三个方面：设区的市的地方性法规与省级政府规章是什么关系？根据立法法的规定，我们可以推导出一个结论——设区的市的地方立法权本质上是省级人大地方立法权的"派生性权力"，因为设区的市的地方性法规是否有效，关键在于能否获得省级人大的批准。那么从这一内容看，设区的市的地方性法规和省级地方性法规的关系是非常清楚的：后者是前者的上位法。但问题在于，设区的市的人大及其常委会制定地方性法规时，对于某些具体事项是否可以做出与省或者省级以上政府规章不一致的规定？对此立法法并没有作出具体的规定，只是在第 72 条第 3 款规定，省、自治区人大常委会对报请批准的设区的市的地方性法规进行审查时，发现其同本省、自治区人民政府的规章相抵触的，应当作出处理的决定，如何决定？虽然解决路径较为明确，但结论如何还是充满了不确定性。[1]

除了学者们提及的上述问题，还有一个非常重要的问题是：对于立法法授予设区的市的三项立法权，其中每一项立法权的具体范围是什么？立法法没有作出明确的界定，特别是"城乡建设与管理"这一项权限范围，涉及所有的设区的市的日常城市管理实践的确切权力范围问题。如果对该项权限的范围不能或者没有作出具体的规定，导致无法给出一个城市管理权限的法定边界，那么它势必导致城市管理秩序和社会法治秩序的混乱，引发设区的市的地方立法权益处于合法性边界的危险境地甚至引发"失范"的可能后果，这是地方法制建设和地方治理事业必须克服的制度障碍和制度风险。

在设区的市地方立法权权限范围界定问题之外，另一个方面的重大问题是，地方立法如何实现科学合理化？其体制、机制、技术的构成要素都有哪

---

[1]　参见陈国刚：《论设区的市地方立法权限——基于〈立法法〉的梳理与解读》，载《学习与探索》2016 年第 7 期。

些？如何构建、如何选择？这些问题之所以重要，是因为它根本上涉及地方立法和地方治理的质量问题，涉及地方治理的精细化的问题，不得不引起我们的高度重视。因而，科学立法，就作为一个重要问题被提出来并列入地方立法理论与实践的重要议事日程。这个问题包含了众多层面的内涵，重要者如地方立法科学化的体制构造、机制设计、程序安排，还有地方立法科学化的语言表述问题，特别是"法律规范词"的科学合理解释和运用问题。这些问题虽然在以前并未引起人们的广泛注意，但却是地方立法科学化合理化的关键。就以法律规范词的科学解释和合理运用问题而言，法律实践中的很多问题都是由这个问题引起的。比较重要的法律规范词如"应当""可以""必须""不得"等，它们指示着"行为模式"的方向，是行为主体何种行为具有合法性的方向性判准；[1]当法律规范词为"不得"时，它意味着一个"禁令"；而当法律规范词为"可以"时，它意味着权利的授予和权利行使方式的"选择"，这些看起来相对比较明确的理解中，实际上隐含着非常多的学术问题和实践问题；再如关于"应当"和"必须"，多数人包括多数法学家都认为"应当"和"必须"是同义的，实则不然，它们一个标识"义务性"的行为模式，一个标识"必为性"的行为模式，这二者之间还是存在着重要区别的。[2]在我国的中央立法和地方立法中，都存在着滥用或者交替使用"应当"和"必须"的现象；在同一部法律中使用的"应当"一词甚至可以包含三种以上的不同含义，这就给社会主体的行为选择制造了混乱，影响了他们的行为判断，对法律秩序的建构和法治国家的建设而言，显然是具有负面作用的因素。因而，包括法律规范词科学合理运用在内的地方立法的科学化与合理化及其实现机制问题的研究，应当受到足够重视。

除了上述问题之外，还有一些问题，也是地方性立法必须作出科学合理处理的重要内容，一是地方人大审查司法机关规范性文件的正当性问题：虽然《中华人民共和国各级人民代表大会常务委员会监督法》没有明确规定地方司法机关制定的规范性文件应纳入备案审查的范围，但鉴于这部分规范性文件在司法实务工作中发挥了实际的指导效果，因而十分有必要将之纳入地

---

〔1〕 参见魏治勋、陈磊：《法律规范词的语义与法律的规范性指向：以"不得"语词的考察为例》，载《理论探索》2014 年第 3 期。

〔2〕 参见钱锦宇：《法体系的规范性根基：基本必为性规范研究》，山东人民出版社 2011 年版，第 62~63 页。

方人大审查的范围，这既是人大充分行使自身监督职权的需要，也是为了满足加强地方司法工作监督、促进司法公正的现实需求。二是地方性法规和党内法规的衔接协调问题，这一问题的重要性已在立法实践中凸显。地方性法规和党内法规都是中国特色社会主义法治体系的重要构成部分，实践中存在衔接与协调的急切需求。党内法规和地方立法在制定技术上虽然都存在一定程度的不足之处，但二者也都在制定技术方面积累了较为成熟丰富的经验，这就使得它们之间的相互借鉴与衔接沟通成为可能。通过对党内法规与地方立法在形式结构、内容结构和语言表述方面制定技术的深入考察与辨析，基本建构起一个较为完善的关于党内法规与地方立法衔接协调的制定技术路径系统。梳理和澄清党内法规和地方性法规制定技术规范，对于提高立法立规质量具有构成性意义，对于二者的衔接和协调具有重要的技术指导作用，对于最终建成完备和谐的社会主义法治体系和完善的治理体系，尤其对于地方立法和地方治理事业的精细化推进，都具有重要理论意义和实践价值。

所有以上述及的问题，都是地方立法科学化和合理性机制与路径建设应当充分考虑的问题，也是目前学界正在展开研究而没有充分深入和解决的问题。作为一本以地方立法科学化与合理性为主题的专著，本书尝试对关涉地方立法科学化与合理性的一系列重要问题作出尝试性探索，主要包括：地方立法的科学化及其展开机制、地方立法科学化的方法与技术之维、设区的市地方立法的科学性及其合理性等三大层面的问题，前文述及的主要问题都会有所涉及，对其中的绝大多数问题都会从立法科学化与合理性的角度尽量作出比较深入的考察分析，努力逼近问题的本真面相，以期对地方立法事业的进步有所贡献和推动。

二、全书结构和主要研究内容

本书以地方立法科学化与合理性为研究主题，一共分为十章内容，内容分别是地方立法的科学化及其展开机制、地方立法科学化的方法与技术之维，以及设区的市地方立法问题的合理性研究。这三个方面的内容都以地方立法的内容和形式的合法性与合理性为主要追求，在技术、方法、路径和机制方面则体现为科学化问题，各编内容存在共通性和紧密联系。本书各编及其具体各章的主要内容为：

第一章，结合当前地方立法现状对地方立法技术进行了考察。指出当代地方立法实践中比较突出的问题如立法冲突、重复立法、立法与实践相脱节等，认为导致上述立法技术问题最根本原因在于立法的技术、方法和理念的落后、不成熟、不完善，为此需对地方立法技术的内涵、功能予以合理的建构。而实现地方立法技术科学化关键节点就在于规训立法机构工作人员的规范性意识，将地方立法技术嵌入其职业素质培育之中，并以"内在观点"呈示为高度自觉性的规范性立法行为，并以合理的立法程序历时性地展开其过程，在过程控制中尽快高质量实现立法科学化的目标。

第二章，对"应当""可以""不得""必须""禁止"等地方立法中常用基本法律规范词的功能及相互之间的区别与联系进行了细致的辨析。法律规范词是行为模式的指针性符号和"逻辑算子"，地方立法中法律规范词乃至法律用语的科学化和规范化，不仅为法律运行与司法判决的确定性和一致性确立了重要标准和前提，同时也对权利保障和权力制约提供了科学依据，对于推动国家治理的精细化和合理化都有重要和切实的实践价值。

第三章，在重构地方立法程序概念内涵的基础上，重点探讨了如何实现地方立法程序科学化的问题。本章意在阐明：良好的立法程序是科学立法的核心，也是民主立法的保障，地方立法程序因其决定着地方性法规的提出、审议、表决及公布的全过程，在地方法治建设与社会治理实践当中起着关键作用。地方立法程序，乃是地方人大及其常委会为制定、修改、废除地方性法规而进行提案、审议、表决、公布的步骤。地方立法程序在现实操作中依然面临地方立法程序的规则供给不足、公众参与机制亟待完善、功能定位存在偏差等问题。解决这些问题，实现地方立法程序的科学化需要做到：严格区分地方立法程序中的主导者及参与者、增强现有地方立法条例中的程序规范供给、不同立法主体遵循相关程序规范以实现立法制度常态化运行、提高程序的强制性、落实严重违反立法程序的法定责任。地方立法程序不仅具有完善最终立法结果的工具性价值，也是社会公众表达诉求的制度性渠道，具备内在的形式性价值和制度保障功能。为此要在明确民主立法、科学立法的功能定位的前提下，通过科学立法、民主立法诸种运行机制的正常运作，根据既有的地方立法程序框架进一步完善提案、审议、表决、公布的环节，统筹设计、系统规划地方立法程序的主体、规范、制度、标准，确保在制度上提供保障，有效达致地方立法程序的科学化。

第四章，全面系统地分析了地方立法评估科学化命题的主要构成要素。从全国的总体水平看，地方立法评估仍处于试点、探索和创新的初级阶段，为了实现地方立法评估的科学化，需要实现评估主体科学化、评估对象和内容科学化、评估信息收集科学化、评估指标体系科学化及评估回应科学化：其一，评估主体的科学化。地方立法评估主体作为立法评估的启动者、组织者和实施者，对评估工作起着决定性作用，需要构建多元化评估主体，扩大立法后评估中的公众参与。其二，评估对象与内容的科学化。地方立法评估的对象与内容是明确"评估什么"的问题，评估对象与内容作为地方立法评估工作运行的载体，是地方立法评估的应然组成要素。其三，评估信息收集科学化。针对传统信息收集形式存在的信息收集困难、信息遗漏和信息失真等问题，一方面需要扭转立法机关可能存在的错误观念，加大立法信息公开力度，以收集到更真实的评估信息。另一方面需要更新评估信息收集的方法和技术，针对信息爆炸的现状，及时引入高新技术，如大数据信息挖掘技术等。其四，评估指标体系的科学化。地方立法评估指标体系是由组群中各种单项指标共同排列成的综合体和统一体，共同目的是评估地方性法规的质量及实施情况。其五，评估回应的科学化。评估报告是整个评估工作的结晶，也是评估结果的展现，更是回应评估主体对评估工作评判的重要参考标准，因而也是评估主体自我评价和自我反思的重要依据。

第五章，基于对前四章立法语言、技术、程序和评估等地方立法科学化的结构要素的综合运用，阐述了地方立法科学化的创新机制的内涵与路径。地方立法机制是指有地方立法权的人大和政府在地方立法工作过程中如何组织各个立法要素、分配立法资源、协调立法主体关系、发挥立法功能，最终完成地方立法任务的工作流程设计及其运行方式。地方立法科学化创新机制，则是科学立法在地方立法机制中的创新体现，是科学立法的内涵标准在地方立法过程中的融入与细化。通过完善地方立法科学化创新机制以化解立法难题，实现科学立法对地方治理实践的引领、服务与保障：首先，理顺地方立法体制，完善立法权限合理划分机制，全国人大及其常委会侧重基础框架立法，省级人大及其常委会制定凸显"地方特色"的细化立法，设区的市以问题为导向立法，较大的市要主动适应新《立法法》带来的立法权限变化；其次，强化地方人大建设，实现人大主导立法的协调机制，为此要正确处理党委领导与人大主导的基本关系，在人大主导立法的基础上发挥政府的基础性作用，鼓励立法智库发展，发挥智库协助的科学保障作用；最后，对接地方治理实践，探索立法工作实施反馈机制，要创新人大主导立法的具体工作机制，提升立法技术与能力，各级人大应当通过主导立法合理配置本地本级政府事权与支出责任，提升设区的市的总体立法技术水平，保证立法效率与民主参与。完善地方立法科学化创新机制以化解具体立法难题，实现科学立法对地方治理实践的引领、服务与保障，推进地方治理实践的健康成长。

第六章，着重阐述作为中国特色社会主义法治体系重要构成部分的地方性法规和党内法规在制定技术方面的比较和借鉴的内容与方式。地方立法和党内法规在制定技术上虽然都存在一定程度的不足之处，但二者也都在制定技术方面积累了较为成熟丰富的经验，这就使得它们之间的相互借鉴与衔接沟通成为可能。通过对党内法规与地方立法在形式结构、内容结构和语言表述方面制定技术的深入考察与辨析，基本建构起一个较为完善的关于党内法规与地方立法衔接协调的制定技术路径系统，无论对于党内法规和地方性法规的衔接协调机制建设，还是对于社会主义法治体系的完善和地方治理的促进，都富有实践价值。

第七章，论述了地方人大审查司法机关规范性文件的正当性。2019年全国人大常委会《法规、司法解释备案审查工作办法》的出台，对地方人大立法的合法性审查工作产生了重大影响。该办法第36条至39条对法规和司法解释应当提出审查意见的各种类型的问题作出了概括性规定，基本明确了地方立法合法性审查的内容和方向。但同时，对于地方立法应予合法性审查的各种问题的类型、理论支撑、法律依据、基本程序、主要方法和评估技术等重要方面，法学界和立法实务界尚未进行深入系统的理论探讨。本章内容拟在深入考察包括浙江、上海、山东等省市在内的合法性审查实践基础上，对当前我国地方立法合法性审查进行分析、研判和评价，在理论与实践对应互鉴的基础上，阐明地方立法开展合法性审查的具体内容、理据、方法与技术路径。

第八章，论地方性法规与党内法规的衔接与协调。中国特色社会主义法治体系的规范渊源不仅包括了国家法律，也涵盖了党内法规，二者的衔接与协调也是完善中国特色社会主义法治体系的必然要求。地方性法规作为我国法律规范体系中的重要一环必然也要实现与党内法规的衔接与协调，我国单一制的国家组织结构形式使得中央层面党规国法的衔接协调对于地方性法规与党内法规的衔接协调具有一定的借鉴价值，但是地方性法规与党内法规的衔接协调有其特殊性，地方性党内法规中的"自主性规定"与党内法规溢出效力（效应）在地方层面的独特性使得地方性法规与党内法规的衔接协调问题自有其特殊性，不完全是中央层面党规国法衔接协调问题的复刻。需要在地方性法规与党内法规之间划分直接交集与间接交集的基础上探索与之相关的衔接协调的基准以及相应的实现机制。

第九章，设区的市地方性法规与上级规章的合理关系。通过对设区的市的地方性法规与上级规章关系的辨析，意在阐明设区的市地方性法规与部门规章、省级政府规章之间呈现不清晰与不稳定关系的深层次原因：一方面当前地方性法规与规章之间缺乏清晰的权限划分，另一方面设区的市地方性法规与上级规章缺乏总体的衔接机制，这是单一制下中央和地方事权划分紧张关系的必然反映。为此，需要从完善匹配事权改革的地方立法体制的实践创新路径入手，有效解决法治统一与地方立法特色之间的矛盾，达至地方立法的合法性与合理性关系状态。

第十章，设区的市城市管理立法权限的界定与合理配置。本章在概述设区的市城市管理立法基本功能争议的基础上，通过对当前设区的市城市管理立法情况的梳理，辨析问题之本质并从经验与思辨路径分别展开考察，意在阐明：设区的市城市管理存在上位法依据不充分、各地立法发展不平衡、立法能力不足、管理主体权责不明晰、管理方式非法治化等问题。基于此，应遵循从管控型立法向治理型立法、从强制性执法向回应型执法的理念转型，以及完善和优化地方立法体制、合理配置城市管理事权的制度完善思路。

三、主要观点与创新之处

（一）本书提出的主要理论观点：

地方立法的科学化与合理化这一主题可以具体展开为以下三个具有内在逻辑关联、对应各编核心内容的主要观点：

其一，地方立法科学化是达成地方立法合理性目标的命脉。地方立法的对象内容必须经由科学的立法技术、立法程序、立法评估、立法语言表述及立法创新机制才能转化为具有内在合理性的法律规范，上述地方立法科学化的展开机制需要借助地方立法工作人员的具体操作实现地方立法活动的规范化运行，这要求立法工作人员不能割裂技术、程序、评估等立法操作步骤，必须树立高度的规范性意识并基于立法规范的"内在观点"，融贯地把握地方立法科学化的技术机制，在立法过程中达成地方立法合理性的目标。

其二，地方立法与党内法规的制定本质上都是将社会核心价值规范化、形式化的过程，在具体技术上存在保持差异和互鉴的必要性。国法和党规都需要借助科学化的制定技术和民主化程序机制将所承载价值赋予规范形式和正当性；但基于二者属性和功能的差异，具体的立规立法技术和规范形式也会有所不同。通过探讨党规和国法制定技术的比较、互鉴、有效联接转化的路径与方法，本研究为中国特色社会主义法治体系的完善做出方法论方面的贡献。

其三，实现设区的市的地方立法科学化的关键在于满足合法性与合理性的立法标准。设区的市的地方立法作为当前地方立法的重点，必须要满足合法性标准的评判。其中的难点就在于如何实现设区的市的地方性法规和上位规章的协调。同时设区的市的地方立法也需要满足合理性的立法标准，准确把握自身的立法权限，其中对设区的市的城市管理权限的规范性解读与科学界定是其重点所在。

（二）本书学术创新主要存在于以下三点：

1. 对学科具有重要意义的法律概念的创新性探索和界定。本书涉及的重要学术概念主要有"地方立法技术"、"城市管理权"和"法律规范词"（包括"应当""可以""不得""必须""是"等），这些概念的意义与指涉范围的界定，直接关系到立法技术精度和立法质量提升，因为法律概念不清晰就不可能有对行为模式的正确指示。因而本项目较大篇幅地对这些核心概念予以精到辨析、界定和实证检验，就从根本上廓清了影响地方立法科学化、精细化的重要障碍，创新明显，理论与实践意义突出。

2. 提出了具有理论价值和实践面向的创新观点。本书第二编以地方立法技术与党规制定技术的异同分析作为研究主题，相对已有研究具有一定程度的创新性和开拓性。在澄清党规国法本质性规定的基础上，引入类型化比较研究视野和方法，力图提炼概括出较为完整的党规与国法制定技术方法系列，有望在党规与国法制定技术及部分实体研究领域形成双维度创新突破。通过对党规与国法制定技术比较研究，以求对现有立规立法技术有系统明显改进和优化，特别是为党规制定技术提供较为完善的技术方法系统，促进党规制定的科学化、规范化水平，同时为党规和国法制定技术的互鉴以及二者的有效联接转化提供路径和方法，为中国特色社会主义法治体系的完善做出应有贡献。创新具体体现为：①党规与国法基本属性与功能的不同，决定了其制定技术在语言表述、形式结构、颁行程序等诸多方面的差异。二者分属政党规范与国家法律两个层次，在规范属性、对象和功能上都有明显差异，因而需要设计不同制定技术；但二者在核心价值与根本目标上的一致性，使得其制定技术存在互鉴、融合空间。②党规制定与立法本质上都是将社会核心价值规范化、形式化的过程，存在互相借鉴、互相促进的巨大空间。党规和国法都需要借助科学化的制定技术和民主化程序机制将所承载价值赋予规范形式和正当性；但基于二者属性和功能的差异，具体的立规立法技术和规范形式也会有所不同，这就为党规和国法制定技术的互鉴以及二者的有效联接转化提供了可能，通过探求二者互鉴互促的路径和方法，为中国特色社会主义法治体系的发展完善提供理论支持。

3. 本书将现象学方法与其他分析方法有机结合，在研究方法上有所创新。与多数传统研究方法有所不同，现象学方法通过对事物的点、线、面、体的全面透视，提炼出表征事物整体属性的“一”，这种方法对于界定党规与国法的本质特征提供了根本帮助，从而为研究其制定技术奠定牢固基础，同时有机搭配概念逻辑分析、比较分析和实证分析方法，以现象学方法为中心的诸方法组合，不仅是研究方法的创新，更有助于确保整本书的确定性和合理性。

（三）本书的学术价值主要体现在以下三点：

1. 地方立法重要概念和问题的辨析和界定，对地方立法学科发展具有创新价值和基础性意义。对地方立法的科学化及其内涵的界定和辨析，对地方立法科学化的方法与技术之维的探讨、地方司法机关规范性文件合法性的审查等外部职能的正当性的分析，以及对地方立法与上位政府规章之关系的合理界定，对设区的市的城市管理权限的界定及解决对策的合理设定，这些研究都为地方立法研究提供了新观点和知识增量。

2. 对地方立法技术、表述形式、程序等问题的深入分析和界定，有助于提升地方立法研究的水准。包括规范词界定和运用、立法程序和立法评估、立法科学化创新机制、核心概念的界定和立法用语的语义分析，都有助于提升地方立法研究的水准，提高地方立法科学化和合理性。

3. 对地方立法理论的建构和完善具有重要价值。长期以来，地方立法研究更加看重经验技术的问题及其解决方法策略，不太重视理论问题的探讨和学科理论的建构与完善，导致整个地方立法学科无法获得个殊化发展，也形不成处理地方特色问题的立法理论与立法方法。本书从构筑"地方立法学"学科科学内涵的研究宗旨出发，深入研究其核心理论与实践问题，对于地方立法的实效性和精细化发展都具有重要意义。

地方立法技术科学化及实现机制

【本章内容提要】 要达成地方立法的合理性与合法性，就必须实现地方立法技术的科学化和规范化，而规范化本质上也应当体现为科学化。阐明地方立法技术的科学化的关键就在于对地方立法技术的内涵、功能和科学化路径予以合理的建构和证成。地方立法技术的内涵取决于地方立法的层级、原则及地方人大的内部分工，框定地方立法技术的合理内涵是为了明确地方立法技术的功能定位，以达至维护国家法制统一、引领和保障社会经济发展、增强地方立法在地方治理中的话语权的目标。当下在地方立法技术的运用中存在着立法冲突、重复立法、立法与实践相脱节等诸多现实问题，这主要源自地方立法经验不够充足、立法活动中部门利益的影响、地方立法人才匮乏、地方立法技术规范不够完善。地方立法的技术层面与实质目标并不截然分离，而是会交互影响，解决以上问题需要分层面、有次序地逐步进行，其中根本之举在于通过培育立法机构工作人员的规范性意识，将地方立法技术嵌入其职业素质之中并以"内在观点"呈示为高度自觉性的规范性立法行为，以推动地方立法技术的科学化。

立法技术构成了科学立法的主线，贯穿地方立法过程的始终，是地方立法机构工作人员所必须遵循的操作规范，地方立法技术的科学化同样也成为法学研究者与法律实务界理应共同追求的目标。地方立法技术优劣好坏直接关系到地方性法规的文本质量及实践效果，"地方立法技术必须追求立法的科学化，如在地方立法草案的起草中，法规概念的统一、文本结构的协调、逻辑结构的完善、法规用语的规范等，都是地方立法技术应当且必须追求的目标，必须以此作为考量地方立法技术优劣的基本评价标准。"〔1〕因此，我们明确地方立法技术的科学内涵与功能定位，深入发掘当下地方立法技术中的问题并分析成因，在此基础上方能提出富有建设性和针对性的推动地方立法技术科学化的对策建议。

一、地方立法技术的科学内涵与功能定位

（一）地方立法技术的科学内涵

立法技术是在制定、修改与废止法律法规过程所依照的方法，根据不同的划分标准，我们可以对立法技术进行类型化的处理以确定其科学内涵。

从广义与狭义的角度来区分，广义上的立法技术是指在一切法律制度中历史地形成的，并且运用在当下立法活动中的知识、经验、技巧、方法的总和。〔2〕广义上的立法技术涉及立法权限的划分、立法体制的构建、立法项目的择取、立法程序的编排、立法评估的模型、法律文本结构的设计、法律语言文字的表述、法律文本的立改废释等方面的技术；狭义上的立法技术一般仅指涉及法律的结构安排、文字表述方面的技术。根据立法技术的具体程度，可以分为宏观的立法技术与微观的立法技术，其中宏观的立法技术是指立法指导思想或者说立法操作原则，如普遍性与特殊性相互补充，稳定性和灵活性彼此兼容，立法要与社会发展实践相符合等；微观上的立法技术是指在具体立法活动中法律的结构编排和语言文字的表述，如法律中编、章、节、条、款、项的安排、法律条文的逻辑建构（行为模式+法律后果或行为模式/法律后果）、标点符号的使用、专业术语的定义等。而按照立法活动的不同阶段，可以分为立法准备阶段的技术，如立法规划、立法听证、立法起草等；立法形成阶段的技术，如提案、审议、表决、公布、批准等；立法完善阶段的技术，包括立法评估、立法清理等。

虽然对立法技术类型化的处理标准各异，但结合新修订的《中华人民共和国宪法》（以下简称《宪法》）与《立法法》，我们可以从依据不同标准作

---

〔1〕 宋才发：《地方立法的项目、技术及其机制研究》，载《云梦学刊》2021年第1期。

〔2〕 参见孙书妍：《立法技术与法律的有效性——以就业促进法为例》，载《人大研究》2008年第6期。

出的立法技术分类中提取出"最大公约数",并择取与地方立法活动的特点关联最为紧密的立法技术,进而框定地方立法技术的科学内涵:

其一,从立法的层级来看,中央与地方分有不同的立法权限。根据《立法法》第11条法律保留的相关规定,涉及国家主权、政府组织架构等重要领域的立法权只能由中央一级的立法机构即全国人民代表大会及其常务委员会享有。按照传统法律保留理论,立法保留旨在限制立法者的选择权与授权立法的自由,特定事项只能由中央立法机关制定规范。[1]因此,立法权限的划分、立法体制的构建基本由中央立法加以规定,在广义立法技术中地方真正能够涉及的一般只有立法项目的择取、立法程序的设计、立法评估的模型、法律文本结构的设计、法律语言文字的表述。出于概念的独立性与外延的确定性的要求,地方立法技术趋于专业化和精细化,要求立法技术能够与立法程序、立法评估的概念相分离。"无论对立法技术的内涵和外延怎样界定,法的结构营造技术和法的语言表述技术都是无可置疑地属于立法技术的范畴。"[2]而立法项目的择取则是用以确定法律内容的前提,法律的结构安排、文字表述方面的技术是在立法项目确定以后,用以系统化地表述法律内容。立法项目的择取、法律的结构安排与文字表述共同构成了地方立法技术的核心要义,可以理解为狭义立法技术+立法项目择取。

其二,从地方立法的原则来看,《宪法》及《立法法》为地方立法确立了"不抵触"与"不重复"的双重原则。"不抵触"原则源自《宪法》第100条与《立法法》第80、81条的规定。《立法法》第80条规定:"省、自治区、直辖市的人民代表大会及其常务委员会根据本行政区域的具体情况和实际需要,在不同宪法、法律、行政法规相抵触的前提下,可以制定地方性法规。"第81条规定:"设区的市的人民代表大会及其常务委员会根据本市的具体情况和实际需要,在不同宪法、法律、行政法规和本省、自治区的地方性法规相抵触的前提下,可以对城乡建设与管理、生态文明建设、历史文化保护、基层治理等方面的事项制定地方性法规,法律对设区的市制定地方性法规的事项另有规定的,从其规定。""不重复"原则源自《立法法》第82

---

〔1〕 参见周敬敏:《立法保留范围之规范解释——兼论〈立法法〉第八条、第九条的修改》,载《烟台大学学报》(哲学社会科学版)2021年第4期。

〔2〕 周旺生:《立法论》,北京大学出版社1994年版,第183页。

条，即"制定地方性法规，对上位法已经明确规定的内容，一般不作重复性规定。""不抵触"原则要求地方立法要能维护法制的统一和稳定，"不重复"原则要求地方立法能够依据本地的发展状况来因地立法。"地方立法与国家法和上位法'不抵触''不重复'的立法原则，既是地方立法的基本遵循，也是地方立法技术的根本要求。"[1]所以地方立法需运用宏观的立法技术，坚持普遍性与特殊性相互补充，稳定性和灵活性彼此兼容，立法与社会发展实践相符合，使地方立法富有特色，符合"不重复"原则的要求。微观的立法技术则符合"不抵触"原则的要求，不论是法律的编章体例的安排还是专业术语的理解乃至标点符号的使用，一方面都需追求与上位法所使用的立法技术相衔接，另一方面也需在本行政区域内保持立法技术运用的统一，宏观与微观的立法技术构成了地方立法技术的重要内容。

其三，从地方人大代表及常委会组成人员与立法机构工作人员的分工来说，地方立法机构工作人员主要职责就在于在立法准备阶段的立法规划、立法起草等立法筹备工作与立法后的立法修订、立法清理等立法完善工作。概括说来，他们的主要职责包括收集立法信息、确定立法内容、完善法律文本结构与语言文字叙述等。在某种程度上，立法机构工作人员类似于"立法官僚"，有学者将立法官僚理解为是在立法机关中专职从事法律制定并由非民选专业立法人员组成的法制工作部门[2]，他们在立法规划、法案起草、法律评估的过程中发挥重要作用。[3]而地方人大代表及常委会组成人员的职责主要是立法形成过程中的提案、审议、表决、公布、批准等牵涉利益分配的"政治决断"，这部分职能专属于地方人大代表及常委会组成人员，涉及"政治决断"的相关职责已经脱离了立法技术层面的问题，属于人民民主的具体实现方式，应当由《宪法》和《立法法》加以规定。因此，立法技术应被限定为立法机构工作人员在履行职责时所采用的理念与方法。立法准备阶段的立法规划、立法起草与立法完善阶段的立法修订、立法清理共同构成地方立法技术的基础概念。

综上，我们通过对立法技术的类型化处理，结合地方立法活动的自身特

〔1〕 宋才发：《地方立法的项目、技术及其机制研究》，载《云梦学刊》2021年第1期。

〔2〕 在2015年修订的《立法法》中，增加了"全国人民代表大会有关的专门委员会、常务委员会工作机构应当提前参与有关方面的法律草案起草工作……"等相关规定。

〔3〕 参见王理万：《立法官僚化：理解中国立法过程的新视角》，载《中国法律评论》2016年第2期。

点，总结出了地方立法技术核心要义、重要内容及基础概念，这三者并非简单的并列或包含关系，而是交叠着共通的部分，并且有所差别，形成互补。核心要义中的狭义立法技术、重要内容中的微观立法技术与基础概念中的立法起草技术实际上共同指向法律的结构安排、文字表述，仅是观察的角度与表述的方式不同。核心要义中立法项目的择取与基础概念中的立法规划也是类似的，共同指向立法内容的确定方面的技术。基于已论，完整的地方立法技术的合理内涵应如此表述：以狭义上微观层面的法律文本结构安排、法律语言文字表述构成的立法起草技术为主，辅以立法准备阶段的立法规划技术以确定立法内容，辅以立法完善阶段的立法修订、立法清理技术以更新法律文本，充分贯彻宏观层面的立法技术或称立法指导思想。

（二）地方立法技术的功能定位

框定地方立法技术的合理内涵不只是便利地方立法机构工作人员的日常工作，更是为了明确地方立法技术的功能定位。技术从来就无法脱离价值目标的引导而自行其是，政治制度的性质、时事政策的走势及社会舆论的导向都会决定立法技术如何被运用，我们只有在准确把握地方立法技术的功能定位之后，才能评断相关立法技术是否能够满足地方立法活动的需要，如此方能发掘当前地方立法技术中存在的问题并分析其成因。

首先，地方立法技术应当服务于维护国家法制统一。虽然地方立法致力于地方治理与经济发展，具体内容体现地方特色，却不一定意味着地方立法技术必须处处体现"特色"。相反，良好的地方立法技术是与上位法所使用的立法技术有机协调的。这种协调的价值在于避免下位法与上位法的相互抵触，防止同一位阶地方性法规的相互冲突，从而使得法律具有公信力、稳定性以及可操作性，满足民众对于法律秩序的追求。地方立法技术维护国家法制统一主要体现在以下四个方面：一是法律结构安排、法律语言文字表述与全国性立法保持一致，以《山东省旅游条例》为例，在2013年《中华人民共和国旅游法》（以下简称《旅游法》）正式颁布实施以后，为贯彻落实《旅游法》，山东省在2016年修订通过的《山东省旅游条例》的结构被划分为总则、旅游规划与促进、旅游公共服务、旅游经营、监督管理、法律责任、附则共计七个部分，在结构安排上基本沿用了《旅游法》编章体例，只是删减掉了部分无需重复规定的章节，如旅游者、旅游服务合同、旅游纠纷处理，被删减的部分在全国基本具有普适性。二是通过规范性语词的使用与全国性立法保持一致，《山东省旅游条例》中大量使用的"应当""不得""可以"等规范性语词在《旅游法》中也是通用的，用以划分权利义务，确定责任归属。三是专业术语的定义与全国性立法保持一致。以"旅游经营者"为例，在《山东省旅游条例》中的"旅游经营者"是指景区、旅游饭店、旅行社、乡村旅游点、旅游车船公司等从事旅游经营的单位和个人，《旅游法》中的"旅游经营者"是指旅行社、景区以及为旅游者提供交通、住宿、餐饮、购物、娱乐等服务的经营者，二者的定义基本是一致的，但表述的方式有所差异。四是通过立法清理技术及时消除地方立法与上位法相冲突的部分，《旅游法》颁布实施以后，山东省及时修订了《山东省旅游条例》，在2015年设区的市被授予地方立法权之后，各设区的市也对相关立法及时清理，避免与上位法相抵触。

其次，地方立法技术应当充分发挥地方立法引领和保障经济社会发展的作用。根据2015年修订的《立法法》第73条有关地方立法权限的规定，有学者将地方立法大致分为实施性、自主性、先行性三种类型，实施性立法是指为执行法律、行政法规的规定，根据本地实际情况而作出具体规定的地方立法；自主性立法是指属于地方性事务，国家通常不对该事项专门立法，而由地方根据本地需要制定地方性法规；先行性立法是指不属于国家专属立法权的事项，对该事项国家还没有制定法律或者行政法规，地方根据实际需要先行制定的地方性法规。[1]地方立法既然要引领和保障地方经济社会发展，就必须因地制宜，根据本地实际需要和发展状况，在立法中体现"地方特色"。如何运用地方立法技术就显得尤为重要，其中宏观的地方立法技术与立法规划技术的运用成为关键所在：就实施性立法来说，由于实施性立法是在已有上位法的前提下，为贯彻落实上位法而作出规定，自主空间有限，一旦上位法出台，地方一般会将该类事项纳入到未来的立法规划当中去，而有效运用宏观的地方立法技术能够避免下位法对上位法的简单重复，如《中华人民共和国自然保护区条例》属于上位法，其中有关保护自然环境与自然资源的原则在各地制定的相关条例的总则部分中多有体现，但各地也会根据本地自然环境的特点在具体条文中有所设计，如侧重于保护海洋生态环境的《海

---

[1] 参见李高协：《浅议地方立法技术及其规范》，载《人大研究》2015年第3期。

南省自然保护区条例》、侧重于保护热带雨林及特殊地质构造环境的《云南省自然保护区管理条例》、侧重于保护湿地生态环境的《山东省黄河三角洲国家级自然保护区条例》等，就是普遍的法律原则与特殊情况相互兼容的典范。就自主性立法、先行性立法来说，地方人大及其常委会拥有一定的自主选择的空间，应着力运用立法规划技术，把握本地区经济发展的趋势，分清立法任务的主次缓急，详细论证对本地发展至关重要的立法事项，将之列为立法规划项目，力争做到地方立法与社会发展实践相符合，乃至积累先进立法经验，为全国性立法探索道路。

最后，地方立法技术应当增强地方立法在地方治理中的话语权。党的二十大报告提出到 2035 年我国发展的总体目标，民主法治领域是"基本实现国家治理体系和治理能力现代化，全过程人民民主制度更加健全，基本建成法治国家、法治政府、法治社会。"[1]随着社会治理重心不断下移，地方治理的重要性陡然上升，而地方性事务的特殊性和庞杂性决定了统摄全国事务的中央立法无法以"一刀切"的形式对之进行有效规制，所以地方治理需要地方立法提供法治保障，地方立法技术对提升地方立法在地方治理中的话语权起到了不可替代的功用：一方面，地方人大及其常委会采用立法规划、立法清理方面的技术，衔接上位法的规范要求，在已有权限范围内对地方治理中的普遍需要作出回应；另一方面，通过法律的结构安排、语言文字表述组成的立法起草技术，地方人大及其常委会可以将地方治理中的先进经验固定下来，制定地方性法规，这构成地方治理实践的合法性来源。

二、地方立法技术运用中的问题及成因

（一）地方立法技术运用中的问题

当下地方立法技术中存在的问题呈现为部分立法机构工作人员错误理解了地方立法技术的内涵或功用，从而进一步影响了地方立法技术的实践运用，导致地方性法规的文本质量与实践效果并不理想，概括说来，地方立法技术的错误运用主要呈现以下四个方面的问题：

---

〔1〕习近平：《高举中国特色社会主义伟大旗帜 为全面建设社会主义现代化国家而团结奋斗——在中国共产党第二十次全国代表大会上的报告》，人民出版社 2022 年版，第 24 页。

其一，地方立法与上位法冲突。地方立法与上位法冲突存在多种表现方式，既有与上位法所规定的具体条文相冲突，也有与上位法的立法精神及基本原则相冲突，还可以表现为地方侵犯中央专属的立法权。不论何种冲突的表现形式，都根源于地方立法机关没有将维护法制统一作为地方立法技术的重要功用，从而在立法起草时没有吸纳上位法的基本原则，或者术语使用与上位法相左，或在立法清理时忽略与上位法相抵触的部分条文，这是违背"不抵触"原则的表现。地方人大及其常委会虽可以通过修改或废止法律的方式进行矫正，此种修改或废止只具有事后的弥补作用，仍然会损害地方性法规的公信力与执行力。在 2017 年以前，《甘肃祁连山国家级自然保护区管理条例》历经 3 次修订，部分条文却始终与《中华人民共和国自然保护区条例》相抵触，在甘肃省的规定中，自然保护区内禁止进行三类活动包括"狩猎、垦荒、烧荒"，但国家规定在自然保护区内禁止进行十类活动包括"砍伐、放牧、狩猎、捕捞、采药、开垦、烧荒、开矿、采石、挖沙"，甘肃省的规定所保留的是在近年来发生频率较低的三类违法活动且危害有限，却恰恰除去了会严重损害祁连山生态环境的七类违法活动，相关条文体现了地方立法机构工作人员片面追求经济增长以至于忽视生态环境的错误观念，甘肃省的规定属于严重违反了上位法的具体条文和立法精神。甘肃省人大常委会在 2017 年对《甘肃祁连山国家级自然保护区管理条例》进行了全面修订，恢复了对十类违法活动的规定，不再与上位法相抵触。

其二，地方立法存在"重复立法"的现象。所谓"重复立法"是指除了必要而合理的重复[1]以外，地方人大及其常委会在制定地方性法规的过程中通过直接照搬、简单拼凑及套用形式等方法，对上位法或者同一位阶的法律不经实质性的修改，重复其内容或形式的做法。"重复立法"源于完全将地方立法视作中央立法的延伸，忽略了地方立法应有的自主性和独立性，将立法技术的运用限于形式或内容上的照抄照搬。"重复立法"也是对维护法制统一的变相曲解，按照凯尔森的理论，法律秩序不是由同一平面上同时并立的法律规范构成的集合，而是不同等级的法律规范相互衔接，层层递进，并最终

---

〔1〕 所谓"必要而合理"重复是指：（1）作为下位法的立法依据而引用上位法的有关条款；（2）作为下位法的适用依据或适用条款而引用上位法的有关规定；（3）上位法规定必须由下位法援引规定的内容。详情参见李林：《走向宪政的立法》，法律出版社 2003 年版，第 222 页。

可以推导出一个源自基础规范的统一体。[1]地方立法与上位法之间应注重效力等级的差异，上位法通过基本原则和立法精神规制地方立法，地方立法在重要术语的定义和基本形式上与上位法相互协调，而不是在具体内容上的简单重复。所以"重复立法"不仅直接违背了"不重复"原则，也错误地理解了"不抵触"原则，以为"不抵触"上位法就是在立法中尽量减少地方特色。以《中华人民共和国消费者权益保护法》（以下简称《消费者权益保护法》）为例，在2013年全国人大常委会对《消费者权益保护法》进行修订以后，甘肃省、江西省、湖南省、上海市依照新修订的《消费者权益保护法》对本省相关的地方性法规进行修订，根据统计，4省市的消费者权益保护法规与作为上位法的《消费者权益保护法》文字重复率在50%以上的法条数量占了近1/3。如果对类似的"重复立法"的现象不加控制，不仅会严重浪费有限的立法资源，也人为割裂了地方立法与地方发展的特殊需求之间的联系，使得地方立法日益僵化，脱离实际，从长远来看，也会阻碍立法的进步。

其三，地方立法与社会经济发展实践相脱节。地方立法完全同步于社会经济发展实践其实是理想状态，现实中立法多是后发性的，是在社会变革发生之后，立法机关以法律的形式对已有的发展模式加以确认，但这一过程并不意味着地方立法与社会经济发展实践相脱节。只要地方立法机关能够合理运用立法规划技术，及时将涉及本地社会经济发展的事项纳入到立法规划中，便能跟上社会发展的步伐。一旦地方立法严重滞后于社会经济发展实践，那便意味着地方立法机关没有及时将涉及新兴产业的事项纳入到立法规划中，抑或部分地方性法规刚出台时尚属先进，却由于长期得不到修订或清理，时过境迁，这部分地方性法规反而构成了对社会经济发展的阻碍。党的十九大以来，山东省以新旧动能转换作为革新发展理念、推动产业升级换代的重大举措，亟需法治保障，新旧动能接续转换，山东地方经济社会发展的创新力不断增强，发展水平显著提升，这也依靠地方立法的规制、引导及促进。于2019年颁行的《山东省新旧动能转换促进条例》涉及人才引进、高校建设、生态环境、基础设施等领域的促进新动能发展的内容，与之相关配套的山东省地方性立法也需尽快纳入到地方立法规划中，加快立法进程，涉及旧动能

---

[1]　参见［奥］凯尔森：《法与国家的一般理论》，沈宗灵译，中国大百科全书出版社1996年版，第142页。

的相关地方性法规也需尽快修订或者清理，避免立法前后冲突。

其四，地方立法目的与实施效果产生偏差。地方立法目的与实施效果产生偏差存在多种表现形式，含义较为宽泛，前述地方立法与上位法冲突、"重复立法"、地方立法与社会经济发展实践脱节都是相关表现形式，此处不做赘述，需要重点提出的是，地方立法目的与实施效果产生偏差并不单纯是立法技术运用的问题，而是是否应当就某类社会需求进行地方立法，如若某类社会需要借助民间规范、政策性文件或者上位法可以得到有效满足，在此情况下，反而要求地方立法去规制，那么无论地方立法技术运用多么娴熟，实施结果必然与立法目的产生偏差。正如有学者认为立法"是一个对于社会需求进行回应并不断将其区分和筛选为制度需求与非制度需求、政策需求与法律需求、长期法律需求与紧迫法律需求的过程，最终汇集并形成强烈和明确的立法需求的过程。"[1] 形成强烈和明确的立法需求是最终的结果，在区分和筛选过程中，非制度性需求、政策需求、与部分长期法律需求完全不必动用地方立法技术：非制度性需求，例如家庭内部的情感纽带、社会团体的自我管理、传统乡村的邻里关系等并不需要地方立法规制，地方立法介入非制度性需求的领域不仅浪费立法资源，还会压制社会生活的空间；政策需求，例如房地产市场的调控就不适宜采用地方立法的形式，市场瞬息万变，价格波动频繁，如果各地采取地方性法规来对本地房地产市场进行调控，很可能会导致法律的朝令夕改，影响地方立法的稳定性，危害其公信力，采取政策性文件的形式反而能够更加灵活地应对；部分不属于地方立法权限的长期法律需求，可以直接适用上位法，地方立法会侵夺本属于上级立法机关的立法权限。

（二）地方立法技术运用中的问题的成因

上述地方立法技术运用中存在的问题虽然表现形态各异，但有着共同的成因，主要分为以下三种：

首先，地方立法经验不够充足与立法活动中部门利益的影响。与长期进行立法活动并享有广泛立法权限的全国人大相比，地方获得立法权的时间较晚且立法权限有限。省、直辖市、自治区及较大的市都是在80年代以后才拥有地方立法权的，设区的市更是在2015年《立法法》修订以后获得立法权，

---

〔1〕 石东坡：《立法需求的生成与确立问题探究——析〈立法法〉第72条第4款》，载《法学论坛》2016年第1期。

并且立法权仅限于"城乡建设与管理、环境保护、历史文化保护"三个领域。现有的 284 个拥有地方立法权的设区的市中仅有 49 个"较大的市"立法经验较为丰富,大部分设区的市的地方人大在获得立法权之后虽然也有着较为丰富的地方立法实践,出台了一定数量的立法文本,对于如何针对本地发展情况进行科学合理的立法规划、如何在不与上位法冲突的前提下体现地方立法的特色、如何在法律文本体系化与实用性之间进行权衡的立法经验都不是很充足。加之长期以来地方立法草案的起草主体多为各级地方政府及所属部门而不是地方人大及其各专门委员会,受到部门利益的影响,这些起草主体容易将地方立法变为在不同权力部门之间利益再分配的手段,从而使得地方立法脱离社会经济发展实践,大大降低了地方立法服务社会经济发展的应有功能。有学者指出:"虽然中央立法过程中同样存在部门利益博弈,但相对来说涉及的问题比较抽象、原则,地方立法由于更直接涉及具体执行层面的权责分配,部门利益博弈体现得更直接、充分。因此,地方立法过程中部门利益博弈的研究更具紧迫性。"[1] 在地方人大特别是设区的市的人大尚不充分具备立法经验时,受较为强势的政府及其所属部门的立法经验的影响,容易将具有以维护部门利益为特征的不合理立法经验引入地方人大,使得地方立法技术的运用偏离应有的功能定位。

其次,地方立法人才匮乏,部分立法机构工作人员专业水平有待提高。地方立法技术运用的核心在于立法工作人员有着过硬的法学素养和丰富的立法工作经验,立法工作经验和法学素养是选拔和培育立法人才的关键所在。但是目前地方立法仍然面临人才匮乏的局面,由于地方人大特别是设区的市人大在引进立法工作人员时并未充分以法学素养作为考核标准,往往偏重其政治素养,导致立法机构工作人员在进行具体立法工作时产生越权立法、与上位法相冲突等不良现象。而具备一定工作经验的地方人大的立法机构工作人员,虽然能够把握总体的立法原则,不会引发严重的立法错误,但往往由于缺乏专业法学知识的学习,极容易陷入"本本主义""拿来主义"的窠臼中不能自知,在衔接上位法或者学习其他地方先进立法经验时容易照搬照抄,重复立法,这在浪费地方立法资源的同时,还会引发普通民众对地方立法的

---

〔1〕 曹旭东、刘训东:《职权交叉点避责:地方立法中的部门利益博弈》,载《地方立法研究》2022 年第 1 期。

信任危机。地方各级人大通过与高校、科研院所的合作，从外部借助专家学者的力量，将部分地方立法起草的任务委托给高校、科研院所，这在一定程度上可以缓解地方立法专业水平不足的问题。但是由于高校、科研院所的专家学者对本地发展实际情况了解程度有限、立法工作经验不足，起草的法律文本虽然在篇章体例的安排、专业术语的使用、规范逻辑结构的设计上更加准确，也不会单纯重复上位法或者抄袭，但是立法文本容易与本地实际相脱节。因此，提高地方立法技术运用水平，必须在立法人才引进、立法机构工作人员专业培训、外部专家学者的协助这三个环节都协调好法学素养与立法工作经验的关系，避免顾此失彼，习近平总书记指出："不是什么法都能治国，不是什么法都能治好国；越是强调法治，越是要提高立法质量。"〔1〕提高立法质量就必须及时提升地方立法机构工作人员的专业素养，引进优秀立法人才，建立配套的专业服务机构，合理配置地方立法资源。

最后，地方立法技术规范不够完善。根据学者的定义，"立法技术规范是指立法技术运用的具体规则和要求，具体指法律法规的结构、形式、文体、修改和废止的方法等方面的规则。"〔2〕那么地方立法技术规范便可以具有两种含义，一种是在地方立法实践中切实运用的具体规则和要求，但是这些规则和要求并没有以系统、成文的形式表达；另一种是指由地方人大常委会印发的系统、成文的立法技术规范，常以"制定地方性法规技术规范"或"地方立法技术规范"作为标题，例如《北京市制定地方性法规技术规范（试行）》《浙江省地方立法技术规范》等。尽管系统、成文地方立法技术规范客观上起到了推动地方立法工作的规范化运行的作用，却仍存在权威性有限、不够统一、缺乏刚性制度约束等问题：其一，就权威性有限来说，地方立法技术规范多是供地方人大内部工作人员参考所用，类似于工作手册的性质，权威性上弱于正式的地方性法规，导致地方立法技术规范的解释、修改、废止的严谨性偏低，约束力度有限，一般民众也难以了解到立法技术运用的具体规则和要求，这也使得对地方立法技术的实施缺乏行之有效的舆论监督。其二，就不够统一来说，虽然地方现有的立法技术规范数量较多，全国人大

---

〔1〕《习近平论立法质量：不是什么法都能治好国》，载 http://cpc.people.com.cn/xuexi/n/2015/0512/c385474-26985149.html，最后访问日期：2018 年 7 月 26 日。

〔2〕 李高协：《浅议地方立法技术及其规范》，载《人大研究》2015 年第 3 期。

常委会法工委也印发了《立法技术规范（试行）（一）》，但是各地的立法技术规范趋于分散，不同级别的立法技术规范也没有严格的对应关系，这容易导致地方立法在技术层面出现专业术语使用不规范、篇章体例交叠重复、法律概念理解不一致等问题。其三，就缺乏刚性制度约束来说，地方各级人大尚未建立起以统一的立法技术规范为核心的考评机制。对于专门从事立法规范、立法起草、立法修订、立法清理等工作的立法机构工作人员而言，没有客观明确的技术标准去衡量他们立法工作的成效，容易在地方立法出现问题时出现相互推卸责任的情况。

三、推动地方立法技术科学化的对策建议

科学化是地方立法技术理应追求的目标，而推动地方立法技术科学化以服务于地方法治建设与社会经济发展作为发挥地方立法实效的重要途径。"立法科学化要求立法不仅应立足于其本身，还应关注社会发展的客观实际；既要重视立法过程，又要注重立法结果；既要注重形式，又要注重内容。"〔1〕所以科学化之于地方立法技术有着双重互补的含义：一方面，就其本身而言，科学化首先意味着立法起草中法律文本结构的协调、法律概念的统一、法律用语的具体明确、法律逻辑结构的完善，这些都应当是地方立法技术所应追求的目标。另一方面，立法起草中法律文本的形式理性必须服务于地方经济发展与社会治理实践的需要，宏观的立法指导思想与配套的立法规划、立法修订、立法清理决定着法律文本最终的价值指向，形式理性和实质目标相互结合构成了地方立法技术科学化的应有之义。上文中提及的地方立法技术运用中的问题，如重复立法、与上位法冲突，属于立法的形式理性领域的问题，如地方立法与社会经济发展实践相脱节、地方立法目的与实施效果产生偏差，属于立法的实质目标领域的问题。地方立法的形式理性领域与实质目标领域并不是截然分离，而是会交互影响，解决这些问题需要分层面、有次序地逐步实施，以推动地方立法技术的科学化：

首先，对地方立法技术进行规范化的表达。对地方立法技术进行规范化的表达区别于前述界定地方立法技术的合理内涵，此处的规范化是专门针对

─────────

〔1〕　焦盛荣：《推进地方立法科学化民主化特色化的遵循和机制》，载《甘肃社会科学》2020年第5期。

立法起草提出的要求，确定立法起草的操作标准并作为衡量立法工作优劣的基本尺度。其一，就法律文本结构的协调而言，地方立法应当以具有实际效用和体现地方特色为目标，针对关键性的问题制定法律规范，法律文本结构不能贪多求全，盲目地追求体系化。过度的体系化在地方立法中呈现为章节设置的繁复与法条数量的剧增。高度的体系化意味着重复立法的可能性大大增加，原本由上位法就可以规范的事项却专门制定地方性法规进行规范，无疑是对立法资源的浪费。所以地方立法要追求法律文本结构的协调，地方立法的文本结构要和地方立法的功能相匹配，减少过于抽象的原则性条款、宣言性条款、非操作性的条款，地方立法应当着力于法律行为与法律责任领域，减少与上位法完全重复的章节。其二，就法律规范的具体明确而言，2023 年新修订的《立法法》第 7 条第 2 款规定："法律规范应当明确、具体，具有针对性和可执行性。"这一要求是与法律文本结构的协调相配套的，在减少章节繁复、条文数量过多的同时，地方立法在制定法律条款时应当尽可能的明确具体，避免模糊不清、过于抽象等弊端。例如《中华人民共和国自然保护区条例》第 2 条规定："本条例所称自然保护区，是指对有代表性的自然生态系统、珍稀濒危野生动植物物种的天然集中分布区、有特殊意义的自然遗迹等保护对象所在的陆地、陆地水体或者海域，依法划出一定面积予以特殊保护和管理的区域。"而《山东黄河三角洲国家级自然保护区条例》第 2 条规定："自然保护区位于东经 118°32.981′～119°20.450′、北纬 37°34.768′～38°12.310′，分为南北两个区域，具体以国务院批准的范围和界线为准。"山东省的条例根据本省自然保护区的实际状况对其范围作出了精准的限定，便于执行该条例，地方立法的重要功能之一就是对上位法进一步细化以便于执行上位法，所以地方性法规的法律规范应当是精确具体的以便于操作。其三，就立法文本的概念统一而言，主要分为法律概念的统一与生活日常概念的统一。法律概念指涉及法律关系的产生、发展和终结的，对具有法律意义的事物、状态、行为进行概括而形成的专门术语，包括法律主体、法律关系、法律客体、法律事实以及其他法律概念，例如公民、所有权、动产、不可抗力等概念，这类概念具有普遍性、确定性的特点并且由国家法加以规范，因此地方立法在使用法律概念时应该保持与国家法的高度一致，避免破坏法制的统一性。日常生活概念是那些不为法律所专有但是在立法文本中会使用的概念，例如蔬菜、武器、物业等，地方立法在使用这类概念时具有一定的灵活度，根据本地特殊状况加以定义、解释及适用，但是要符合社会公众的基本认知以及同类型上位法对相关日常生活概念的定义，兼取法律效果与社会效果。

其次，将地方立法技术规范以地方性法规的形式加以确认。有学者提出要建立根本性立法技术规范保障立法质量、推动社会主义法治建设，有以下两种路径："一种是以完善立法的形式，将根本性立法技术规范写入《立法法》的'总则'或者第二章第五节的'其他规定'，使其对于中央和地方的立法实践活动产生法律约束效力；另一种是以制定技术标准的形式，将根本性立法技术规范写入《立法工作规范手册》的总则部分，并在内部工作纪律方面突出强调哪些是具有刚性约束效力的根本性立法技术规范。"[1] 单一的立法技术标准如果脱离正式法律的规制，其约束效力是有限的。上述建议有其合理性，但作为宪法性法律，《立法法》的修订程序极为严格，出于立法稳定性的要求，也不宜随时变动，难以立刻修订以满足日益增长的地方立法需求，且囿于篇幅比例限制，也无法将立法技术规范全面完整的规定在"总则"或者"其他规定"当中。当下地方立法却面临着现实的需要，将地方立法技术规范以地方性法规的形式加以确认，作为立法经验加以积累，待时机成熟时再上升到由《立法法》加以规制的高度，这是比较务实的做法，也符合《立法法》的规定。地方人大可以经由相关立法程序，制定专门的地方性法规来规范地方立法技术的运用，对地方立法的文本结构、法律规范的要求、立法概念的统一等技术问题专章加以规定，并就立法规划、立法修订、立法清理如何操作进行详细说明，将宏观层面的地方立法技术作为基本原则吸收进总则部分。以地方性法规确认地方立法技术规范的立法任务交由省级人大及其常委会来承担比较适合，省级人大有着较为丰富的立法经验且立法人才储备更为充分，其工作人员对地方立法技术规范更为熟悉，对上能够衔接全国性立法技术规范，对下能够指导各地市的立法工作。若交由设区的市一级人大来进行涉及地方立法技术规范的相关立法，不仅容易导致立法重复、抄袭，浪费立法资源，一旦设区的市一级人大在立法技术规范方面的规定与上位法冲突，还会严重影响法制统一，给后续的批准和备案工作增加负担。

最后，把地方立法技术的运用纳入到地方立法机构工作人员的引进、培

---

[1]　田林：《关于确立根本性立法技术规范的建议》，载《中国法律评论》2018 年第 1 期。

训、考核、归责中去。《中共中央关于全面推进依法治国若干重大问题的决定》中首次明确提出了"法治工作队伍"的概念，其中立法工作队伍是法治工作队伍的重要组成部分。"立法工作队伍主要由有立法权的各级人大立法工作部门、司法行政部门以及其他机关中负责法律法规起草的相关工作人员组成，承担着立法规划、立法文本起草、立法前/后评估、立法监督、合法性审查等多项职能。"[1]仅向立法工作人员提供文本意义上的地方立法技术规范是不够的，地方立法技术必须与地方立法机构工作人员的切身利益相关联，才能够真正发挥效力，此种关联性就体现在地方立法机构工作人员的引进、培训、考核、归责当中：从人才引进的角度来说，地方各级人大在引进工作人员时不仅要考察其政治素养、实践工作经验，更要注重考察其法学素养特别是其对地方立法技术的熟悉程度，在立法人才引进的环节上严格把关，避免在地方立法工作中出现"外行指导内行""劣币驱逐良币"的不良现象；从培训立法人才的角度来说，部分地方立法工作的人员从事立法起草、立法规划、立法清理等工作的实践经验较为丰富，并且了解地方事务，对本地的社会经济发展状况较为熟悉，却缺乏理论知识储备且对地方立法技术规范不够熟悉，因此要与高校、科研院所合作，经常性地邀请研究地方立法的专家学者来对地方立法机构工作人员进行培训，建立定期学习的机制，确立学习、培训的制度体系，划拨专门经费，由相关人员来统一负责协调、沟通；从考核与归责的角度来说，要将相关的地方性法规或者内部工作标准作为尺度以考察地方立法技术的运用实效，考核与归责的内涵并不截然相同，考核更强调动态的过程与程序的安排，归责则是更多着重于静态的结果和实质的措施，归责仅是考核的一种可能结果，考核的主要目的是为了督促地方立法机构工作人员能够熟练、准确、恰当地运用地方立法技术，归责只是在他们偏离规范时的应急机制。引进、培训、考核、归责等措施的实施都必须是常态化的，需要配备专门的人员来操作，设置配套的机构来负责，最终形成制度性的机制才能够长久运行。

推动地方立法技术科学化就是实现地方立法活动的规范化运行，规范化运行的重点在于立法机构工作人员具有高度的规范性意识，能够将地方立法

---

〔1〕 孟庆瑜、李汶卓：《政产学研协同育人模式下我国立法人才培养的问题审思与机制创新》，载《河北法学》2022年第10期。

技术以"内在观点"的方式视作自身必须遵循的规范，从概念内涵到功能定位能够全面把握地方立法技术的要点。培育这种规范性意识需要科学表达地方立法技术，同时要有明确的法律依据，并将地方立法技术的运用与立法机构工作人员的切身利益相关联，率先在地方立法机构内部实现立法活动的规范化运行。借由普法宣传、法学教育的推动，在公众法治意识逐步提高的情况下，普通公民的规范性意识的养成所形成的外部监督力量，同样对于促进立法机构工作人员遵循相关技术规范有着重要作用，若能达到普通公民和立法机构工作人员同时具备规范性意识的目标，便基本实现了地方立法的科学化。

本章小结

我们对地方立法技术概念的界定不能简单地在广义与狭义、宏观与微观、立法活动的不同阶段中进行非此即彼的选择，而要在类型化分析的基础上，结合地方立法活动的最本质特征，总结出地方立法技术的合理内涵，其中狭义上微观层面的法律文本结构安排、法律语言文字表述构成的立法起草技术是地方立法技术的核心内涵。当下地方立法技术运用中出现重复立法、与上位法抵触、立法文本与社会实践脱节等问题的根源在于部分地方立法机构工作人员错误地理解了地方立法技术的内涵及其功用，从而使得地方立法技术的运用无法有效维护国家法制统一、引领和保障社会经济发展、增强地方立法在地方治理中的话语权。实现地方立法技术科学化的关键在于培育地方立法机构工作人员的"规范性意识"，使得他们能够在地方立法活动中自觉运用系统、权威、规范化的地方立法技术规范，在立法起草中法律文本结构的协调、法律概念的统一、法律用语的具体明确、法律逻辑结构的完善，最终使得地方立法文本的形式理性服务于地方经济发展与社会治理实践的需要，弥合地方立法文本与地方立法实践效果的差距。

地方立法法律规范词的科学合理运用

　　【本章内容提要】法律规范词是法律语言中最具基础性的构成要素之一，以法律规范词为特征的"道义模态"是法律规则的基本表达方式。厘清法律规范词的含义界限，在地方立法中准确合理地使用法律规范词，有助于减轻地方性法规文本中的歧义与模糊。尽管近年来国内学者已经对法律规范词的含义与功能做出了相对系统的研究，但在一些法律规范词间的相互关系问题上仍然存在分歧。厘清不同法律规范词之间在概念与功能上的区别正是科学化适用法律规范词的关键所在，对于提高地方立法质量、推动地方治理的精细化具有重要意义。当然，地方立法对法律规范词的运用与国家立法遵循同样的规则和标准，这一点并不会因为立法层级的差异而有所不同。因而，本章是在法律制定一般意义上界定规范词的含义和运用，只是在结论部分概括指出法律规范词的科学合理运用之于地方立法的特别意义。

　　自 20 世纪初发生哲学的"语言转向"以来，人文社会科学领域的各个学科均开始对语言问题加以关注，相应地，法律科学也开始重视以语言哲学视角审视法律语言问题。事实上，法律与语言的关系是十分密切的，自法律语言学作为独立学科产生以来，多位法学家均提出了关于法律与语言之间紧密关联性的见解。吉本斯认为，"法律是用语言制定的，那些用来构成法律的概念只能通过语言才能为人们所理解。"[1]而比克斯则更直接地指出"语言是

---

　　〔1〕　〔美〕约翰·吉本斯：《法律语言学导论》，程朝阳等译，法律出版社 2007 年版，第 2 页。

法律发生作用的媒介。"〔1〕因之，那些存在于法哲学经典理论中关于法律本质的洞见，无论是立法者的命令与意志，或是道德或伦理价值，抑或是社会控制的目标，"都必须以作为'法律语句'的语句表达形式表达出来"才能够发生效果，"可以说，语言之外不存在法。"〔2〕作为法律体系构造中的一个核心环节，立法过程与技术毫无疑问也受到语言规范的制约。随着社会的现代化与民主化进程的推进，法律追求科学合理化的趋势愈益强化，更加重视从语言与逻辑的角度对法律和立法者本身的制约："法律从主观性、任意性走向客观性、普遍性，这一变迁的主要标志就是法律的逻辑性日益凸显，立法者同样也在法律逻辑的制约之下。"〔3〕在一个健全的现代民主社会中，立法者订立出的法律如果想要拥有"合法性"进而有效地发挥出其应有的作用，立法用语就不可能是不受约束的，立法语言必然需要走向科学规范化。而法律规范词作为"道义模态"的特征词，无疑在法律语言中起到基石性的作用。正如凯尔森所指出的那样，"只有借助于规范的概念与相关联的'应当'的概念，我们才能理解法律规则的特定意义"，〔4〕而所谓的"规范的概念"正是指"模态概念"，即"以'应当'、'必须'、'可以'、'不得'等规范词表示的对行为样态的设定"，〔5〕可以说，法律的行为指引作用即是依靠规范词来实现的，其科学化运用显然值得我们注意，对规范词的研究可以使我们正确理解、解读法律文本的真正意涵。以美国的所谓"2019年台北法案"为例，有不少专家学者将其看作是"一纸空文""废纸一张"，将其解读为"政策性宣示及对行政部门的行动授权"而没有实质的执行力，这种解读实质上是一种不恰当且危险的理解。这种不恰当的理解的出现事实上即是由于错误地理解了所谓"2019年台北法案"中的规范词。田飞龙博士翻译的所谓"2019年台北法案"中文文本在第5条a款第2项、第3项中的"考虑"前添加了"可"这一原文中并没有出现的规范词，这一添加显然是不恰当的。在原文中

〔1〕　［美］布赖恩·比克斯：《法律、语言与法律的确定性》，邱昭继译，法律出版社2007年版，第1页。

〔2〕　［德］伯恩·魏德士：《法理学》，丁晓春、吴越译，法律出版社2013年版，第71页。

〔3〕　魏治勋：《禁止性法律规范的概念》，山东人民出版社2008年版，第9页。

〔4〕　［奥］凯尔森：《法与国家的一般理论》，沈宗灵译，中国大百科全书出版社1996年版，第39页。

〔5〕　魏治勋：《禁止性法律规范的概念》，山东人民出版社2008年版，第12页。

"consider"之前并不存在任何规范词，"consider"所对应的规范词事实上乃是第 5 条 a 款末尾处出现的"应当"，而绝非田飞龙博士所添加的"可（以）"。该法案第 5 条 a 款第 2、3 项所要表达的真正含义乃是美国政府"应当考虑"执行这些措施，而"应当"一词意味着美国在国际关系方面对台湾的支持乃是一项真正的"法定责任/义务"，这才是该条文的真正的语义"重心"所在。相较于田飞龙博士添加的"可（以）考虑"，"应当考虑"意味着在符合"应考虑"的情势出现时美国政府只能"考虑事实"相关措施，否则，美国政府就将面临巨大的"合法性"压力，因而其依法而行的概率很大。因此，简单地将美国所谓"2019 年台北法案"视为是"废纸一张"或是"迷魂汤"而不加重视和防范，对我国的国家主权和领土完整而言是极为危险的。由此也可以见得法律规范词研究的重要理论与现实意义。

一、规范化解释和运用法律规范词的意义

法律规范词是法律语言中最具基础性的组成元素。一般来说，整个法律体系是由法律概念、法律规则与法律原则三大要素构成的，其中"法律规范是法律制度的'基本粒子'。法律规范的概念是法学一般理论的'关键概念'，同样也是'法''效力''权利'或'正义'的'关键概念'。"[1] 可见，法律规则在法律文本中承载着规划权利与义务范畴、提供行为指引、指明法律后果等一系列基本功能的基础性法律要素，是整个法律体系的核心构成性要素。正因如此，以哈特为代表的实证主义法学家才将法律视为一个"规则体系"。而法律规则得以发挥其规范性功能，依靠的则是"不得""应当""可以""禁止"等法律规范词的指向与规约，也即法律依然是要借助并通过"道义模态"来实现其规范人类行为的功能。冯·赖特指出，道义模态"可以被称为关于一个人应当做什么、可以做什么和不得做什么的逻辑。那些告诉人们应当做什么、可以做什么和不得做什么的东西，我们称之为规范。"[2] 从这一意义上看，"道义逻辑就是规范逻辑"[3]，透过"应当""不得""可

---

〔1〕［德］伯恩·魏德士：《法理学》，丁晓春、吴越译，法律出版社 2013 年版，第 46 页。

〔2〕 参见钱锦宇：《法体系的规范性根基——基本必为性规范研究》，山东人民出版社 2011 年版，第 26 页。

〔3〕 魏治勋：《禁止性法律规范的概念》，山东人民出版社 2008 年版，第 11 页。

以""必须"等法律规范词,法律规则的规范性指向才得以表达和确定。这样一来,在立法中规范化运用法律规范词就显得格外重要了。

事实上,道义模态与规范命题本身即是一种价值判断,诚如凯尔森指出的,"法律意味着一种价值判断","这种判断使机关或国民的行为成为合法的(根据法律的、正当的)或非法的(不根据法律的、错误的)行为。这些是特定的、法律上的价值判断。"[1]在凯尔森眼中,"合法"与"非法"判断中的"价值表语"表达的是"法律的价值";而"正义"与"非正义"判断中的价值表语则是在表达"正义的价值"。[2]若我们尝试将凯尔森的思路推而广之,那么我们就可以将立法者心中的"是"或"非"的判断称之为"立法者的价值"。立法者可能会从其社会控制的目标或其肯认的善恶价值观出发得出某一行为是"正当的"或"非正当的"这样的价值判断,而这样一种"立法者的价值"若要实现规范化,就必须通过立法活动,将其采认的价值判断上升为客观的"法律的价值"。魏德士认为,"任何完整的法律规范都是以实现特定的价值观为目的,并评价特定的法益和行为方式,在规范的事实构成与法律效果的联系中总是存在着立法者的价值判断。"[3]而立法过程就是立法者通过一定的立法技术将其价值判断表达为法律语言,进而将其价值判断转化为具有国家人格的"法律的价值"的过程。在这一价值转化的过程中,立法者只能依靠规范性语句来表达其价值立场,并产生普遍的规范性意义指向。因此,作为规范性语句基础性要素的法律规范词是否能够在立法语言中得到恰当地运用,是立法者真实立法意图与立法目的如何以及何种程度上得以实现的关键环节。唯此,对立法语言科学化的研究,也必须从深入细致地研究法律规范词入手。

法律规范词,其词性大多为虚词或助词。对法律文本中虚词、助词的含义进行解释性分析,有助于减少法律文本中歧义出现的可能。有学者指出,尽管西方语义学考察的均是实词的意义,而无法对法律规范词这样的虚词进行此类分析,但并不意味着对法律规范词在不同语境中可能存在的不同含义

---

〔1〕 〔奥〕凯尔森:《法与国家的一般理论》,沈宗灵译,中国大百科全书出版社 1996 年版,第51 页。

〔2〕 参见〔奥〕凯尔森:《法与国家的一般理论》,沈宗灵译,中国大百科全书出版社 1996 年版,第 51 页。

〔3〕 〔德〕伯恩·魏德士:《法理学》,丁晓春、吴越译,法律出版社 2013 年版,第 52 页。

进行解释和分析是没有意义的。因为虚词的含义，也容易受到语境的影响而出现不同；而即使在虚词含义不受语境影响的情况下，句子中的语气仍然可以使虚词出现不同的含义。而法律语言中的词汇用法恰恰应当保持一致，法律文本中反复出现的法律用词应当避免使用同义词、近义词表达。[1]作为虚词的法律规范词其含义较实词有着更高的稳定性，与法律文本中的实词相比，法律规范词的含义不易随着社会生活的改变而发生概念含义上的变化，其含义的模糊性在长期内是可能避免的，这反而有利于减轻立法语言中出现歧义和多义的困扰。然而，由法律规范词的语气强弱变化带来的虚词意义的不稳定现象，却一定程度上存在于我国的法律文本之中。因此，分析不同语境中法律规范词的含义，进而为立法过程提供参考是十分必要的。

近年来，国内一些学者已经对法律规范词的含义以及其承载的立法功能做出了系统深入的研究。喻中、周赟、钱锦宇等学者以及笔者曾分别对"不得""应当""可以""必须"等法律规范词进行了专题研究，对常见的法律规范词的基本含义与功能进行了深入的梳理、辨析与科学界定。可以说，几位学者对法律规范词的研究乃是基于法律规范的分类而展开的。一般而言，法律规范可以分为禁止性规范、义务性规范、授权性规范与定义性规范，正是法律规范词对于从行为模态的角度根本上划分规范类型起到了关键的作用。基于此，一个基本的判断就是："当我们在规范实证的意义上谈论'不得'或者'应当'、'可以'、'必须'这些规范词时，我们实际上是在谈论以这些规范词为标志的整个法律规范类型的内涵：不得做某事、应当做某事、可以做某事、必须做某事。"[2]不同的法律规范词指向不同类型的法律规范："不得"与"禁止"指向禁止性法律规范；"应当"与"必须"指向义务性法律规范；而"可以"则指向授权性法律规范。学者在分析法律规范词时，也对不同类型法律规范的构造、功能与特征等诸多基本问题进行了深入的分析讨论。

上述研究尽管已经具备相当的系统性和深入性，但仍然存在着可以深掘与扩展的可能性与必要性。根据我们的观察，某一种类型的法律规范，可能存在两种以上表述不同但意义相近的法律规范词予以引导，这样的表述方式

---

〔1〕 参见魏治勋：《禁止性法律规范的概念》，山东人民出版社 2008 年版，第 107-110 页。

〔2〕 魏治勋：《禁止性法律规范的概念》，山东人民出版社 2008 年版，第 224 页。

是否容易造成歧义，或是否带来了立法语言表述上的不统一，已有研究并未给出具有共识性的答案，反而相关观点呈现出矛盾的甚至是相互冲突和对立的状态。基于立法的客观需要与立法语言的齐一性特质的要求，在关于法律规范词的具体含义指向的研究上，的确存在进一步深化并力求达成共识的必要。

二、"必须"与"应当"概念的区分

关于"必须"与"应当"含义的区别，不同学者在同一时期提出了几乎完全不同的见解。周赟教授认为，在法律文本中"应当"与"必须"之间仅仅存在语气上的差异，若将法律文本中的"必须"替换为"应当"，"并没有产生任何不同的效果，因为替换后的这些法律规定对相关主体作出的仍是'要求主体为一定行为的指引要求'——任何相关合法的行为都不会因为所谓的语气减弱就降低要求的标准，相对应地，也不会因为语气的增强而提高要求的标准。"[1]因之，可以得出法律文本中"必须"与"应当"的含义并不存在效力上的差别之判断。进而，该论者提出，"必须"与"应当"在法律文本中并存容易带来误解，"既然比'应当做某事'更强语气的'必须做某事'也不过是要求我们做某事，并且相关的法律后果也并无不同，那么，是不是说当法律表述为'应当做某事'时还有'可商量'的余地？"[2]在其看来，在法律体系中同时设置两个表达意义相同而语气有差异的"必须"与"应当"不仅产生不了正面效果，反而还降低了"应当"一词所表达的规范性效力，这对于法律文本的统一性与规范性是不利的。因此其进而认为在立法中，将所有"必须"都替换为"应当"以保持法律文本的统一性，就具有了逻辑上的支撑。

对此，有学者提出了与之相左的意见。钱锦宇教授指出，"必须"与"应当"存在的差异并非仅仅是语气上的，还存在规范性效力上的明显差异。他认为，在道义模态中，"必须"与"应当"在定义上就存在一定的差异，"必须"强调"一定要；表示事实上、情理上的必要"，而"应当"表达的是

---

[1]　周赟：《"应当"一词的法哲学研究》，山东人民出版社 2008 年版，第 205 页。

[2]　周赟：《"应当"一词的法哲学研究》，山东人民出版社 2008 年版，第 235 页。

"情理上必然或必需如此"或"理所应当"。[1]从概念上的差异中可以导出，"'应当'仅仅是'情理上'的必定，而'必须'强调的不仅是'情理上'，更是'事实上'的必要。"[2]对于"应当"所表达的"情理上"的标准，人们往往不排斥例外情况的出现；而"必须"所表达的"事实上"的标准，则根本性地拒斥一切例外情况的发生。因而，"'应当'属于'高度盖然性'的语义程度，而'必须'属于'必然性'的语义程度。"[3]进而，钱锦宇又进一步分析了"应当"一词在法律文本中的应用方式，他认为：对"应当"一词本身即可以有两种理解方式，一种是指"必须、必要、不容另行选择"的表示"强势义务的应当"；而另外一种则是指"正当、要求和期待、容忍另行选择"的表示"弱势义务的应当"。如《中华人民共和国物权法》（以下简称《物权法》）第189条"……以本法第一百八十一条规定的动产抵押的，应当向抵押人住所地的工商行政管理部门办理登记。抵押权自抵押合同生效时设立；未经登记，不得对抗善意第三人。"此法条中的"应当"即是设定"弱势义务的应当"，而《中华人民共和国劳动法》（以下简称《劳动法》）中常见的应当则大多是设定"强势义务的应当"。正是由于"应当"一词在法律中存在"强势"与"弱势"的差异，才导致了法律中义务构建的模糊性和不确定性，以致劳动部门需要专门对《劳动法》中多处"应当"的表述做出解释，强调这里的"应当"是"必须"的意思。[4]因此，钱锦宇认为，用"应当"取代"必须"反而容易导致法律存在不确定，进而"影响有关法律规范的效力"。[5]在立法中，明确"应当"与"必须"的概念边界，在各自的领域内分别加以应用才是较好的使用法律规范词的方式。

    针对这一问题，笔者认为两位学者的论证各有可取之处，又分别存在一

---

[1] 钱锦宇：《法体系的规范性根基——基本必为性规范研究》，山东人民出版社2011年版，第61页。

[2] 钱锦宇：《法体系的规范性根基——基本必为性规范研究》，山东人民出版社2011年版，第67页。

[3] 钱锦宇：《法体系的规范性根基——基本必为性规范研究》，山东人民出版社2011年版，第67页。

[4] 参见钱锦宇：《法体系的规范性根基——基本必为性规范研究》，山东人民出版社2011年版，第73-74页。

[5] 钱锦宇：《法体系的规范性根基——基本必为性规范研究》，山东人民出版社2011年版，第76页。

定程度的可互补之处。首先，周赟针对"应当"与"必须"两词不存在规范性效力上的根本差异的判断有其道理。从法律语境中观察，我们几乎无法找出"必须"和"应当"两词引导的法律规范在效力上的差异，在我国立法中，将"应当"看作是义务设定的引导词，以"应当"来引导立法者希望的"必为"的行为模式的用法远多于"必须"。从语义学的角度理解，我们完全可以认为在法律的语境中立法者透过"应当"想要表达的内容在绝对多数语境下就是要求行为主体"必须……做"，若不这样做就需要承担相对应的法律后果。事实上，《物权法》第189条中的"应当"也并非表达了对当事人选择的容忍，因为相应法律主体如果没有按照法律规定以"应当"的程序对抵押权进行登记，那么他就要承担法律科以的不利法律后果，即"不得对抗善意第三人"，这样的法律后果显然是行为主体所不想看到的，尽管该条文中违反义务被施加的法律后果相对不太严重，但并不意味着没有产生不利后果的可能。但程度上的明确差异也是具体可感的，这种差异应当归属于法律效果而非法律效力上的区分。因而，钱锦宇提出的所谓"强势义务的应当"与"弱势义务的应当"之区别确实存在，其差异指示着法律义务对应法律后果的"强"与"弱"，这与刑法中重罪与轻罪在量刑上存在的差别可一比，既有可能是立法者出于多方面考虑进行设置的结果，也在一定程度上与法律规范词的选择与使用的精度相关联。

此外，钱锦宇提出的"必须"指代"情理与事实上的双重必要"，而"应当"仅指代"情理上的必要"[1]，这一层次上的划分存在进一步阐发的必要。在凯尔森看来，"法律规范之可被适用，不仅在于它由机关所执行或由国民所服从，而且还在于它构成一个特定的价值判断的基础。"[2]这意味着法律规范本身即是一种价值判断，这种价值判断只能是根据"法律价值"而非"社会价值"的"法律之内"的判断，因而也只能是一种基于"应当"的规范性判断。[3]无论是"必须"还是"应当"，当它处于规范语句之中时，它

---

〔1〕　参见钱锦宇：《法体系的规范性根基——基本必为性规范研究》，山东人民出版社2011年版，第76页。

〔2〕　［奥〕凯尔森：《法与国家的一般理论》，沈宗灵译，中国大百科全书出版社1996年版，第51页。

〔3〕　参见［奥〕凯尔森：《法与国家的一般理论》，沈宗灵译，中国大百科全书出版社1996年版，第185页。

所反映的都只能是"合法"或者"非法"这样的基于"法律价值"的判断，而不可能是一种纯粹的"事实"，否则，从"必须"中导出"事实上的必要"之说就将是对"规范"和"事实"的概念混淆。但是，为什么在这里会出现"事实上的必要"这样的条件性限制呢？笔者认为，与"情理上的必要"所指向的弱势义务性有所不同，"事实上的必要"并非指向具体的事实或某种具体情势，而是基于对事理的性质判断归纳出的所谓"事理上的必要"。这就为法律的"义务性"概念施加了一个新的向度："情理上的必要"赋予了法律义务何以成立的正当理由，但并不能由此区分这种法律义务的强弱；"事理上的必要"为区分法律义务的强弱提供了基于"事物本性"的合理性基础，它也是一种"应然"，但却绝非"社会事实"，因而不会造成"事实性"与"规范性"的混淆，当然也就不存在跌入从"应当"推导出"是"的理论陷阱的问题。

随之，需要进一步考察的问题就是："必须"与"应当"这两个法律规范词是否在意义上存在彼此可以互相替换的关系呢？事实上，将法律文本中全部"必须"均替换为"应当"以试图保持法律表述的一致性，这一看法也未必全然可取。对于这一问题，关于"应当"与"情理的必要"之间关系的论述依然可以为我们提供相当的启发。学者指出，"情理"指"人的常情和事情的一般道理"，而"应当"一词即是以"情理"为标准的。[1]事实上，这一观点已经指出了"必须"与"应当"之间的一个重要区别。具体而言，"应当"一词可以反映法律规则中"假定条件"与"法律后果"之间的逻辑关联性。仍以《物权法》第189条为例，"……以本法第一百八十一条规定的动产抵押的，应当向抵押人住所地的工商行政管理部门办理登记。抵押权自抵押合同生效时设立；未经登记，不得对抗善意第三人。"其所要表达的内容是法律主体在设定抵押权时存在登记的义务，若违反这一义务，则出现"不得对抗善意第三人"的后果，"应当"一词为违反义务与法律后果之间提供了逻辑上的因果联系。"应当"一词意味着，违反了这一法律设定义务，施以相应的不利法律后果是符合"情理"的。从这一角度看，"应当"在内涵上表达了"情理"上的"顺理成章"，本质上是立法者代表的社会大众"内在观

---

〔1〕 参见钱锦宇：《法体系的规范性根基——基本必为性规范研究》，山东人民出版社 2011 年版，第 67 页。

点"在法律上的反映。或者可以阐释为，"应当"这一表达反映着立法者心中希望自身制定出的法律是"顺通情理"且容易被大众接受认同，从而是可以具备"内在面向"的，立法中所常用的这一设定义务的表达方式可以反映出现代法治国家对于"良法"与法律的"实质合理性"的期许，同时也是立法意志与"社会命题"暗通款曲的应有结论。而"必须"一词则从另一维度反映和表达法律合理性之根源，此即"事物本性"的要求。以《宪法》中的相关条文为例，我国《宪法》第5条第4款规定，"一切国家机关和武装力量、各政党和各社会团体、各企业事业组织都必须遵守宪法和法律。"第32条第1款规定，"中华人民共和国保护在中国境内的外国人的合法权利和利益，在中国境内的外国人必须遵守中华人民共和国的法律。"第53条规定，"中华人民共和国公民必须遵守宪法和法律，保守国家秘密，爱护公共财产，遵守劳动纪律，遵守公共秩序，尊重社会公德。"从这些条文中，我们除了能够从中读出立法者希望表达义务与法律后果之间逻辑上的因果联系，亦能体察到立法者对于法律的合理性的期望，"必须"一词表面上看好像仅仅是强硬命令的发布，其背后承载的却是对"事物本性"或"客观之法"的尊重与鉴取。从上述列举的条文中我们可以看到，使用"必须"一词的法律条文往往除了包含可以直接对应的法律后果之外，还直接表达了表征"事物本性"之合理性的、带有更强烈义务性要求的"强势义务"，当然属于标准的"规范性语句"。魏德士指出，规范性语句的核心特征即在于其目的性，"规范语句要追求特定目的或目标"，"以应然的形式力求达到目的，这是规范语句的重要标志。"[1]以"事物本性"和"情理的必要"为合理性基础的规范性语句，这样的双重结构在某种意义上很容易被看作是一种"形而上学的语句（信条）"，其目的实际上在于"呼吁人们产生某种情感和（或）信仰。"[2]在类似"中华人民共和国公民必须遵守宪法和法律"的用法中，在"有效的法律要被遵守"几乎是一项众所周知的"公理"或"定律"的情况下，立法者的目的显然并非仅仅是想要借此来告知公民要遵守有效力的法律规范，同时更重要的是要向全体公民宣誓一项信条，即"尊重法律权威"，"确立起法律之信"。因此，在立法中既不能完全以"应当"取代"必须"，也不能不加区分地使用"应

---

〔1〕　［德］伯恩·魏德士：《法理学》，丁晓春、吴越译，法律出版社2013年版，第57页。

〔2〕　［德］伯恩·魏德士：《法理学》，丁晓春、吴越译，法律出版社2013年版，第51页。

当"与"必须"这两个既近似又有明显差异的法律规范词;立法技术的精细化追求在立法语言上的具体体现,就是要重视法律语词在法律后果意义上的差异性,以此限定法律语词的使用语境和范围。"义务性语句"在面对"应当"与"必须"的选择上,自然需要立法者仔细斟酌不同规范词与立法宗旨、立法效果之间的关系,以求实现通过精密的立法语言技艺达成精细化治理的目标。

三、"可以"与"可以不"及其关系之争

国内学者关于"可以"与"可以不"是否是等值的这一问题也存在较大的争议。有关这一问题的探讨早在 20 世纪末就存在,吴家麟先生认为"可以 P"即意味着"可以不 P",而之后黄士平先生则提出了不同意见,认为吴家麟先生的观点在实践中行不通,而李茂武先生又针对黄士平先生的意见提出了不同看法,认为无论在理论上还是实践上,"可以 P"与"可以不 P"都必然同真。[1]对此问题,喻中教授阐释了其独到见解,他指出,"可以"与"可以不"是否应当等同不应一概而论,而应当从"私权利"与"公权力"的区分——"可以"授予的是"私权利"还是"公权力"——入手予以研判。"在'私权利'领域,'可以 P'基本上意味着'可以不 P'。"[2]但对于"公权力"而言,"可以"与"可以不"则不可能是完全等同的关系。以《中华人民共和国刑事诉讼法》(以下简称《刑事诉讼法》)第 132 条第 2 款为例,"犯罪嫌疑人如果拒绝检查,侦查人员认为必要的时候,可以强制检查。"这一条款中授予"公权力"的"可以"就不可能意味着"可以不",因为承担着公权力的检察机关在这里必须就退回补充侦查或自行侦查选择其一,而不能"不作为",然而,若将原文中的"可以"均替换为"可以不",则意味着立法者允许"侦查人员可以什么也不做。这样的法律后果也是无法接受的"。[3]可见,将"可以 P"与"可以不 P"简单等同的做法确无道理。

针对喻中教授的前述观点,笔者曾经撰文进一步指出:事实上,出于对

---

〔1〕 参见李茂武:《论"可以 P"与"可以不 P"的关系》,载《江汉大学学报》2001 年第 4 期。

〔2〕 喻中:《论授权规则——以"可以"一词为视角》,山东人民出版社 2008 年版,第 116 页。

〔3〕 喻中:《论授权规则——以"可以"一词为视角》,山东人民出版社 2008 年版,第 121 页。

公民消极自由保护的立场，即使是在"私权领域"，"可以"与"可以不"也不是完全等价的。笔者在文中提出了一个曾经被忽视的"重要区分"："在公民'自由行动'的自主领域，从法律规范的意义上看，它包含着法律规范上'可以不P'所指向的那一领域，即它是法律并未作出规定、公民拥有的否定性的'个人领域'，它拒斥一切来自外部的干涉和侵害，这是西方悠远的自由主义传统的精髓所在。"〔1〕"可以不P"意味着法律权利之外的那种不受国家与公权力干涉的"法外空间"，在这一空间中公民才可能拥有"自由行动"的"个人领域"。问题的关键在于："一旦我们将'可以P'与'可以不P'理解为完全等值的，则私人自主领域就将面临公共权力的侵害，司法权力和行政权力完全可能随时进入。将本来是公民'可以不P'的行为解释为'可以P'的行为，虽然经由这样的转化以后，'可以P'仍然是'权利'，但却不再是'可以不P'意义上的'权利'。这是一种立法、司法、行政机关都可以重新作出解释与限定的法律上的权利，即将私人自主领域转化为了'法律权利'，而这恰恰意味着权利被干预的可能性甚至权利在某种意义上的'丧失'。这就是为什么西方自由主义者极力捍卫私人自主领域，甚至拒斥政府'好意'的根本原因。"〔2〕对此重要区别，法律理论不可以不予以慎重对待。

我们从两种观点的比较中可以看出，"可以"与"可以不"在法律中产生的语境效果是完全不同的。将"可以"与"可以不"在法律文本中进行替换，意味着立法者制造的语境发生了根本性变化。法律在设定权利义务时，存在一个基本的逻辑前提，即对私主体而言，"法无禁止即自由"；而对公权力而言，"法无许可即禁止"。在明确这一逻辑前提的情况下，我们即可以看出"可以"与"可以不"在表达功能上的区别。

首先，对私主体而言，"可以"有两种使用方式。一种即以"可以"授予私主体一项权利，这是一种惯常的法律授权模式。笔者曾撰文指出：宪法法律虽然对某些个人权利并没有做出规定，"真正意义上的'宪法未列举权利'属于'法未规定'同时'法不禁止'的范围，理应推定为公民的自由权利领域。'宪法未列举权利'的意义在于，它在承认公民广泛的自由权利空

---

〔1〕　魏治勋：《法律授权模态的规范分析》，载《苏州大学学报（哲学社会科学版）》2009年第2期。

〔2〕　魏治勋：《法律授权模态的规范分析》，载《苏州大学学报（哲学社会科学版）》2009年第2期。

间的同时，为实现列举权利和未列举权利的沟通，从而不断接纳新兴权利保留了一个机制性入口，有助于基本权利体系的持续稳定发展。"[1]因而，即便宪法法律对于纯粹的个人事务——即公民的"个人领域"未能加以规定，由于在私权领域"法无规定即许可"这一基本原理的存在，并不意味着法律意义上的"可以"引领的规范的必然缺失。只不过，它是隐含的、须经推理方可予以明确的权利规范。当然，这并不能否认以"可以"一词授予私主体的权利的积极意义，因为它为私主体的权利保障提供了确定的规范基础，此乃获得及时有效权利救济的重要前提。我们承认法律不予干涉的"私人领域"的重要价值，但在现代社会，在个人权利已然成为宪法重要保护目标的"制度良性"前提下，具备了明确规则基础的个人权利保障模式，其法律救济也更具确定性。如《物权法》第34条"无权占有不动产或者动产的，权利人可以请求返还原物。"这里规定的请求权即是一种典型的以公权力保障私权行使的模式，该项权利的行使在大多数情形下都需要由公权力支持和保障才具有实际意义；只有这样的由法律以授权性规范的形式加以固化的权利类型，才真正是公民能够事实享有的确定的权利。在此种用法下，将"可以"与"可以不"进行替换，就会产生完全不同的语义效果和法律后果。立法者的本意是通过授权告知民众"当私权利受到侵害时，这样行为是申请救济的恰当方法"，而"可以不"则完全不能产生此种表达效果。尽管以"可以"授权给私主体的救济方案，私主体选择不这样做仍然是"可以"的，但"可以"与"可以不"在条文中的表达效果是完全不同的，导致二者不能进行替换。而"可以"在私权领域中的另一种用法，即以"可以"连接多个行为模式或权利客体的表达方法。此时的"可以"则不再是单纯的向私主体进行授权，而是给予法律主体以选择权。以《中华人民共和国商标法》第8条为例："任何能够将自然人、法人或者其他组织的商品与他人的商品区别开的标志，包括文字、图形、字母、数字、三维标志、颜色组合和声音等，以及上述要素的组合，均可以作为商标申请注册。"该法条规定了哪些素材可以被注册为商标，在选择商标素材上，法律主体并不是绝对自由的，它需要受到"可以区分"这一法律上的限制，因此立法者通过"可以"一词进行授权，规定"文字、图形、字母……声音等"内容可以被注册为商标，而法律主体此时便干

---

[1] 魏治勋：《全面有效实施宪法须加快基本权利立法》，载《法学》2014年第8期。

脆不再享有"可以不"这样的权利，而只能从法律所列举的"可以"指向的范畴中做出选择，这里的"可以"意味着法律设定的限制之内的选择自由，而不存在"可以不"的自由。在这种情况下，自然不能将"可以"与"可以不"等量齐观而将两者任意互换。

其次，与私主体的情况近似，针对公共主体而言的"可以"也同样存在两种用法。第一种用法即通过"可以"直接授予单项权力或并列的多项权力，此时在"法无许可即禁止"的原则之下，"可以"意味着公权力主体必须选择去为这一种或多种行为模式。从理论上讲，通过"可以"授予公权主体以权力，同时意味着不可推卸的"责任"，公权主体对此只能够接受而无选择或推卸的自由。当然这里会产生一个问题：我们知道，法律为公权力设置义务，要求公权力必须如何行为的规范，往往采用的是"应当"一词，"应当"意味着"义务""责任"，这一点基本没有疑议；但将赋予公权主体"权力"的"可以"一词解读为表征"责任"的义务性或必为性规范之设定，是否已然混淆了"应当"和"可以"？比如，《中华人民共和国道路交通安全法》第116条第2款规定："依照本法第一百一十五条的规定，交通警察受到降级或者撤职行政处分的，可以予以辞退。"同一条第3款规定："交通警察受到开除处分或者被辞退的，应当取消警衔；受到撤职以下行政处分的交通警察，应当降低警衔。"在同一条两个条款中，分别使用了"可以予以辞退"和"应当取消警衔""应当降低警衔"两种不同表述方式，这里的"可以"与"应当"是否意义相同？如前已述，将授予公权力的"可以"解释为"责任"乃是一种理论上的阐释，但并不意味着实践中一刀切式的僵硬标准。法律授予公权主体以权力，的确也是课予了责任，但此权力如何执行仍然存在视具体情形、情节在法律后果上予以裁量选择的余地，这样做并非消解了其"责任"，而是说，公权主体在归责时根据不同情形和情节予以合理裁量本身就是履行责任。这里，"可以"表征的裁量选择，是针对其指向的被授权行为本身进行的裁量，裁量的结果逻辑上当然包括"可以不"（即"不予制裁"），如包括违法情形轻微时的"可以不予以辞退"这样的法律后果。但是，即使在此种情形下，也不能将"可以"授权公权主体以合理裁量方式履行责任可能导向的"可以不"的法律后果，简单地等同于公权主体在"可以"与"可以不"之间的自由选择。前者仅仅是公权主体根据"可以"授予的权力合理裁量结果的可能性之一，后者则颠覆了公权主体所获授权的"责任"属性而将其异化为导致责任消解的权力任性。其中的区别尽管是极其精微的，但却是非常重要的和原则性的。

通过"可以"授予公权力的第二种用法是，法律授予公权主体在平行列举的几项权力中进行选择的权利，公权主体从中裁量选择，而不能超出"可以"的范围之外去行为。也就是说，对公共主体而言，供选择的授权在裁量范围上是有限定的，即只有当法律以"可以"的形式平行列举多种可供选择的权力或行为模式选项，抑或同时规定两种以上行为模式并以"或（者）""也"等这一类逻辑词连接时，公权主体的"选择自由"才是真正存在的。以《刑事诉讼法》第 175 条第 2 款为例，"人民检察院审查案件，对于需要补充侦查的，可以退回公安机关补充侦查，也可以自行侦查。"在这里，不是"可以"而是"也"的存在赋予了了公安机关侦查行为裁量选择的自由；再如，《中华人民共和国民事诉讼法》第 68 第 2 款规定，"……当事人逾期提供证据的，人民法院应当责令其说明理由；拒不说明理由或者理由不成立的，人民法院根据不同情形可以不予采纳该证据，或者采纳该证据但予以训诫、罚款。"在该规定中，人民法院被赋予了在逻辑词"或者"中介下的两种以上行为模式中裁量选择的自由。一般情况下，"可以不"这样的部分否定型规范词不适用于表述立法者对公权主体权力行为的规范性指向，"可以"与"可以不"在这种情形下显然是不可通约的。

经由以上分析可见，立法语言中的"可以"只是在部分情形下能够被理解为"可以不"，但必须附以严格的限制条件；在被授权主体是公权主体的情形下，在"可以"可能指向的意义及其与"可以不"的关系处理上，尤其需要深入分析和慎重对待。概言之，"可以"与"可以不"的关系是复杂的、多层次的、受严格条件限制的并且注重语境区分的，决不能简单地看作是完全等价的关系。

四、禁止性法律规范词的选用与辨析

（一）禁止性法律规范词的种类及其区分

我国法律中禁止性法律规范主要以"禁止""不得""不受"为其规范词，这三个法律规范词在含义上十分相近，通过对句子的改写，这三个词之间甚至可以进行替换。例如，《宪法》中的"公民的合法的私有财产不受侵犯"这一条款就完全可以改写为"禁止侵犯公民的合法的私有财产"或"不得侵犯公民合法的私有财产"。那么既然立法语言的语义应当尽可能确定并减少同义词的应用，为何立法者还要在立法中采取不同的表达方式呢？对此，笔者指出，在禁止性法律规范中采取这三种意义相近的法律规范词，其目的正是在于更精确地表达立法者的立法目的，随着人们对社会现象的认识的日益深入，"就需要更多有细微意义差别的语词来表达认识的这种微妙区分"，[1]而"禁止""不得""不受"这三个规范词之间存在着这样的细微含义差别。笔者主要从立法价值取向的方面阐释了三种规范词的不同之处，他指出，"禁止""不得"与"不受"在词性上是存在区别的，"禁止"在禁止性法律规范中是做动词使用的，而"不得""不受"则属于限定性副词，法律使用"禁止"时，往往"直接以法律本身作为规范语句的主词"，其目的在于"在形式上进一步彰显法律的尊严"；而使用"不受"时，其目的在于突出法律要保护的主体及其权利；而使用"不得"时则是最直接和朴实地表达法律所要禁止的行为的方式。

　　而沿着前述理论继续推演，我们还可以在价值倡导层面以外发现"禁止"与"不得"在客观意义层面上的细微区别。由于"禁止"与"不得"在词性上的不同，其在客观表达效果上也必定存在不同，这是由不同词性的词在句子中功能定位的不同而决定的。根据汉语的语法规则，在一个句子中副词起到的作用是修饰和限定句子中的动词，而"不得"作为一个限定性副词，其在法律规范中起到的作用即是修饰与限定规范性语句中的动词部分，换言之，在一个法律规范中"不得"指向的是这一规范的行为模式部分。并且在前文中已经提到，法律规范词是法律规范性的具体体现，在法律规范中居于核心地位，因此法律规范中规范词的具体指向就是整个法律规范的重点。因此，在以"不得"为规范词的规范性语句中，由"不得"所引导的法律行为模式即是这一法律规范所要表达的重点，其具体意指即强调主体的某一特定行为模式是为法律所不允的。而"禁止"在规范性语句中起到的是动词的作用，动词在一个句子中的功能定位与"不得"完全不同，"禁止"本身即作为动词在规范性语句中以谓语的成分出现，而根据现代汉语的语法规则，谓语在一个语句中所起到的作用和功能是对主语的动作状态、动作特征的描述，谓语与主语间存在着密不可分的关系，因而，"禁止"一词在规范性语句中指向

---

[1]　魏治勋：《禁止性法律规范的概念》，山东人民出版社2008年版，第41页。

的是这一规范的主语，是"禁止"这一动作的发出者，整个规范性语句实际上是在强调"禁止"这一行为的主体——到底是谁在禁止某一行为模式的发生，而毫无疑问地，这一"禁止"的主体是国家。那么，我们可以就此进一步发问：为什么立法者要在禁止性法律规范中强调作为"禁止"这一动作主体的国家呢？而这一问题的答案就潜藏于法律文本之中，以《宪法》为例，当前我国《宪法》中"禁止"一词一共出现了12次，涉及9个法律条文，这9个法律条文从内容上大致可以分为三个类型：第一，设定不可侵犯的政治信条，如《宪法》第1条、第4条；第二，维护国家、社会、公共利益，如第9条、第12条、第15条；第三，保护公民基本权利与基本自由，如第37条、第38条、第39条、第49条。从这些条文的具体内容中，我们可以看出为何法律在禁止性法律规范中对国家这一主体进行特别强调，因为在对国家意识形态与政治信条的贯彻，国家、社会与公共利益的维护以及公民的基本人权与基本自由这些事项的保障上，国家无疑负有最重要的责任与义务，对在保护上述事项上国家责任的强调，即是立法者使用"禁止"这一规范词的意图所在。这样的立法意图在《宪法》中也有明显的体现，如《宪法》第12条第2款"国家保护社会主义的公共财产。禁止任何组织或者个人用任何手段侵占或者破坏国家的和集体的财产。"在"禁止侵害公共财产"的表述之前，立法者单独用一句话来特别说明在保护公共财产这一事项上的国家责任，足见立法者对这一事项保护上国家责任的重视。可见，"不得"与"禁止"两个禁止性法律规范的规范词是存在着具体语义上的差别的，立法语言中正确选用规范词，可以更清晰地表达立法目的。

（二）"不得"的构词及其与其他法律规范词的关系

在我国法律中的禁止性法律规范以"不得"为规范词的最多，可以说"不得"是禁止性法律规范最主要的规范词，因此我们有必要对"不得"一词做出进一步的深入分析。

首先，从"不得"一词的构词上看，法律规范词"不得"由否定副词"不"和"得"构成。自中国近代第一部宪法文献《钦定宪法大纲》始，新中国成立前各个时期宪法文本中的规范词"得"都只能理解为"可以"。这一点可经由对《近代中国宪政历程：史料荟萃》一书中收录的宪法文本的考查得到证实。检索众多自古代至近代的中国法律条文可见，其规范词"得"

与现代法律中的授权性法律规范词"可以"完全同义。一般而言，只有在用于口语表达时，"得"才可以解释为"必须"。《辞海》中将"得"字解释为"必须"时所例举的也是口语表达："这件事还得你去，才弄的明白"（《红楼梦》第94回）。《辞源》所举亦为同类例子。《现代汉语词典》则直接将"得（děi，必须）"列为口语用法，即是明证。可见，规范词"不得"中的"得"字，只能读作"dé"，其基本含义为"可以"；则法律规范词"不得"的基本含义，就只能界定为"不可以"。将法律规范词"不得"的基本含义界定为"不可以"，仅仅是从规范词"不得"复式构成的角度，通过解析规范词"得"的含义而引申出的初步结论。事实上，我们必须注意到，对具有禁止性含义的其他规范词的具体语义应予充分考虑。现行中国法律中经常使用的禁止性规范词主要有"不得""禁止""不受"三种，它们因法律规范语句主词的不同而被灵活选用，虽然在具体含义上存在细微差别，但其所表达的法律规范性指向则是基本相同的，都是对立法者不希望发生之行为这种立法意向的表达。[1]

第二，规范词"不得"并非仅仅是另一规范词"得"的否定式，它同时是规范词"应当""必须""允许""有权"等的否定式。因此，仔细追究起来，"不得"至少具有"不可以""不应当""必须不""不允许""无权"等含义，但这些含义之间的细微差异通常亦被忽略不计，完全可以在统合为标志性规范词"不得"的基础上获得一致性理解：规范词"不得"意味着立法者对其所限定的法律行为的否定性评价和禁止性指令。根据"补集"的定义，对于各种属于"明示判断模式"中的肯定性法律规范类型，就可以求出其规范内涵的相应"补集"。按照张庆旭先生的列举，符合这种要求的规范类型，以规范词标示，主要有："必须""应当""有权""允许""可以"，分别以大写字母A、B、C、D、E来表示，而对于其补集"必须不——严禁（禁止）""应当不——不能""无权""不允许""可以不"，则分别以小写字母a、b、c、d、e来表示，而以P表示全部的"明示判断模式"构成的"全集"，那么：

$$P = A + B + C + D + E + a + b + c + d + e$$
$$= (A + a) + (B + b) + (C + c) + (D + d) + (E + e)$$
$$= V + W + X + Y + Z$$

---

〔1〕 参见魏治勋、陈磊：《法律规范词的语义与法律的规范性指向：以"不得"语词的考察为例》，载《理论探索》2014年第3期。

经过这样的分析处理，我们可以这样处理"必须""应当""有权""允许""可以"等规范词的补集"必须不""应当不""无权""不允许""不可以"，即这五个否定性的规范词尽管是不同规范词的否定形式，但却具有完全相同的客观意义——尽管会出现例如我们在前面阐述过的存在于"不应当"与"不可以"之间的完全不同的主观向度，我们将这一客观意义界定为"禁止做某事"，也就是规范词"不得"所表达的客观意义。所以，"不得"就是"必须不""应当不""无权""不允许""不可以"的集合，而后五者则是"不得"的子集。如果用 N 表示"不得"，则：

N＝a＋b＋c＋d＋e

那么，N 就是 A＋B＋C＋D＋E 的补集，用公式表示就是：

N＝s（A＋B＋C＋D＋E）

至此，我们可以将禁止性规范在诸类型法律规范中的逻辑地位概括如下：禁止性法律规范是所有其他类型的法律规范的"补集"，或者说，禁止性法律规范在内涵上与其他所有类型的法律规范呈现对立性的关系；同时由于禁止性法律规范在历史逻辑上必然先于其他规范而产生，这就使得禁止性法律规范事实上构成了其他各类型规范的逻辑前提。在直观表现上，禁止性规范构成了任何其他类型的规范得以存在的"边界"，在此界限之内，我们才有可能设定各种具有实在内容的其他行为规范。

（三）禁止性规范对民事行为司法效力的影响

对于此问题，近几年的专门论述很少。许中缘撰文指出：我国民法理论未对禁止性规范与强制性规范作出准确区分，导致司法实践中规范适用错误。他认为，强制性规范本身不能对民事法律行为效力产生影响。民法中的禁止性规范具有一种平衡机制，这主要是通过民法中的转介条款，既实现了对私法自治主体利益的维护，又实现了私法自治与国家管制的平衡，实现了法律调整的有机性。《中华人民共和国民法典》第 6~10 条和第 229 条都规定了"转介条款"。禁止性规范对民事法律行为效力的影响主要是通过民法中的转介条款来实现。对违反禁止性规范的民事法律行为效力需要根据禁止的是"特定的行为模式"或"特定的法律效果"，还是对"行为模式"与"法律后果"均予以禁止来进行综合判断。对禁止性规范，不能简单地将其理解为是对私法自治的一种限制，而应该从私法自治的维护、法律调整的有机性与体系性角度来予以理解。许中缘认为，禁止性规范是对民事法律行为效力判断的方式，不能简单地认为违反禁止性规范的法律行为一概无效，而是需要结合禁止性规范禁止的行为主体、客体与内容进行综合考虑：（1）若行为人违反了禁止行为主体从事某行为或者采取特定方式从事行为的禁止性规范，此时不应该规定该行为全然无效。（2）若行为人违反了法律禁止某种客体作为法律行为标的的禁止性规范，则行为绝对无效。（3）若行为人违反了法律禁止相关权利与义务的禁止性规范，则该行为效力如何，不能一概而论。从行为内容来看，（1）如果法律规范要求行为人按照法定的权利与义务要求从事行为，不得约定排除。（2）如果违反了该种禁止性规范，行为不应该绝对无效。这时需要判断法律所调整的是何种主体的利益，如果调整的是私法主体之间的利益，行为并不完全无效；但如果该行为严格涉及社会中的某种交易或者生活秩序从而有违"公序良俗"，则应该无效。[1]

对于此问题，最新的研究是胡坚明博士的《德国法上违反禁止性规定之法律行为的效力》一文。作者在文中指出：依我国《合同法》第 52 条第 5 项，违反法律、行政法规的强制性规定时，合同无效。依德国民法典第 134 条，法律行为，违反法律之禁止性规定时，无效。但其规定并不以之为无效者，不在此限。这一条文的规定具有指示参照性，其连接点在于被违反之禁止性规定的法律评价。就第 134 条的文义而言，违反禁止性规定的法律行为并非当然的无效，其具体效果与禁止性规定本身的解释密切相关。禁止性规定本身也是强行法，适用上具有绝对性。但是，其同时在内容上指向特定的行为禁止，由此，又具有特别性。德国民法典第 134 条的规定仅针对禁止特定行为的规定，而非所有的强行法。德国民法典第 134 条就法律行为违反禁止性规定而无效的规则，主要是对意思自治的一种内容限制。其目的在于，使私法上法效果的发生与其他法定禁令的法律效果不产生矛盾，进而实现整体法秩序在评价体系上的一贯性。其必须与私法规则中常见的限制意思自治之实现（法律行为之型构）的固有性规则相区别。这些规则本身决定了法律行为的能为。如果违反，则法律行为根本不能成立。[2]

---

[1]　参见许中缘：《禁止性规范对民事法律行为效力的影响》，载《法学》2010 年第 5 期。

[2]　参见胡坚明：《德国法上违反禁止性规定之法律行为的效力》，载《华东政法大学学报》2018 年第 2 期。

五、定义性法律规范词的选用

我国法律中定义性法律规范主要由"是""为"和"属于"这三个规范词来引导，以"是"为引导的定义性法律规范如《中华人民共和国刑法》（以下简称《刑法》）第13条犯罪的概念等；以"为"为引导的定义性规范如《中华人民共和国民法典》第21条无民事行为能力人的概念等；以"属于"为引导的定义性规范如《刑法》第20条正当防卫的概念等。定义性法律规范采用不同的法律规范词主要与定义的类型不同有关。逻辑学上根据定义的具体使用方法将定义分为五种，而在法律中主要可以涉及三种，即"规定定义"、"词典定义"与"精确定义"，所谓"规定定义"是指人为派给一个语词以一个新的意义，这个新意义可以是与语词本身的含义不相干的定义方式，这种定义方式又可以称为"名义定义"；所谓"词典定义"是指"被定义的词项一般都有某种固定的用法"，通过定义将这种固定用法予以阐明或解释，使其清晰明了的定义方式；所谓"精确定义"是指在特定语境中，将一个存在歧义或边界模糊的语词清晰地界定的定义方式。[1]而在法律概念的界定上，这三种定义方式均有体现，并且，这三种定义方式所选用的法律规范词是不同的：首先，定义性法律规范在对法律概念进行"词典定义"时，立法者往往采用"是"作为规范词引导。这是因为"是"这一语词在用作概念定义时，往往是被用来描述概念在客观上的本质属性的，"是"在定义性法律规范中的应用也不例外，我们可以以《刑法》第13条所定义的"犯罪"为例，"一切危害国家主权……以及其他危害社会的行为，依照法律应当受刑罚处罚的，都是犯罪"，这一定义的内容中包含了"犯罪"的本质属性，是对"犯罪"这一语词所指称对象的本质性描述，因此立法者采用了"是"作为这一定义性规范的规范词。第二，法律在对法律概念进行"规定定义"或"名义定义"时所采用的规范词往往是"为"。从词意上看，"为"带有"认为""以为""作为"这样的意思，以"为"为引导进行定义往往带有"人为性"的意味，因此它在法律中常作为"规定定义"的规范词。例如，《民法典》第20条"不满八周岁的未成年人为无民事行为能力人"，这一关于无民

---

〔1〕参见［美］欧文·M·柯匹、卡尔·科恩：《逻辑学导论》，张建军等译，中国人民大学出版社2014年版，第102-108页。

事行为能力人的定义即带有显著的人为色彩，而并非是对被定义语词所意指的事物在客观上的本质属性的描述。从字面上看，无民事行为能力人是指"不能通过自己的理性来完成民事行为的人"，而一切不满八周岁的未成年人都一定不能通过自己的理性完成一项民事行为吗？答案显然是否定的。然而，法律为了在这一问题上设定一个客观的标准不得不人为地设定了这样一个年龄界限来区分无民事行为能力人与限制民事行为能力人，因此这一规范采用了"为"作为其规范词。第三，法律在进行"精确"定义时所采用的规范词往往是"属于"。从词意上讲，"属于"反映的是一种包含关系，而这样反映包含关系的词恰好适合作为"精确定义"的规范词。这是因为，在采用"精确定义"这种定义方式时，被定义的语词是边界模糊的，而定义的目的是为这一语词的意义范围划定一个恰当的、符合法律语境的边界。从这个意义上讲，在采用"精确定义"这种定义方式的情况下，通过定义表达的内容事实上并不能反映语词的全部意义指向，而只包括了被定义语词的意义中符合定义语境的一个部分。因此使用"属于"这一表示包含关系的规范词作为这类定义性法律规范的规范词是十分恰当的。例如，《刑法》第20条第1款"为了使国家、公共利益、本人或者他人的人身、财产和其他权利免受正在进行的不法侵害，而采取的制止不法侵害的行为，对不法侵害人造成损害的，属于正当防卫，不负刑事责任。"这一关于正当防卫的定义即是一种"精确定义"，在不存在这一定义的情况下，"正当防卫"这一语词的意指可以十分模糊，意指范围可以十分广阔，而通过这一定义性规范，法律将"正当防卫"一词中的"正当"与"防卫"的意指边界都进行了框定，从而使这一概念具有了相对的确定性。

然而，在定义性规范中借助规范词对定义类型进行这样的区分，其现实意义何在呢？事实上，这关涉到法律语言与日常语言的交融与分野。哈夫特指出了法律语言与日常语言的关系，"法律语言不可能消除现实的多样性，它植根于日常语言，它必须用有限的手段去描摹现实的无限多样性，并必须配以评价。"[1]在哈夫特看来，法律语言一方面植根于日常语言中，无法与日常语言脱节，另一方面，法律语言又因为法律自身功能与价值取向的要求而必须具有其自身不同于日常语言的特征。定义性法律规范采用不同的规范词对

---

〔1〕［德］弗里特约夫·哈夫特：《法律与语言》，载［德］阿图尔·考夫曼、温弗里德·哈斯默尔主编：《当代法哲学和法律理论导论》，郑永流译，法律出版社2002年版，第301页。

法律概念进行不同方式的定义，其目的即在于厘清法律语言与日常语言之间的界限——法律在何种情况下要接受日常语言中语词的意义？在何种情况下排斥日常语言中语词的意义？在何种程度上接受日常语言中语词的意义？这即是定义性法律规范选择不同规范词进行定义的意义所在。当定义性法律规范选择"是"作为规范词，对法律概念进行"词典定义"时就意味着立法者在这一概念上完全接受日常语言中这一概念的意指，进而在定义性规范中将概念在日常语言中的定义加以明言，在这种情况下，日常语言对这一概念的理解完全可能影响到其作为法律概念在司法中的运用，换言之，日常语言中它的意义所指可以成为其作为法律概念时的解释理由；当立法者选择"为"这一规范词对概念进行"规定定义"时则意味着法律在这一概念问题上完全摒弃日常语言中这一概念的意义指向，这一概念在日常语言中的含义完全不能对其作为法律概念的含义产生任何有意义的影响；而当立法者选择"属于"这一规范词时，则意味着法律对日常语言中语词的含义是部分接受的，法律承认了这一语词在日常语言中的广阔意义范畴，但法律只接受其中符合法律语境的那一部分，在这种情况下，概念在日常语言中的含义就有可能成为司法中解释它作为法律概念时含义的一个参考标准。可见，在立法语言中对定义性法律规范词的细致区分，也对法律语言表达的精确性产生重要的影响。

本章小结

对于法律治理事业而言，精细的分析思维不仅有助于在立法过程中对法律概念和法律语词作出合理区分与运用，也有助于借此指导和推进国家治理的精细化和准确化。在立法用语中关注法律规范词之间的含义区分，实现法律规范词的科学化运用，已然是现代法治社会的一项重要要求。"法的优劣直接取决于表达并传播法的语言的优劣"[1]，而虚词的适用正是法律语言优劣的一项重要反映。诚如学者所言，"法律当中有不计其数的问题与词语的含义直接相关，与法律语言的结构相关，或与法律概念的解释相关，而这本身就是语言问题。"[2]法律规范词作为虚词、助词，在法律语言中起到构建法律逻

---

[1] [德] 伯恩·魏德士：《法理学》，丁晓春、吴越译，法律出版社 2013 年版，第 71 页。

[2] [美] 桑福德·尚恩：《语言与法律》，沙丽金等译，知识产权出版社 2016 年版，第 180 页。

辑的作用，如果法律规范词在立法中的运用存在混乱与模糊，必然给司法实践中法律的解释适用带来困难。因此，立法中法律规范词乃至法律用语的规范化，是法律运行与司法实践中确定性与一致性的一项重要前提。"权力的发生和权力运作的方式都与语言相关"，[1]强调立法用语尤其规范词使用的规范化，对于完善中国的法律体系并推动国家治理的精细化、合理化都具有重要而切实的实践价值。

地方立法对法律规范词的运用与国家立法遵循同样的规则和标准，这一点并不会因为立法层级的差异而有所不同。但同时应注意到，强调地方立法对法律规范词的科学合理运用在当下具有特别重要的意义，主要体现为如下两点：第一，强调对法律规范词的科学合理运用，对地方立法特别是设区的市的立法实践具有专业规训意义。中国省级人大和较大的市的立法已开展多年，积累了较为丰富的立法经验，立法逐渐走向规范化，对法律规范词的运用也比较合理、娴熟了。但设区的市的地方立法实践才刚刚开始，立法人才紧缺、经验不足，对包括法律规范词的界定和运用在内的立法技艺还颇为欠缺，这成为制约立法质量提高的一个重要瓶颈。因而，对设区的市的地方立法实践而言，深切关注并有意识地强化法律规范词运用的训练，可以成为立法技术规训的一个重要突破节点。其二，强调对法律规范词的科学合理运用，对于地方立法引领的地方治理实践的精细化推进具有特别意义。地方治理具有地方特殊性，举凡地理、民族、民情、风俗、风物，都各具特色，因而地方立法讲究特色和差异性成为地方治理精细化的重要前提。任何规范行为之差异化的立法表达，都必须以规范词的科学合理使用确保行为指向性的精细明确化为目标，唯此规范目的方可顺利达成。可见，地方立法对地方治理的引领作用，离不开对法律规范词的科学合理使用。正是基于法律规范词运用之于地方法治建设的上述显著实践意义，当下强调地方立法对法律规范词的科学界定和合理运用殊具价值，理应给予特别重要的关注。

---

〔1〕 洪涛：《本原与事变：政治哲学十篇》，上海人民出版社 2009 年版，第 1 页。

地方立法程序科学化与运行机制

【本章内容提要】 狭义的地方立法程序专指地方人大及其常委会制定地方性法规的一系列步骤，其在"不重复""不抵触"的原则下需要兼顾民主立法与科学立法的双重价值。根据提案、审议、表决、公布等不同阶段，相配套的运作机制如过滤机制、顺序机制、立法调研机制等运作机制能够保障地方立法程序的科学性或确保地方立法程序民主性。但地方立法程序运行机制更多是应然意义上的，实然意义上的地方立法程序存在着诸多问题以至于其难以充分满足参与性、交涉性、合理性、效率性的要求。完善地方立法程序不单要从增强程序规范的操作性与增加规范供给入手，还要实现民主立法与科学立法在运作机制上的互联互通，最后还需要为地方立法程序设定硬性的标准，提升程序的强制性。

引言："不重复"与"不抵触"原则影响下的地方立法程序

地方立法程序因其决定着地方性法规的提出、审议、表决及公布的全过程，在地方法治建设与社会治理实践当中起着关键作用。在享有地方立法权的主体不断扩容的当下，设区的市也正式获得了由《宪法》《立法法》赋予的地方立法权，地方各级人大及其常委会能否规范、有序地进行立法活动决定着地方立法水平的高低，也决定着地方立法能否对经济社会发展起推动作用。"不重复"与"不抵触"原则一般被认为是指引地方立法的基本原则，但实质上这两个原则也指引着地方立法程序的制度设计与实践运作，并构成对民主立法、科学立法的地方立法程序的价值属性的限定并支配着更为具体的配套运行机制：一方面，"不重复"原则强调地方立法必须凸显地方性特色，地方立法主要是用来解决国家立法不可能解决的地方性问题。[1]然而，目前"'不重复上位法'原则基本上处于孤军奋战的状态，地方明显缺少具体规则回应地方性法规重复上位法的问题，未能充分实现原则规则化。"[2]这意味着地方立法程序的设计及运作不能只是对国家立法程序的简单重复，必须充分结合地方立法的效力位阶、地方立法机关的机构设置及人员组成、地方立法事项的特殊性及有限性等因素予以充分考量。另一方面，"不抵触"原则要求地方立法需要与上位法协调一致、衔接顺畅，地方立法需要"自觉地担负起保障宪法、法律和行政法规在本地区有效实施的责任"[3]，因此地方立法程序同样需要与国家立法程序保持统一，这也是单一制国家结构形式立法程序制度的应然要求。

　　民主立法与科学立法是国家立法程序与地方立法程序都需彰显的价值属性，受到"不重复"原则的限定，地方立法程序需要突出民主立法的重要性，即通过地方立法程序汇集本地民意从而在立法文本中切实反映民众利益需求，此时科学立法从属于民主立法；同时考虑到"不抵触"原则的影响，地方立法程序也需要强调科学立法的重要性，即通过特定的制度设置与步骤安排及横向的分工避免"乌合之众"式的非理性民主，特别是防止"地方保护主义"引发的地方立法破坏法制统一的结果出现，此时民主立法从属于科学立法。[4]相较于国家立法程序，"不抵触"与"不重复"原则影响下地方立法程序在平衡民主立法与科学立法的关系上会面临更多的阻碍，我们需要在厘清地方立法程序概念、价值属性的基础上，探寻地方立法程序的运作机制及现实问题，分析原因并提出适当的解决路径。

---

　　〔1〕　参见王琼雯：《地方立法的地方特色及其实现之道》，载《行政与法》2008年第6期。

　　〔2〕　向往：《论地方性法规"不重复上位法"原则的规则化》，载《行政法学研究》2022年第2期。

　　〔3〕　宋才发：《地方立法的基本程序及功能研究》，载《河北法学》2021年第3期。

　　〔4〕　《立法法》第87条规定了地方性法规的提出、审议与表决程序需由地方各级人大参照国家立法程序制定。

一、地方立法程序的概念界定与价值属性

（一）地方立法程序的概念界定

狭义的地方立法程序专指地方人大及其常委会制定、修改和废除地方性法规所遵循的步骤或方法，广义上的地方立法程序除了前者还包括地方行政机关制定、修改和废除地方政府规章及规范性文件的步骤或方法。党的十八届四中全会着重提到："要健全有立法权的人大主导立法工作的体制机制，依法赋予设区的市地方立法权。"[1]在强调人大主导立法工作并完善相关体制机制的当下，地方性法规应在地方社会治理及法治建设中发挥核心作用，地方立法程序主要是指狭义上的地方人大及其常委会制定地方性法规的相关环节。

通常认为地方立法程序包括提案、审议、表决、公布四个环节，对于省级的人大常委会而言，似乎还包括对设区的市的地方性法规的批准程序，"这个过程可以分为三个阶段：一是立法准备阶段，亦可以称其为前立法阶段；二是由法案到法的阶段，亦可以称其为中立法阶段；三是立法的完善阶段，亦可以称其为后立法阶段。这三个阶段之间有紧密联系。"[2]中立法阶段包括提案、审议、表决、公布的环节，一般由地方制定相应的立法条例加以规制，但立法准备阶段的立法规划、立法起草以及后立法阶段的立法解释、立法评估、立法清理能否被视为立法程序的组成部分，对于这一点是学界存有争议的。有学者认为，"立法准备只是立法主体自身为提出议案所作的活动，不能视为立法程序的启动。"[3]也就是说立法起草、立法规划属于提案阶段的准备工作，并不牵涉到不同主体之间为达成立法决策进行的辩论、协商或妥协。在现代民主社会，立法程序本质上是为达成共识性的民主目标而设置的主体间性的交往规则。同理，后立法阶段的立法解释、评估、清理等更多是地方人大及其常委会完善自身立法工作，是在地方性法规正式公布以后进行的，并不当然需要其他主体的参与，即使存在其他主体的协助，也往往只作为参考依据并不必然产生推动程序发展的效果，所以前、后立法阶段的相关立法

---

〔1〕 参见《中华人民共和国宪法 中共中央关于全面推进依法治国若干重大问题的决定》，中国法制出版社 2014 年版，第 50 页。

〔2〕 周旺生：《立法学》，法律出版社 2004 年版，第 152 页。

〔3〕 马贵翔、黄国涛：《立法程序正当化探析》，载《人大研究》2017 年第 8 期。

事项可以归入立法技术的领域。省级人大常委会批准设区的市的地方性法规虽也是重要的程序，却是在设区的市已经完成提案、审议、表决等主要立法程序的基础上进行的，并且这并不是设区的市人大及常委会与省级人大常委会基于平等的地位相互交涉得出的结论，类似于行政机关中上级对下级的批准程序。在各省制定的地方立法条例中一般都将批准程序作为单独一章，与省人大及常委会的立法程序并列。所以地方立法程序的概念应被界定如下：地方人大及其常委会为制定、修改、废除地方性法规而进行提案、审议、表决、公布的相关步骤。地方立法程序一般是由地方性法规加以规定，也不排除实践中存在的惯例性的操作。

（二）地方立法程序的价值属性

民主立法、科学立法在当下中国的现实语境中同样也是相互交织在一起的，民主立法、科学立法的概念不仅出现在党和国家的历次正式文件中，如2014 年中共中央发布的《关于全面推进依法治国若干重大问题的决定》中曾提出深入推进民主立法与科学立法的要求；也出现在正式颁行的法律中，如《立法法》第 6 条与第 7 条〔1〕都全面阐释了民主立法、科学立法内涵。然而对民主立法、科学立法的理解有着结果与过程或称动态与静态两种层面的理解，结果或静态层面的理解指向的是民主的立法或科学的立法，即最终创制出的法律法规在内容上符合客观规律并且全面真实地反映了人民的意志；过程或动态层面的理解指向的是民主地或科学地立法，即立法活动是能够实现科学的民主的立法的。〔2〕过程或动态层面的理解与地方立法程序关联得更为密切但并非完全等同，因为立法程序意义上的民主立法既是内在于地方立法程序各个环节的要求，也是最终的立法结果所承载的核心价值；所谓的科学立法就是在坚持民主参与的前提下，立法能有效、充分、及时地反映民众的需要，并能够确保地方立法的提案、审议、表决、公布的环节公正、公开，不因多数人的意志而损害少数人的权益。民主立法是科学立法的前提，科学

---

〔1〕　有关科学立法的内涵，《立法法》第 7 条第 1 款规定："立法应当从实际出发，适应经济社会发展和全面深化改革的要求，科学合理地规定公民、法人和其他组织的权利与义务、国家机关的权力与责任。"有关民主立法的内涵，《立法法》第 6 条第 2 款规定："立法应当体现人民的意志，发扬社会主义民主，坚持立法公开，保障人民通过多种途径参与立法活动。"

〔2〕　参见黄建武：《科学立法与民主立法的潜在张力及化解》，载《地方立法研究》2020 年第 2期。

立法是民主立法的保障，但是它们并非完全是达致立法结果的手段，亦具有相当程度的独立存在及运行的价值。

民主立法与科学立法作为地方立法程序的价值属性为人大主导下的地方立法实践指明了完善的方向，二者致力于促进参与性、交涉性、合理性、效率性的地方立法程序的形成。科学性与民主性都应被视为是地方立法程序的价值属性，然而立法活动不同于自然科学领域的研究活动，无法以纯客观的方式来获得最优的立法结果，立法活动中所能寻求的是共识性的真理。地方立法程序的科学性并非自然科学中的"求真"，而是在寻求"共同善"的共识性理解之上的立法收益的最大化，因此科学立法对地方立法程序的指引必然是不同于民主立法对地方立法程序的指引。

就民主立法层面而言：其一，地方立法程序应是参与性的，以保障充分表达。立法过程中各相关主体的广泛参与尤其是普通公民要积极参与地方立法活动，这构成了地方立法程序的实质正当性来源。如果与地方性法规相关的公民的合理诉求得不到充分表达，那么这样的地方立法程序仅是形式性的，人民民主的政治理念就难以得到落实。普通民众对立法活动的参与更是对代议制民主的重要补充，这有助于人大代表更为顺畅地听取民意，避免人大代表与人民群众的分离；其二，地方立法程序应是交涉性的，以达成立法共识。所谓交涉性是指"立法决策参与者运用各自的法定程序权力进行充分辩论、协商和妥协，以最终达成各方都愿意并能够接受的多数结果"[1]。这意味着不同的参与者能够基于程序规则所赋予的权力，在就实质性的立法问题进行辩论、协商时，各相关主体形成一种平等沟通的状态，而非一方对另一方单向的服从。季卫东教授更是指出程序的本质就是交涉过程的制度化表达，法律在交涉制度的语境下是何种主体按照什么程序作出解决问题的决定。[2]交涉性的立法程序也是使立法结果获得形式正当性的重要依据，不同利益诉求相互博弈产生的结果不一定是最优化的，但一定是最能为相关立法参与者所接受的。

就科学立法层面而言：其一，地方立法程序应是合理性的，以提高立法

---

〔1〕 孙潮、徐向华：《论我国立法程序的完善》，载《中国法学》2003年第5期。

〔2〕 参见季卫东：《法律程序的意义——对中国法制建设的另一种思考》，中国法制出版社2004年版，第33页。

质量。虽然参与性和交涉性是地方立法程序正当性的来源，却是以理性的立法程序设计为前提的。立法提案需要满足一定的形式要求，比如提案应当采取何种格式、立法草案附上哪些相关文件才可以进入审议程序，这实际上是对一种提案的过滤。对于地方立法审议过程要规定一定的顺序，围绕特定的法案或者法案中的条款设置更为精细化的讨论程序，避免民主过程中的瞬间决断造成立法的失误。对于表决、公布的环节也要设置表决的人数要求或比例安排、公布的方式及时间。少而精的地方性法规更能保证法律的权威性，提升立法质量，也能防止在立法过程中产生"多数人的暴政"。其二，地方立法程序应是效率性的，以节约立法成本。有学者经过广泛的比较研究与实践调研认为要"以法案通过与否和法案通过的具体时长来测量立法效率"[1]，所谓效率性是指地方立法必须在满足民主立法的前提下讲求效率，在完成立法步骤的基础上控制立法时限，避免程序的拖沓，以节约立法成本。为此，一方面需要通过标准化的议决范式保证立法活动在形式上具有一致性，避免因人因事而异，从而提高立法活动的可预测性。在这种标准化的议决范式中审议的次数、发言的时长以及表决的人数都是有限制的，能够避免程序无限拖沓。另一方面也需要利用过滤机制及时剔除那些有瑕疵的法案，让有限的立法资源能够被集中在那些有价值的法案上。

二、地方立法程序的运作机制

地方立法程序是制定、修改、废除地方性法规所遵循的步骤，可以划分为提案、审议、表决、公布四个环节。需要予以说明的是，地方人大立法程序与地方人大常委会的立法程序主要根据不同的立法权限而设置，在程序步骤上具有极大的相似性，且实践中大部分地方性法规都是通过地方人大常委会的立法程序产生的，因此在具体论述中不作过于详细的区分。与地方立法程序的环节相配套的运作机制主要包括两大类：一类是保障科学立法的提案环节的过滤机制、审议环节的顺序机制及信息还原机制、表决及公布环节的公开机制；另一类是确保民主立法的立法听证机制、立法调研机制、专家辅助机制，主要体现在提案与审议阶段。尽管在地方立法程序不同环节中发挥

---

[1] 杨惠、于晓虹：《中国立法效率影响因素的再审视——基于全国人大常委会立法规划的实证分析（1991—2019 年）》，载《中国法律评论》2022 年第 2 期。

主导作用的运行机制有所差别，但是并不代表某种机制仅适用于特定阶段，以公开机制为例，公开机制本身就是表决及公布环节的最主要功能，因此需要予以着重突出，但是立法信息的公开贯穿立法程序始终，也呈现在提案、审议等环节，例如《深圳市制定法规条例》规定了在正式审议前要将法规草案及起草说明及时向社会公开。

（一）保障地方立法程序科学性的运作机制

首先，就提案环节的过滤机制而言。"程序控权是一种保护权利的有效模式，从地方立法草案确立那一刻开始，立法程序就承担着严格'限权''控权'的角色。"[1]全国人大及其常委会并未专门制定规范地方立法程序的专门法律，各地也一般都是参照《立法法》的条文就提案主体、审查提案的主体、提案应具有的形式要件与实质要件作出相应规定：其一，各地一般都将提案主体规定为本级机关单位及其下设机构包括地方政府、地方人大的主席团、常务委员会、各专门委员会及主任会议，或者规定一个代表团及达到相应数量的人大代表可以提案。各地对于人民法院与人民检察院能否作为提案主体则规定不一，例如《河南省地方立法条例》就明确规定省人民法院与省人民检察院是提案主体，但《广东省地方立法条例》就明确排除了这两者作为提案主体。其二，各地一般将地方人大主席团、常委会或地方人大常委会主任会议作为审查提案的主体，其中地方人大常委会一般是在地方人大闭会期间行使审查职权。另外对于一个代表团及达到相应数量的人大代表的提案，各地基本都规定可以先交由地方人大各专门委员会审议，再交由主席团或主任会议决定是否列入会议议程。其三，各地一般在形式上要求提案主体需要提交草案文本时附上相关说明、参考资料，涉及修改地方性法规的，还需要附上修改前后的对照文本，草案文本应当包含提案的必要性、可行性及主要内容。地方立法程序通过对提案主体、审查主体及提案本身的条件设定，从地方立法的源头严格把关，避免有瑕疵的提案进入正式的会议议程。

其次，就审议阶段的顺序机制及信息还原机制而言。顺序机制指的是在地方立法提案环节结束以后针对立法草案的研究、分析、辩论、协商的相关程序，地方立法审议环节大体包括"准备审议—听取草案说明—代表团审议、

---

〔1〕 宋才发：《地方立法的基本程序及功能研究》，载《河北法学》2021年第3期。

专门委员会审议—法律委员会审议—听取法律委员会审议报告—通过审议报告和法律草案修改稿—提交大会表决或进一步审议"〔1〕，地方人大常委会的立法程序在此基础上增加了审议的次数，与之类似。地方立法机关的各职能部门根据横向不同的分工，对立法草案的内容进行合法性与合理性审查，同时这种横向的分工被嵌套进纵向的审议次序中，逐次解决立法草案中的重点难点问题，既提高了立法效率，又有效促进了立法活动的有序进行。〔2〕"程序之间既不得倒置、也不得跳越，而只能步步为营、环环递进、依次决策，从而将最终决定奠基在每个局部决定的理性基础之上。"〔3〕在审议环节中，提案人说明、提供相应的审议报告或立法修改稿、召开听证会等方式属于信息还原机制，信息还原机制尽可能地便利参会代表获取相关立法信息，使参会代表能够在立法信息充足的状态中进行立法决策，避免信息不对称情况下的立法失误。

最后，就表决及公布阶段的公开机制而言。在表决阶段，表决的规则、参与投票表决的代表名单、表决所针对的法案文本的内容以及最终的表决结果都应当向社会公开，尤其是需要积极主动地告知与该法案相关的利害关系人。立法机关在地方性法规正式颁行后还需将公告和地方性法规文本发布在常委会公报、地方人大官网以及在本地区公开发行且有较大影响力的报纸上，以便民众知晓。随着互联网技术的突飞猛进，新的传播媒介被广泛运用到社会日常生活中，公布的方式不必局限于传统媒介，微信公众号、官方微博乃至主流视频网站都可以成为公布地方性法规文本的平台。〔4〕

---

〔1〕　马贵翔、黄国涛：《立法程序正当化探析》，载《人大研究》2017 年第 8 期。

〔2〕　有关人大各专门委员会与法律委员会在审议环节的横向分工，《立法法》第 32 条规定了专门委员会审议的主要是专业对口领域的问题，体现的是立法审议的专业性，而第 33 条规定了法律委员会对法规统一审议的职能，体现的是立法审议的统一性，专门委员会与法律委员会的审议职能具有"专"与"统"的关系。

〔3〕　孙潮、徐向华：《论我国立法程序的完善》，载《中国法学》2003 年第 5 期。

〔4〕　《立法法》第 62 条第 2 款："法律签署公布后，法律文本以及法律草案的说明、审议结果报告等，应当及时在全国人民代表大会常务委员会公报和中国人大网以及在全国范围内发行的报纸上刊载。"与之相关地方立法条例中也有关于公开的要求，如《山东省地方立法条例》第 85 条第 1 款规定："省地方性法规公布后，公告、地方性法规文本以及草案的说明、审议结果报告等，应当及时在《山东省人民代表大会常务委员会公报》、中国人大网和山东人大门户网站以及全省范围内发行的报纸上刊载。"

（二）确保地方立法程序民主性的运作机制

确保民主立法的三种运行机制是为了保障社会公众能广泛参与到地方立法活动的各环节当中，从而最大程度地彰显地方立法的民主价值。在代议制民主模式下，地方立法程序容易局限于地方人大与政府、法院、检察院之间或者地方人大下设机构之间，地方立法有蜕变为单一的"官僚立法"或"精英立法"的趋向，导致地方立法脱离公众。更有甚者，"立法过程中，凭借对社会管理经验及专业知识垄断，个别政府部门借立法起草之机，扩张部门权力、削减部门职责的情况偶有发生"〔1〕。为了提高地方立法中的公众参与度，需要通过立法听证、立法调研及专家参与来广泛吸收民意。

首先，就立法听证机制而言。立法听证是在立法过程中听取利害关系人和社会公众意见的重要机制，有学者指出："在西方，立法听证制度是司法上的正当法律程序向立法过程的移植，又吸收了公众参与制度，从而引进了直接民主价值，共享了两大法系融合带来的价值红利。"〔2〕因而不能狭隘地对地方立法听证采取实用化或工具化的理解方式，听证在地方立法过程中有着整合民众利益诉求、收集立法信息、提供民主训练的功能。当下很多地方都以条例、规则或办法的形式就立法听证事项作出了相应规定，如《天津市制定地方性法规听证办法》详细规定了听证的组织方式、听证适用的立法事项、听证的具体程序等。地方立法听证目前主要应用在地方人大常委会审议地方性法规案的环节，当就立法事项出现重大意见分歧或涉及利益关系重大调整时，听证会的召开才具有必要性，地方立法机关对于其他立法事项是否进行听证一般拥有自主裁量的空间，如《山东省地方立法条例》第45条提到："地方性法规案有关问题存在重大意见分歧或者涉及利益关系重大调整，需要进行听证的，应当召开听证会，听取有关基层和群体代表、部门、人民团体、专家、省人民代表大会代表和社会有关方面的意见。举行听证会的，听证机构应当公告听证会的时间、地点、听证内容以及陈述人报名方法等有关事项。听证程序和听证情况的报告等依照省有关地方性法规的规定执行。"

其次，就立法调研机制而言。地方立法调研指的是地方立法机关为了收集有关地方立法的信息、资料，向社会公众、政府机关、专家学者及社会组

---

〔1〕 杨铜铜：《论立法起草者的角色定位与塑造》，载《河北法学》2020年第6期。

〔2〕 曾哲、肖进中：《我国立法听证制度的困境反思与进路完善》，载《江汉学术》2015年第2期。

织了解相关情况，以便于对地方性法规的必要性、合理性及可行性作出准确评价。地方立法中的调研活动是与论证会、听证会、座谈会相区别的，立法调研是立法机关工作人员深入人民群众并进行走访调查以获取第一手资料，其后的论证会、座谈会是就调研成果进行讨论、分析的二次过程。在调研过程中作为调研相对人的社会公众并不只是供给信息的客体，他们与作为调研机关的立法机构之间形成密切互动的关系，能够以参与者的身份通过最终的调研报告对立法机关审议地方性法规案的活动产生间接的影响。此外，地方立法机关就特定立法事项进行调查问卷、实地考察、访谈群众等调研活动，也是回应型立法的要求，在新的社会关系生成以后，需要及时通过立法予以规制，避免规范缺位。"从立法时机、立法内容两方面更准确地回应社会的需要，具有满足现实需要的正当性和提高立法质量、确保法律实现的价值。"〔1〕目前《立法法》和各地的地方立法条例一般规定在立法审议阶段需要进行立法调研工作，由人大各专门委员会和人大常委会工作机构负责。立法准备阶段也有相应的立法调研活动，由编制地方立法规划的有关机关和立法起草单位进行，不属于正式地方立法程序中的调研，但在提案人提交草案及相关参阅资料时，立法准备阶段的调研报告也会进入到后续的审议程序当中，因此准备阶段的立法调研活动亦具有相当的重要性。

最后，就专家参与机制而言。专家的特别之处在于他们具备某一领域的专业知识，能够更为集中、高效地反映社会需求：一方面，专家能够针对地方立法所涉及的专业事项作出理性评估并提出相应的建议，一定程度上有助于避免由立法代表的认知缺陷或信息不对称导致的立法失误；另一方面，地方立法在体现本地特色的同时，还要兼顾维护国家法制统一的任务，避免与上位法相抵触，专家因其丰富的理论知识，更加能够把握地方立法的合法性；更为重要的是专家能够持较为中立的立场，客观地看待地方立法过程中的权利义务的配置和利益的分配，防止立法过程中部门利益带来的负面影响。

专家在地方立法实践中不仅能够协助立法机关完成立法规划、完善草案文本，还能参与到地方立法的提案、审议环节。在审议环节，专家参与有三种表现形式，分别是立法顾问、立法助理、专门的立法研究机构三种类型，

---

〔1〕 饶世权：《论公众参与视野中的地方立法调研》，载《西北大学学报（哲学社会科学版）》2011年第6期。

立法助理主要应用在西方国家，专门的立法研究机构要求较高并且需要投入大量的人力物力，目前专家参与机制在地方立法实践中应用较为广泛的是立法顾问的类型。"专家作为立法顾问参与立法活动，是为立法机关提供立法工作所需要的专业信息和意见建议，辅助立法机关进行立法工作，是独立地以专家个人的身份参与和影响立法活动。"[1]例如《江苏省制定和批准地方性法规条例》第51条第2款规定："地方性法规案有关问题专业性较强，需要进行可行性评价的，应当召开论证会，听取有关专家、部门和省人民代表大会代表等方面的意见。"专家以立法顾问的身份，通过参加座谈会、听证会或提供书面意见，灵活参与到地方性法规案的审议工作当中，有助于科学立法和民主立法的双重目标的实现。

三、当下地方立法程序的主要问题及缘由

地方立法程序的运行机制更多是应然意义上的，实然意义上的地方立法程序存在诸多现实问题，一方面是确保地方立法程序民主性的运作机制未能充分满足参与性、交涉性的要求，另一方面是保障地方立法程序科学性的运作机制难以有效达致合理性、效率性的标准。

（一）确保地方立法程序民主性的运作机制的问题

地方立法程序的参与性是交涉性的前提，广泛的公众参与是形成凝聚着多数人理性的法律这一"公共产品"的重要前提。目前，地方立法程序在交涉性上也是较为匮乏的。部分地方立法机关把法规数量当作立法政绩的表现，压制立法程序的交涉、博弈、过滤、淘汰的功能，造成恶性循环，进一步降低了地方性法规的质量。原本用于确保地方立法民主性的运作机制却服务于法案的单向认可而非互动博弈，造成地方立法程序交涉性匮乏的根源却是在于参与性的不足。如果生产法律这一"公共产品"的活动不民主或者说代表性不够充足，那么该产品的公共特性显然无从谈起。[2]伯尔曼亦指出："法律活动中更为广泛的公众参与乃是重新赋予法律以活力的重要途径。除非人们

---

〔1〕 张卉林：《论专家参与在民主立法中的功能定位及制度完善》，载《湖南社会科学》2017年第2期。

〔2〕 参见吴展：《论立法民主的程序保障——以地方立法为视角》，载《南昌大学学报（人文社会科学版）》2012年第2期。

觉得那是他们的法律，否则就不会尊重法律。"〔1〕当下确保地方立法民主性的运作机制的问题集中体现在立法听证机制、立法调研机制、专家参与机制中参与性的不足。

其一，就立法听证而言，在效力等级上，现行各地的人大立法听证规则分为地方性法规与临时性、过渡性的规则两种形式，前者如《深圳市人民代表大会常务委员会听证条例》，后者如《北京市人大常委会立法听证工作规程》，一般来说作为地方性法规的立法听证规则适用更为稳定，法律效力较高，临时性、过渡性的规则效力等级较低，约束力有限，适用较为随意，临时性、过渡性的地方立法听证规则的大量存在使得地方立法机关在是否举行立法听证的问题上有较大的自主裁量的空间，地方立法机关可能会受制于部门利益不举行立法听证。在法律依据上，各地人大立法听证规则的法律依据规定得比较模糊，有的表述为"依据相关法律法规"，有的则干脆没有提及相关法律依据；在具体内容上，现行各地的人大立法听证规则规定了举行听证的相关流程，也规定了立法听证的参与主体，却对于听证人与听证陈述人的权利义务关系没有加以清晰地界定。地方立法听证在法律依据及具体内容上的模糊容易造成"听而不证"的现象反复出现，这会严重挫伤公众参与立法的积极性。

其二，就立法调研而言，《立法法》只是提及立法调研，却对立法调研的主导者及参与者、立法调研所适用的环节、如何根据不同的事项采取相应的调研方式、调研的文本应具有怎样的要求并无详细规定，这使得各地立法调研的实践操作较为随意，各相关主体对地方立法调研并无统一的认识，容易导致地方立法机关不能有效收集立法信息，社会公众无法切实参与到立法调研中。如宁夏回族自治区吴忠市人大常委会就《吴忠市村庄规划条例》的制定组织立法调研主要是在起草工作中而非正式的地方立法程序中，并且立法调研所涉及的对象也主要是知名律所律师、法学专家，较为缺乏普通民众的参与。〔2〕

其三，就专家参与而言，《立法法》第39条第2款规定："法律案有关问题专业性较强，需要进行可行性评价的，应当召开论证会，听取有关专家、

〔1〕　[美]伯尔曼：《法律与宗教》，梁治平译，中国政法大学出版社2003版，第35页。
〔2〕　参见宋才发：《地方立法的基本程序及功能研究》，载《河北法学》2021年第3期。

部门和全国人民代表大会代表等方面的意见。"《立法法》为专家参与地方立法工作提供了规范支持，但各地的地方立法条例则缺乏对专家参与的具体方式及保障机制的规定。

（二）保障地方立法程序科学性的运作机制的问题

对于地方立法程序中的过滤机制、顺序机制及信息还原机制、公开机制，各地的地方立法条例在功能定位上存在着一定偏差，这导致地方立法程序的合理性与效率性受到一定影响。虽然各地基于《立法法》都制定了相应的地方立法条例以规范立法活动，但是规则的精细化程度有限，较为粗陋、简单，缺乏足够的可操作性。事实上，《立法法》、《地方各级人民代表大会和地方各级人民组织法》（以下简称《地方组织法》）未对地方立法程序的各环节特别是审议环节作出细致的富有操作性的规定，而是有着大量的"留白"，地方立法程序的制度构建在"不抵触""不重复"原则指引下有着充足的空间，但是地方性法规在地方立法程序上的规定阙如或者不细致会导致立法活动无法在法治框架下顺畅运行。提案、审议、表决、公布四个环节涉及到大量针对草案或法案的讨论、协商或辩论，却缺乏相应的议事规则，这易使得立法的动议、诉求的表达、利益的博弈游离于正式规则之外，有陷入任意的危险。

其一，当下地方立法程序在提案环节致力于法案的消极认可而非有效过滤，一味追求法案通过的数量，过滤机制存在被消解的危险。据统计，2021年全国人大法工委共收到各类报送备案 1921 件，其中地方性法规合计 1467件。[1] 以环境领域立法为例为例，"同构性导致环境立法的'形式繁荣'，这突出表现为中央与地方之间出现的'跟风立法''一竿子插到底'，地方与地方之间'左右对齐''竞赛立法'。"[2] 当前地方立法程序并未设置强制性的淘汰机制，地方人大及其常委会难以有效淘汰存在瑕疵的法案。地方人大每年都会确定立法计划，立法计划所确定的立法项目往往是由各专门委员会或行政机关起草，地方人大来审议通过。在花费大量人力物力的情况下，进入

---

〔1〕 参见《全国人民代表大会常务委员会法制工作委员会关于 2021 年备案审查工作情况的报告——2021 年 12 月 21 日在第十三届全国人民代表大会常务委员会第三十二次会议上》，载 http://www.npc. gov. cn/npc/c30834/202112/2606f90a45b1406e9e57ff45b42ceb1c. shtml，2022 年 1 月 16 日最后访问。

〔2〕 参见周迪：《论提高环境立法效益的可行路径：中央与地方环境立法事项合理分配》，载《地方法研究》2018 年第 4 期。

正式会议议程的法案由于耗费了一定成本且可能牵涉部门利益，立法程序的淘汰功能、过滤机制实质上被稀释了，立法机关对法案更多的是消极认可，而非积极的评价。[1]

其二，当下地方立法程序在审议环节的顺序机制及信息还原机制有趋于行政化与形式化的不良态势。多数地方人大常委会在审议程序中已经确立了"二审"乃至"三审"制，但是没有就审议的内容、进度、目标在不同的审议阶段进行合理区分，地方立法机关对立法审议程序没有足够的重视，"大多依葫芦画瓢，'克隆'国家法层面的相关规定，没有结合实践要求对立法审议程序进行'精细化'规定"[2]。例如立法审议未采取"一事一议"的原则，这造成立法代表在审议环节的讨论无法聚焦在特定法案或者特定条款上，难以形成意见的有效交涉与博弈。再如因会期的有限、法案的专业化和技术化，立法代表们无法就相关法案发表有针对性的意见，缺乏共同的话语对象，讨论内容虽多，无法形成博弈之后的妥协性的共识。

其三，当下地方立法程序在表决及公布环节的公开机制存在着效率性与合理性相分离的现象。从形式上看，当前地方立法程序对于地方性法规的公开时间、公开内容及公开对象都有着较为明确的规定，但是由于地方立法程序民主性的不足，公开机制的运行实际上并不能将地方立法机关在提案、审议环节中经由过滤机制、顺序机制及信息还原机制形成的立法信息合理、有效地传达给相关主体。

（三）　地方立法程序中问题的缘由

首先，地方立法中存在重实体轻程序的思维模式。地方立法机关往往更看重立法的结果而不注重立法的过程，如果出台地方性法规能带来实际效益，在程序上即使存在瑕疵，立法机关往往采取变通的手段让其通过。程序上的瑕疵可能并不会暂时影响法案的实施，可随着社会公众法治意识的提高，立法程序上的瑕疵引起社会的广泛关注，则势必会进一步影响到对于地方性法

---

〔1〕　在美国，国会每年收到立法议案一两万件，但经委员会审查淘汰后仅存 2000 多件，最终完成立法程序的约有五六百件，仅占所提议案的二十分之一弱。参见孙哲：《左右未来：美国国会的制度创新和决策行为》，复旦大学出版社 2001 年版，第 220 页。

〔2〕　丁国峰、代桂明：《论地方立法审议程序制度的构建和完善——以设区的市的立法审议为视角》，载《学术探索》2017 年第 4 期。

规的社会认可，则会威胁地方人大及其常委会的公信力。

其次，地方人大及其常委会特别是设区的市人大及其常委会的立法经验相对匮乏。地方人大及其常委会立法经验相对有限，设区的市在2015年获得地方立法权之后虽然有相应的立法实践活动并且也持续了若干年，但地方立法活动中民主立法、科学立法水平还是有限的。在立法政绩导向的影响下，地方立法机关容易从快从多地制定地方性法规，甚至出现重复立法、立法抄袭、与上位法相抵触等现象，其实地方性法规内容的问题不单单源自立法机构工作人员自身专业水准有限，也是没有严格遵循立法程序的结果。虽然地方人大熟悉立法程序的专业人才相对有限，立法资源更是无法与全国人大相提并论，但在《立法法》、各地立法条例指导下，同时参考部分先进地区立法条例，通过严格执行立法程序，仍然能够有效避免立法失误，良好立法程序的执行也能促进立法结果的完善。

再其次，传统政治文化思想的浸淫。中国古代的政治文化思想以服务大一统帝国为旨向，特别是儒家尤为强调尊卑等级秩序，讲究"君君臣臣，父父子子"。家国一体的国家建构模式使得古代中国的政治模式要求民众服从官府、官僚服从皇帝、地方服从中央，下对上的服从观念结合现代国家科层制的官僚制度，构成政治运行的惯性，对当下的政治法律实践产生现实的影响。立法机关对法案的单向认可取代了立法参与者聚焦在特定法案上的合理对抗，地方立法程序更多是形式意义上的，所达成的立法共识也难以充分代表民众的利益诉求。

最后，是民主议决传统的匮乏。当下地方立法中人大代表更多是决而不议，缺乏针锋相对的辩论，仅在表决环节行使权力，在提案、审议环节缺乏有效的辩论以修正、反对存在问题的法案。我们对民主集中的理解不能仅停留在始终趋同的意见集中，而是意见表达的多样化，呈现为民主表达过程中经过修正、反对后的意见集中。例如设区的市的绝大多数地方性法规都由地方人大常委会审议、表决并通过，根据《地方组织法》的规定[1]地方人大常委会组成人员的数量往往在几十人左右，其中不少还是非全职的人大代表，仅仅几十人的常委会作出的立法决议或表决通过的法案就能直接影响本地区几百万乃至数千万人的权益，代表人数的有限、兼职代表的缺席乃至仅仅形

---

[1] 参见《中华人民共和国地方各级人民代表大会和地方各级人民政府组织法》第二十六条。

式上多数决规则的满足容易导致实质民主问题的产生。[1]

四、完善地方立法程序的有效路径

实现地方立法程序的民主化、科学化实际上是实现民主立法、科学立法在价值属性层面的彼此交融。因此完善地方立法程序不单要从增强程序规范的操作性与增加规范供给入手，还要求地方立法程序的规范内容是能够以民主立法统率科学立法，以科学立法保障民主立法，实现保障地方立法科学性的运行机制与确保地方立法民主性的运行机制的互联互通，最后还要为兼具科学性、民主性的地方立法程序设定硬性的标准，提升程序的强制性。

首先，要从增强现有地方立法条例中程序规范的操作性和增加对立法调研、立法听证、专家参与的规范供给入手：

一方面，目前各地的地方立法条例是将立法程序与立法权限、立法准备、立法备案、立法批准等内容规定在一起的，涉及地方立法程序的篇幅有限。虽然各地的地方立法条例对于提案、审议、表决、公布有较为完整的规定，多侧重于权限的分配及顺序的安排，缺乏对具体操作规则的说明。就提交草案应具有的形式要件、不同审次讨论的侧重点、辩论时的发言规则、投票应采取无记名投票还是记名投票、公布地方性法规的报纸应采用怎样的格式等操作性问题，各地地方立法条例都缺乏相应的规定。即使地方人大有内部工作手册或者立法惯例能够给予相应的指导，但由于这些指导不是由正式的立法加以规定，其约束力是有限的，难以统一本地区的立法程序操作。特别是各设区的市的人大立法经验有限，没有省级人大制定的立法程序操作规则的指引，容易各行其是，导致地方立法的形式标准不一。因此，省级人大及其常委会需要以专门立法或立法解释的方式对原有的地方立法条例加以细化，以便于具体操作，在操作有误的情况下也便于依据明确的规范进行归责。

另一方面《立法法》对于立法调研、立法听证、专家参与的规定过于简略，各地的地方立法条例对此也只是简要提及，很多地方制定的立法听证规则有着诸多不足，立法调研、立法听证、专家参与仍然面临着规范阙如的尴尬局面。为了规范立法听证、立法调研、专家参与这一流程的运行，在地方

---

[1]　参见吴展：《论立法民主的程序保障——以地方立法为视角》，载《南昌大学学报（人文社会科学版）》2012 年第 2 期。

立法程序中彰显民主立法的价值，省级人大常委会要依据上位法的相关规定，制定统一的立法听证规范、立法调研规范、专家参与规范，规范的效力层级不宜过低，最好是以地方性法规的形式规定指导思想、基本原则、组织实施、权利义务等内容以完善立法听证、立法调研、专家参与的制度结构，同时对立法调研、立法听证、专家参与的各个环节的规范予以细化，明确各环节的实施主体的职责和义务、参与人员的安排、工作进展的程度等。

其次，要在地方立法程序中以民主立法统率科学立法，这要求地方立法程序中的主导者及参与者能够在提案、审议、表决、公布各环节理性、真实地表达自身的意志，为过滤机制、顺序机制及信息还原机制、公开机制的运作提供富有参与性、交涉性的立法信息及意见。党的十八届四中全会明确指出："健全立法机关主导、社会各方有序参与立法的途径和方式。"〔1〕地方人大及其常委会的主导地位并不意味着对其他参与者的主体地位的变相压制或否定，地方公权力机关、人大代表、立法技术官僚、专家学者、社会公众等主体的参与构成了地方立法程序的合法性来源，因此必须保障参与者的主体地位。需要予以说明的是，作为个体的人大代表与作为整体行使权力的地方人大及其常委会是不同的，作为个体的地方人大代表并不能对程序的启动、推进与终结起决定作用，但是他们的意见的博弈、汇聚及整合最终形成了地方人大及其常委会的整体决定。

推动地方立法程序科学化一方面需要强化地方人大及其常委会在立法程序中的主导地位，这意味着地方人大及其常委会必须能够决定提案、审议等各个环节衔接及相关运作机制的运行，地方人大及其常委会也必须是立法调研、立法听证的组织者，这合乎《宪法》《立法法》等法律的规定，能够体现人民代表大会制度是我国的根本政治制度。"维持相对强势的常委会对于推动代议制民主制度的发展是有益的，特别是可以保证人大在与其他部门的'制度竞争'中处于优势地位。"〔2〕另一方面也要保障参与者的主体地位，这取决于相关参与者能否对立法结果产生实质性影响：在提案环节的过滤机制运作中，要适当扩大提案的主体范围，可以考虑将部分社会组织和达到一定

<hr />

〔1〕 《中共中央关于全面推进依法治国若干重大问题的决定》，载《人民日报》2014年10月29日，第1版。

〔2〕 王理万：《立法官僚化：理解中国立法过程的新视角》，载《中国法律评论》2016年第2期。

数量的公民群体列为提案主体，改变目前公权力机关主导提案的局面，以确保提案能够反映民众的切身利益。在审议环节的顺序机制及信息还原机制中要突出利益相关人及专家学者的作用，需要专家学者从中立角度把握法案内容及形式的科学性，需要利益相关人对涉及其权益的法案提出意见。在表决环节，对重大法案的表决必须设置一定的比例要求，例如投票代表占全体代表人数的 2/3、3/4，不能是简单的投票过半数即通过，特别是牵涉到少数群体权益的法案，相关表决可以设置加权计算规则，合理加大代表少数群体利益的代表的投票权所占比重。

再其次，要在地方立法程序中以科学立法保障民主立法，这要求地方立法的过滤机制、顺序机制及信息还原机制、公开机制的设计及运作不能仅是推进立法流程，更需要与立法调研、立法听证、专家参与有效结合，确保各方立法主体遵循相关程序规范以求避免非理性的立法行为，增强立法活动的合理性和可预期性。其一，要构建提案环节的"对抗"制度：此处的"对抗"并非西方多党制意义上不同利益阵营之间的对抗，而是地方人大代表针对立法政策的权衡或权利义务的配置，就提案人所提交地方性法规草案文本及其相关资料的科学性及民主性进行的辩论、协商，最后达成共识。这要求地方人大代表不能仅对草案的文字表达及总体内容进行泛泛而谈式的讨论，必须进行实质性的争论，从而淘汰不合格的草案，让正式进入会议议程的法案能够切实反映社会发展的需要和民众的利益诉求。其二，要在审议阶段建立"一事一议"制度："一事一议"是为了提高审议法案的效率，就事论事、集中议决、形成合意是审议的关键，审议者必须围绕中心议题进行讨论，避免一揽子的议程。在正式审议开始以前，审议者必须做好充分准备，仔细研读法案文本及参阅资料。在审议开始以后，围绕特定议题进行逐次递进的讨论，不同审次的议题应有所区别，避免重复性的发言。在前一个议题没有解决时，不轻易开启下一个议题，议而有决，决而有议，议题必须在审议的基础上进行表决。其三，要以书面报告为核心完善立法调研、立法听证、专家参与的反馈制度：正式的书面报告具有承上启下的作用，通过立法调研、立法听证、专家参与等运作机制获取的民意通过书面报告能够被固定下来，进入到会议议程当中并反馈给人大代表，切实反映民意的书面报告具有保障民主立法的功能；地方立法机关在立法发布环节应当同时向社会公众反馈书面报告的审议及采纳状况，能够及时让公众了解自身的意见是否得到真正的倾听或评价，公众在立法活动中获得一定的参与感，有利于增强地方性法规的权威性和说服力。

最后，要在地方立法程序中设立硬性标准，提高程序的强制性，对严重违反程序的个体进行归责。目前各地的地方立法条例中大量使用了"应当"这一规范语词，但是并没有规定特定主体严重违反程序时应承担的法律责任。与具体行政行为相比，抽象的立法行为会影响到更为广泛的社会群体，严重违反立法程序的立法结果可能会损害更多人的权益，不能仅限于改变或撤销违反地方立法程序的立法结果，更应当对严重违反立法程序的个体采取一定的归责手段。因此地方立法机关必须严格限定实施归责的主体、归责对象、归责措施：实施归责的主体必须是地方人大的最高权力部门，要把维护地方立法程序的权力赋予地方人大主席团或者地方人大常务委员会，以保证归责的权威性；归责对象应当具体到个体而非机关，以避免归责措施对立法体制的破坏，如地方政府在提交草案时存在提供虚假、不当的信息等行为，应当追究起草草案的个体的责任。再如在审议、表决环节有代表因为收受贿赂，刻意阻碍地方性法规案的通过，也应该追究相关代表的责任。归责措施应轻重适宜，根据违反地方立法程序的程度不同，借鉴行政处分中的警告、记过、记大过、降级、撤职等方式予以灵活适用，涉嫌严重违反地方立法程序并可能构成刑事犯罪的，适用刑法的，则应当交由司法机关处理。

结　语

地方立法程序在地方立法活动当中发挥着关键作用，不仅具有完善最终立法结果的工具性价值，也成为社会公众表达诉求的制度性渠道，具备内在的程序性价值。虽然当下各地的立法程序规范及实践存在一定问题，但在明确其民主立法、科学立法的功能定位的前提下，根据既有的地方立法程序框架进一步完善提案、审议、表决、公布的环节，统筹设计、系统规划地方立法程序的主体、规范、制度、标准，达致地方立法程序的科学化，提升地方立法的质量，最终实现地方立法的科学化与民主化。

本章小结

地方立法程序被限定为不同主体之间为达成立法决策进行的辩论、协商

或妥协，地方立法程序的民主性、科学性直接影响到地方立法内容的合理性
与合法性。民主立法与科学立法要体现在地方立法的过程和结果层面，并且
二者互为依托，根本而言，民主立法与科学立法的运作机制是为了在提案、
审议、表决、公布的各步骤中消除参与地方实践活动不同主体之间的分歧以
达成共识。目前来看，当下地方立法实践中包括顺序机制、信息还原机制、
立法听证机制在内的各类立法程序运作机制存在不少问题，关键在于其内容
设计及现实运作尚没有充分地呈现不同立法主体的意见并凝聚起立法共识，
地方立法程序的参与性、交涉性与合理性、效率性存在一定分离。未来地方
立法程序的完善需要着眼于在地方立法实践活动的各环节中充分融合民主立
法与科学立法的价值属性并使之呈现在立法程序运作机制中，从而确保真实、
全面、统一的富有主体间性的立法共识的形成。

地方立法评估科学化的路径与对策

【本章内容提要】 地方立法评估有利于维护法制统一和提高地方立法质量，而实现地方立法评估科学化是实现科学立法原则的应有之义。当前我国的地方立法评估虽然在理论研究和实践操作上有了一定的进步，但是仍处于发展的初级阶段，具体表现为评估主体的单一性、评估对象与内容的局限性、评估信息收集困难与信息遗漏和信息失真、评估指标体系的僵化及评估回应的低效率。因此为了实现地方立法评估的科学化，必须在如下方面重点推进：构建多元化评估主体，扩大立法后评估中的公众参与；合理设计不同类型、不同阶段的评估对象与内容；加大立法信息公开力度，更新评估信息收集的方法和技术；建立起一种能够对地方性法规、规章自身质量和实施情况准确评估的评估指标体系；在评估回应上顺应信息时代发展的要求，降低信息传播成本并提高传播效率。

随着"后立法时代"的来临与立法工作重心的转移[1]，尤其是 2015 年《立法法》修改，赋予设区的市地方立法权，地方立法的数量急剧增加，"法律冲突""照搬上位法""无用立法"等现象频繁出现，立法评估更受到各级立法部门重视。学界根据评估过程将地方立法评估分为立法前评估、立法中评估和立法后评估，但从目前地方立法主体制定出的立法评估办法及其评估实践可以发现，地方立法评估大多是立法后评估，又称"立法回头看""立法质量评估"等，即运用多种方式，对已经制定完成的地方性法规和规章实施3~5年

---

〔1〕 参见汪全胜：《法律绩效评估机制论》，北京大学出版社 2010 年版，第 17 页。

后的效果进行分析评价，针对法律法规自身的缺陷及时加以矫正及修缮。[1]
而地方立法前评估具体是指有地方立法权的国家机关，对将要拟定的地方性
法规、规章的立法项目进行综合评价、判断和预测，提出是否应当纳入立法
计划、立法规划的活动；地方立法中评估，又称地方立法表决前评估，指地
方性法规草案和规章草案提请表决通过前，对该草案出台的时机，立法对当
地经济、社会、生态环境有可能造成的影响做一种预测和预判。[2]

　　地方立法评估制度经过十几年的理论研究和实践操作，已有了比较成熟的
评估流程和配套措施，并取得了令人欣喜的成效，且有其独特的价值和功能：
增强法规时效性、形成科学民主的立法机制、帮助克服部门利益倾向、提高立
法技术、有利于立改废的有机统一，[3]是实现地方立法科学化不可或缺的一环。
但从全国的总体水平看，地方立法评估仍处于试点、探索和创新的初级阶段，
为了实现地方立法评估的科学化，需要实现评估主体科学化、评估对象和内容
科学化、评估信息收集科学化、评估指标体系科学化及评估回应科学化等。

一、评估主体的科学化

　　地方立法评估主体作为立法评估的启动者、组织者和实施者，对评估工
作起着决定性作用，可以说整个评估工作的对象、内容、标准、方式、回应、
价值取向等都是由评估主体决定的。故实现地方立法评估科学化的首要问题
就是实现评估主体的科学化。根据评估主体的地位可以分为内部评估主体和
外部评估主体。内部评估主体即国家机关和内部机构，包括立法机关自身、
同级人大、上级立法机关、授权机关、实施机关；外部评估主体是指非政府
组织，同时是国家机关之外的组织，可以是营利的，也可以是非营利的，主
要包括独立第三方组织、社会公众、利益相关者、学术科研机构等。我国现
行的地方立法评估主体存在的一个重要问题就是评估主体的单一性，单纯由
国家机关或内部机构评估，是典型的"内部评估"。内部评估主体固然在信息
获取、经费保障、结论采纳等方面有着得天独厚的优势[4]，但同时也存在不

---

　　〔1〕　参见汪全胜等：《立法后评估研究》，人民出版社 2012 年版，第 19 页。
　　〔2〕　参见阎锐：《地方立法参与主体研究》，上海人民出版社 2014 年版，第 153 页。
　　〔3〕　参见马发明、王邺：《建立法规跟踪问效制度初探》，载《中国人大》2005 年第 13 期。
　　〔4〕　参见席涛：《立法评估：评估什么和如何评估（上）——以中国立法评估为例》，载《政法
论坛》2012 年第 5 期。

可避免的缺陷。首先，作为评估主体的国家机关有时会将地方立法评估工作与"政绩"挂钩，评估结果受到个人利益或部门利益的影响，难以保证立法评估的客观公正。其次，内部评估缺乏监督，评估工作容易流于形式，评估机关只重视评估工作的开展，不注重评估程序、方法和指标的设计，甚至对评估结果不予回应。最后，地方立法评估作为一项专业性较强的立法活动，需要评估者熟练掌握立法评估的理论知识和技术方法，对于作为评估主体的国家机关人员来说，往往缺乏专门的技术理论，容易让人们对评估结论产生怀疑。

针对内部评估主体的缺陷，有学者提出了构建多元化的立法评估主体，包括完善内部评估主体、拓展"利益相关者模式"、培植第三方评估主体以及扩大公众参与评估[1]。在地方立法实践中的确经常会采用实地调查、专家打分、公开听证、第三方评估以及利益相关者协商等方式，但这些模式尚需继续完善。第三方评估机制目前的问题在于：一是在我国引入时间尚短，仍处于初始探索阶段，并未被广泛化、常态化运用到立法后评估中；二是缺乏具有强制力的、具体的、可操作的规范[2]；三是在评估过程中，评估信息的获得困难与评估结果的应用困难。从有限的实施实例来看，在行政机关的主导下，缺乏独立性、获取信息困难的第三方评估机制，很有可能沦为论证立法活动"可行"的背书工具。至于利益相关者模式尤其是公众参与的有效实现，要依赖于参与技术水平和行政管理过程[3]，例如立法机关组织进行立法听证会，会议举办者往往因为场地等条件而需要对人员的数量和层级进行筛选限制，并且这些参与主体还会受到地域、所处行业、地位的限制，这使得公众参与可能陷入参与形式上"作秀"[4]，或是参与主体单一的困境[5]，制约着公众参与的效果。另外，利益相关者协商模式下难以解决各个利益主体的价值计量性。在大数据背景下，面对激增的评估数据和日益复杂的各类事务，无论是传统的国家机关主导的内部评估模式，还是第三方评估模式，或者是

---

〔1〕 参见汪全胜：《论立法后评估主体的建构》，载《政法论坛》2010 年第 5 期。

〔2〕 参见王春业、邓盈：《重要立法事项第三方评估机制研究》，载《中南大学学报（社会科学版）》2017 年第 6 期。

〔3〕 参见汪全胜等：《立法后评估研究》，人民出版社 2012 年版，第 112 页。

〔4〕 参见宋方青：《地方立法中公众参与的困境与出路》，载《法学》2009 年第 12 期。

〔5〕 参见顾爱平：《公众参与地方立法的困境与对策》，载《江苏社会科学》2017 年第 6 期。

利益相关者模式都无法真正做到真实高效的独立评估。

相比于传统的由国家机关内部主导的地方立法评估模式，让利益相关主体特别是公众参与或者委托第三方机构参与立法评估工作，构建多元化评估主体模式具有其自身合理性并已成为当下理论界和实务界的共识。然而，利益相关者和公众在实际操作中并不能真正作为主导力量独立进行地方立法评估工作，除了分散性、不确定性、利益衡量以及认知水平以外，参与技术也是制约因素之一。互联网的发展为利益相关者尤其是公众参与地方立法评估提供了手段，大数据技术为全样本处理提供了可行性。社交网络时代已经到来，社交平台成为公众表达意见的重要渠道之一。公众在网络平台一般都不会使用真实姓名，通过线上匿名表达自己的意见，可以避免一些特殊行业、地位的群体和个人因自己的身份不愿表达意见的问题。将大数据处理技术引入立法评估后，在一部地方性法规要进行评估时，参与的公众主体可以是全国各地对此感兴趣的任意群体和个人，参与方式也可以是灵活多样的，只需在公开场合或软件中发表过相关意见即可被大数据企业收集分析，这就可以打破传统利益参与者模式存在的主体和参与方式的限制，更好地达到把握民意、汲取民智的本意。对于构建独立的第三方评估模式来说，评估信息获得性困难是独立第三方立法后评估制度首要面临的问题。因为独立第三方评估主体独立于国家机关，它的信息相当多地来源于国家机关，因评估涉及一定的利益关系或政府绩效评价，可能存在法律法规制定者与执行者不愿公开一些信息，这势必会影响评估结果的有效性与客观性。政府信息的全面开放，对地方立法评估的第三方评估模式来说有着质的帮助。

总之，为了实现地方立法评估主体的科学化，首先要改变现有的以内部评估为主的模式，吸收专家学者、人民群众、利益相关者参与评估工作或者委托独立的第三方评估机构，构建多元化评估主体。其次，对于其余几种评估主体模式存在的问题也应当予以重视并加以克服，如何构建一个多元化的、不受"人为操纵"干扰的、可以获取大量真实完整信息的第三方评估制度，扩大立法后评估中的公众参与，真正表达弱势群体利益，成为实现地方立法评估主体科学化的关键所在。

二、评估对象与内容的科学化

地方立法评估的对象与内容是明确"评估什么"的问题，评估对象与内容作为地方立法评估工作运行的载体，是地方立法评估的应然组成要素。评估主体决定评估的对象，包括评估的内容和标准，评估对象不同，评估内容和标准也有差异。地方立法评估工作的基本评估对象是地方性法规和政府规章，大多是选择调整的法律关系、社会关系较为明确简单，对经济、社会和环境影响较大，适用范围较窄，相关信息的收集、整理和分析比较集中于地方性法规和政府规章。[1]但具体到不同类型的地方立法评估，在评估对象和内容上存在明显区别，应当予以分开讨论。

（1）地方立法前评估的对象是立法项目，评估内容主要是立法项目的合法性、必要性、可行性，评估立法项目、立法设计中重要制度和规则的约束条件，评估立法预期对地方社会、经济所要达到的目的和效果。

（2）地方立法中评估的对象是尚未发生效力、提交给地方立法机关表决的地方立法草案。不同于立法后评估，立法中评估和立法前评估一样，最大的特点是具有预判性，是一种预评估。评估的主要内容是[2]：第一，地方立法草案的协调性评估，评估立法草案与现有的地方性法规、行政规章及现行政策的协调。第二，地方立法草案的合法性评估，评估立法草案在立法精神上不违背上位法精神，在立法权限上不超过上位法权限要求，立法内容上不与上位法条文冲突。第三，地方立法草案的可操作性评估，设立的法规是否有明确的主体、客体和权利义务关系，司法者、执法者是否可以执行实施。第四，地方立法草案的规范性评估，主要对立法草案的体例、结构、语言文字等进行评估。第五，具体制度设计评估，评估制度设计的必要性和约束条件等，对于某些重要的条款还应当进行影响性评估。

（3）地方立法后评估的评估对象总体来说是已经出台实施一段时间的地方性法规和规章，根据评估对象数量和具有的性质的不同，又可以分为单一性评估、总体性评估和类型化评估三种。目前我国现在进行的地方立法后评估大多是单一性评估，就是针对某一部特定的法规和规章进行评估；总体性评估是对现行的法律体系或一段时期内颁布出台的法规、规章进行评估；类型化评估是一种介于单一性评估和总体性评估之间的评估类型，是对具有内

---

〔1〕 参见席涛：《立法评估：评估什么和如何评估（上）——以中国立法评估为例》，载《政法论坛》2012 年第 5 期。

〔2〕 参见陈伟斌：《地方立法评估的立法模式与制度构建》，载《法学杂志》2016 年第 6 期。

在联系的同类法规所进行的一种地方立法后评估类型。地方立法的立法后评估的具体内容可以概括为三个方面：第一，地方性法规、规章实施的基本情况，包括行政执法、配套性文件制定、所取得的社会和经济效益、实施过程中遇到的问题等情况。第二，地方性法规、规章中涉及的行政强制、行政收费、行政许可、行政处罚、机构编制、经费保障等重点制度的针对性、可操作性、是否达到立法目的等情况。第三，地方性法规、地方性规章存在的不足，并提出相关建议等。

理论界和实务界目前提及或进行的地方立法评估一般是指立法后评估中的单一性评估。为了实现地方立法评估的完整性，促进地方立法的科学化，地方立法前评估和地方立法中评估是必须重视的。这两者作为一种预评估，与立法后评估的作用是完全不同的，通过评估最大限度地过滤掉不必要、不可行、不合法的立法项目，有效避免不必要的立法或无价值的内容入法，达到节约并合理分配立法资源的目的，从源头上提升地方立法质量。通过对地方立法评估实践中的评估对象和内容进行研究，发现目前的评估所选择的地方性法规、规章都存在适用性较窄、涉及执法对象少、制度设计集中，并且与其他法律法规关系不大的特点。但在实际中，各地方性法规和规章之间必然会存在一定的内在联系，彼此之间相互配合发挥作用，调整统一法律关系的法规规章可能分布在不同的法规体系中。对于立法后评估来说，单一性评估有着操作简单、针对性强、成本低等多方面优势，但对单一法规只进行单一性评估必然会出现偏颇。另外，我国的法律体系虽然建成，但时间尚短，尤其是地方立法制度还不成熟，法规实施也存在较大问题。在这种情况下，虽然类型化评估和总体性评估需要大量人力物力，评估难度较大，但两者并不是可有可无的，对于地方立法后评估，我们同样不能仅重视单一性评估，应当将类型化评估和总体性评估结合起来，将与评估对象相关的地方性法规、规章纳入评估体系中。

三、评估信息收集科学化

地方立法评估工作作为一项实践性极强的系统工程，拥有一套较为成熟的完整规范体系。其中对评估信息的收集和处理是评估的前提和基础，[1]信

---

〔1〕 参见万方亮：《地方立法后评估的认知制约及制度化解》，载《湖湘论坛》2022 年第 4 期。

息既可以说是评估的最初判断标准，也可以作为最后的评估尺度，甚至可以说地方立法评估的整个过程就是收集信息、处理信息的过程，地方立法评估与立法创制一样，都是建立在一系列信息和数据基础上的，没有真实详尽的信息，地方立法评估的科学性将无从谈起。有学者认为立法者的立法活动主要依赖于规则信息和事实信息两类信息，并尤其强调事实信息的收集难度，即"由于事实信息具有地方性、多样性、分散性等特征，信息的搜寻、分析和处理可能比规则信息更为复杂和困难。一个国家的地域范围越广，地方性差异越大，事实信息的搜寻、分析和处理的难度就越大，成本就越高"[1]，地方立法评估也面临着同样的状况。一直以来，既有的理论引导和地方实践，多提倡通过问卷调查、基层走访、召开听证会、论证会等方式，利用纸质、语言来收集意见和资料，以此来权衡并确认评估结果。这些方法各有特点和应用范围，在实践中已被地方立法评估工作者熟练应用，互相配合充分保障获取信息的准确性、广泛性和系统性[2]是评估信息收集的重要手段。但是随着社会进入互联网时代后，短时间内会形成数量巨大、形式多样的舆情信息，传统的调查方法获取的评估信息存在的问题与局限开始逐渐显现。

首先，限于评估工作者的工作素养与现实基础，很大一部分信息的来源真实性无法得到确保。不同立法评估主体或评估参与者可能会基于不同价值取向、立场或目的，对有关信息有选择地剔除，剔除的原因可能是为了掩盖或模糊立法的缺陷，或为了迎合上级营造一种良好的形象，这种现象多出现在内部评估主体中，这也是要构建多元化地方立法评估主体的原因之一。而外部评估主体，也可能基于这些原因，收集到的也只是政府机关想展示的信息。

其次，收集的样本量有限。以立法后评估工作走在前列的上海市为例，《上海市历史风貌区和优秀历史建筑保护条例》这一部条例的评估工作就长达八个多月，除开实证调研活动外，期间评估小组召开了20多场座谈会，收集了883份调查问卷[3]，即使花费大量人力物力，也无法统计到全部样本数据。样本抽样方式收集到的数据往往难以突破自身单一化和片面化的弊端，

---

〔1〕 黄文艺：《信息不充分条件下的立法策略——从信息约束角度对全国人大常委会立法政策的解读》，载《中国法学》2009 年第 3 期。

〔2〕 参见刘雪明：《政策运行过程研究》，江西人民出版社 2005 年版，第 143 页。

〔3〕 参见谢天：《完善立法后评估制度的若干建议》，载《人大研究》2017 年第 3 期。

其固有局限会"稀释"存在的问题，结果缺乏代表性，出现"信息失真"的情况。

再其次，随着我国数据结构性改革工作的推进，社交手段不断发展，公众参与评估法规范性文件的方式途径变化多样，这就决定了评估信息形式的多样性。传统的评估方式工具更集中在结构化的文本语言资料上，较少关注半结构化、非结构化数据，这种无意的"信息遗漏"会导致评估结论因缺乏完整的"信息证据"支撑或因"失真信息"诱导与现实情况出现偏差。地方立法评估制度作为地方立法完善和资源配置的重要手段，在面对大数据时代海量的评估信息和多种信息类型时，驱动评估工作运行的力度明显不足，整体制度的功能发挥往往达不到良好的预期。众多经过地方立法评估却仍出现问题的法规范文件表明，传统经验式的信息收集方式已经逐渐难以处理数量激增的半结构化、非结构化数据信息。

最后，传统人力收集调查方式持续时间长，评估信息缺乏时效性，出现错误时纠错成本大。[1]在当代社会，评估信息的收集可以有多样化的选择，但即使是比较先进的CATI[2]调查方式，也要花费大量时间，通话时间要持续一个小时以上，出现错误时需要花费大量精力纠错，而且由于整个立法后评估过程会持续很长时间，收集来的数据无法得到及时更新，在一定程度上会对评估结果有所影响。

针对评估信息收集困难、信息遗漏和信息失真的问题，一方面需要扭转立法机关可能存在的错误观念，加大立法信息公开力度，以收集到更真实的评估信息。另一方面需要更新评估信息收集的方法和技术，针对信息爆炸的现状，及时引入高新技术，如大数据信息挖掘技术，大数据的数据挖掘是智能的、海量的、高速的、动态的信息处理系统，深入挖掘并揭示立法规律，将其引入地方立法评估制度是突破当前评估工具局限的可行路径之一，将大幅提高评估工作的信息收集能力和信息处理效率。以此来拓宽立法后评估的信息收集渠道，提升处理评估信息的速度，建立起覆盖全社会的信息网络系

---

[1] 参见蒋萍、马雪娇：《大数据背景下中国时间利用调查方案的改革与完善——基于中、日、美时间利用调查方案的比较》，载《统计研究》2014年第8期。

[2] CATI即计算机辅助电话访问，是将现代高速发展的通信技术及计算机信息处理技术应用于传统的电话访问所得到的产物，问世以来得到越来越广泛的应用。国内越来越多的专业商业调查机构、政府机构和院校已在积极地大量使用这种技术。

统，最大限度地避免数据的遗漏、失真，以确保评估结果的真实性和全面性。

四、评估指标体系的科学化

地方立法评估的标准是地方立法评估的指标，是实施地方立法评估时所具体使用的标准和评价准则。[1]构建科学的地方立法评估指标体系是地方立法评估工作的核心义项，是评估内容的直接体现，同时也是开展评估工作的基本前提。只有建立一个科学合理的评估标准和指标体系，才有可能对地方性法规、规章的合法性、有效性、民主性、协调性及科学性有一个客观全面的认识，地方立法评估工作才能正常合理运行。虽然我国各省市地方立法评估的规范性文件中很少有对评估标准和指标的明确规定，但学界对这方面已有了深入系统的理论分析和探讨。所谓的地方立法评估指标体系是按照一定的标准将地方性法规的质量及具体需求量化分解成各种指标组群，由组群中各种单项指标共同排列成的综合体和统一体，这些单项指标及其要素既相互独立，又相互联系，共同目的是评估地方性法规的质量及实施情况。构建这种地方立法评估体系的目的就是通过如定量分析和定性分析等不同分析方法的结合，建立起一种能够对地方性法规、规章自身质量和实施情况准确评估的科学框架，并基于这一框架帮助我们建立起高效的信息反馈和调控机制。

从宏观上看，实现评估标准和指标体系的科学化应当遵循这样一种描述。首先，完整的地方立法评估包含立法前评估、立法中评估、立法后评估，这三种评估的评估对象、评估内容、评估目的及评估时间等方面存在明显差别，适用统一的评估标准或同一套评估指标显然是不合理的，因此必须设计出三套不同的评估指标体系来分别对应三种不同的地方立法评估类型，这样才能确保每一种评估类型都能合理、高效地运行，才能确保整个地方立法评估工作的科学化。其次，地方立法评估的评估指标应当由各省市立法评估主体自行决定。我国缺乏统一的立法评估指标和标准问题经常受到学界诟病，这些学者还呼吁建立统一的评估指标体系，但笔者认为并不应该存在一个统一的，或者说只能存在原则性的标准和指标体系，这个指标体系不应该是一成不变、"放之四海皆准"的，而应该是动态变化的。最后，地方在构建科学的立法评

---

〔1〕 参见王柏荣：《地方立法评估标准探微——功能、路径与框架》，载《中国社会科学院研究生院学报》2015 年第 6 期。

估指标体系时，要从全面的、客观的角度出发，要综合考虑各方面的因素。地方立法评估指标体系十分复杂，在这个指标体系中，细化到某一单项指标必然或多或少带有一定的主观价值判断，但是为了确保地方立法评估工作的科学性，必须摒弃个人或群体价值倾向。至少要考虑以下几个因素：其一，地方性法规的特殊性。地方性法规带有很强的地方特色，在一定程度上是地方民俗风情和经济发展水平的反映，所以在设计评估指标体系时必须考虑当地具体情况。其二，具体评估对象。某一条例和具体实施办法、整部法规和某一部分条款的评估指标必然不同，在开展地方立法评估工作时，必须要依据评估的具体对象来决定具体评估指标或进行取舍。其三，评估所希望达到的目的或目标。人们在内心期望达到的目的或目标在一定程度上会影响到达的方式，地方立法评估工作亦是如此。选取何种评估指标要根据不同的评估目的选择，如评估是为了修缮法规时，就应该把法规的可操作性和社会反映作为重点评估指标。其四，评估工作的现实可操作性。在进行指标体系设计和选择时要时刻坚持从实际出发的原则，如同地方性法规的创制不能一味地"求大求全"而忽视现实可操作性一般，地方立法评估指标的细化也要考虑现实可操作性，具体是指评估工作所需的现实条件，评估工作所需的人力物力财力、评估信息收集的全面性和真实性、信息收集后定量定性分析的困难程度等。只有基于地方立法评估的具体评估对象、评估内容、评估目的、现实可操作性等因素才有可能设计出科学合理的评估指标体系。

从中观上看，或者从地方立法评估的一级指标看，众多学者有着各自的观点。有学者认为需要评估法规的合法性、针对性、操作性；[1]有学者认为需要评估法规的技术性、实践性、实效性、法理性；[2]有学者认为立法评估的标准可以分为一般标准与特殊标准，短期标准、中期标准与长期标准，微观标准、中观标准与宏观标准，其中立法评估的一般标准包括效率标准、效益标准、效能标准、公平标准、回应性标准；[3]还有学者将一级指标分成了七大类，包括立法必要性、法制统一性、合理性、可操作性、地方特色性、

---

〔1〕 参见丁贤、张明君：《立法后评估理论与实践初论》，载《政治与法律》2008 年第 1 期。

〔2〕 参见马发明、赵遵国：《开展立法后评估的几个问题》，载《人大研究》2009 年第 1 期。

〔3〕 参见汪全胜：《立法后评估的标准探讨》，载《杭州师范大学学报（社会科学版）》2008 年第 3 期。

实效性和成本分析、技术性。[1]虽然这几种观点在细节上有所不同，但大多都强调了地方立法评估的必要性、协调性、合法性和可操作性，没有将社会效益、经济效益、环境效益等收益以及法规的经济成本、社会成本等成本作为地方立法评估的中观、一般或一级指标，具体到微观或二级指标可能这几种观点会有所不同，但笔者认为这几种指标如"立法必要性""合法性""成本分析"更应该集中在地方立法前评估而不是放到整个评估工作中，这就更需要地方立法评估主体按照评估类型不同进行细化分类。

从微观上看，或从地方立法评估的二级指标看，任何一部地方性法规都不可避免要使用多重指标衡量，其中有些指标难以量化，评估者首先要将所需要的一级指标细化成二级指标并加以量化，然后在量化的基础上对二级指标进行归一化处理，使所有的二级指标统一平衡。从地方立法评估工作的显示可操作性考虑，二级指标不应过于原则、模糊不清、似是而非，应当指向明确，但是又不能过于细化，设置的二级指标数量过多，实践中难以操作或造成评估成本过高。在二级指标的设置上，有学者提出将整个评估指标体系划分成实施效益评价指标子体系和文本质量评价指标子体系，[2]两者在适用中观指标或一级指标时要有所侧重。实施效益评价指标子体系侧重"成本分析"和"实效性分析"评估，文本质量评估子体系侧重"合法性"和"技术性"评估，两个评价指标子体系各包含了6个一级指标和20个二级指标。

五、评估回应的科学化

地方立法评估主体在对收集的评估信息分析、对照和比较之后形成评估结论，但这并不意味评估工作结束，还要将评估结论以书面报告的形式反映出来，实现对评估的回应，以此终结整个地方立法评估工作。评估报告是整个评估工作的结晶，也是评估结果的展现，更是回应评估主体对评估工作评判的重要参考标准。评估报告可以使评估结论与立法者、执法者、其他参与者和公众见面，发挥地方立法评估的各种功能，提高法律法规的科学性和实用性，使有关部门了解法律的实施情况并作出回应。当地方立法评估的回应受到阻碍，就可能丧失了评估行为的初衷和目标，使其成为一种浪费资源的

---

〔1〕 参见俞荣根：《地方立法后评估指标体系研究》，载《中国政法大学学报》2014 年第 1 期。

〔2〕 参见俞荣根：《地方立法后评估指标体系研究》，载《中国政法大学学报》2014 年第 1 期。

行为。[1]美国学者邓恩总结了评估结果被决策机关采纳与否的五个因素，包括信息特色、评估报告、问题结构、政治和官僚结构、利害关系人的互动。[2]立法评估报告的内容和表现形式对决策者做出的回应有着最直接的影响。一份优秀的评估报告不仅要有充实的内容，还要根据评估数据特征和决策者需求选择恰当、直观、简明的形式呈现。地方立法评估报告的表现形式有很多种，基本形式有文本形式、图表形式、混合形式。虽然在我国目前的地方立法实践中，几乎没有因地方立法评估报告的形式而阻碍决策者的回应，但随着法规范文件数量和收集到的评估数据量不断增长、评估技术的不断完善以及决策者对评估工作重视程度加深，评估报告所需展现的内容必然会越来越多，如 2016 年公布的《杭州市港口管理办法》立法评估报告字数已多达65 000 余字，[3]并单纯的以传统文字形式予以展现。再如《上海市住宅物业管理规定》立法评估研究报告长达 40 页，并夹杂大量图表、数据，[4]这不仅要求评估小组的成员有较强的文字水平，还对阅读者的综合能力与法律理论知识提出了更高的要求。除了评估报告本身的撰写，评估报告的公布也是影响评估工作的重要一环，评估委员会应当尽最大的努力，用完善而有效的措施，使评估报告的内容为人们所知晓，使受其影响的人可以随时得到它。当代许多国家都非常重视法律公布渠道的畅通、高效，以保护法律信息量的增长和法律信息的传播速度与公众接受法律信息的机会、能力之间的平衡，防止法律信息的堵塞和积压，增加法律实施的成本。立法后评估报告的公布完全不限于法律公布方式的正式性，在互联网社交技术迅猛发展之下可以有所创新。

在互联网时代，信息量变得非常大，而且非常繁琐，想要发现收集到的评估数据中包含的信息或知识，大数据技术中的数据可视化是最有效的途径之一。可视化技术通过创建图片、图表或动画等方式，方便对大数据分析结

〔1〕 参见汪全胜、陈光：《立法后评估的回应滞阻析论》，载《理论与改革》2010 年第 5 期。

〔2〕 参见李允杰、丘昌泰：《政策执行与评估》，北京大学出版社 2008 年版，第 164—166 页。

〔3〕 参见《杭州市港口管理办法》立法后评估报告，杭州市人民政府法制办网站，http://www.hangzhoufz.gov.cn/Html/201601/04/7483.html，最后访问时间：2018 年 5 月 20 日。

〔4〕 参见刘作翔、冉井富主编：《立法后评估的理论与实践》，社会科学文献出版社 2013 年版，第 338—378 页。

果的沟通和理解。[1]可视化技术运用在地方立法评估工作上，可以从两方面对评估报告进行优化。一是可以优化评估报告的数据表现形式，运用计算机图形学图像处理技术，将其中的数据转换为图形或图像在屏幕上显示出来，并进行交互处理。当前的地方立法评估报告一般以纯文字形式为主，辅以少量的饼状图、折线图等图表，但是当数据量逐渐增大到大数据级别时，传统的电子表格等技术已不能清晰展现海量数据的特点，因此需要研究适用于互联网时代下评估报告的可视化手段。例如时空数据可视化技术，充分结合地理制图学以及数据可视化技术，展现法规范文件在不同的空间和时间下的实施效果和可操作性等问题；再如多动态多维可视化技术，在制作 PPT 时为了打破二维数据的局限性，可以使用时空立方体，利用三维模式展现空间、时间、事件。目前这些技术在其他领域已经出现了一些成功案例，例如大众点评网通过流式地图的方式向用户呈现每一天全国各地餐厅最火的菜品以及人均消费，为用户的消费提供参考。又如，支付宝每隔一段时间会为用户提供可视化对账单，其中反映了用户所在地区的消费趋势以及用户本人的消费情况和偏好，帮助用户管理自己的消费支出。这些成功的案例都为地方立法评估报告利用可视化技术提供了宝贵的经验。二是扩大评估报告的受众，可视化技术作为人和数据之间的界面，结合其他数据分析处理技术，为广大使用者提供了强大的理解、分析数据的能力，使得大数据能够被更多人理解、使用，将评估报告的使用者从少数决策者和专家扩展到更广泛的大众。再结合互联网社交技术，除了像法律一样采取广播、电视、报刊等大众传媒加以公布传播外，因为评估报告毕竟不具有法律的适用性，结合可视化技术降低了理解难度，它的公布方式可以不需要权威性和规范性，同时选择微博、微信等促进评估报告迅速传递的方式。通过对评估报告的撰写与公布来促进评估回应的科学化乃至整个地方立法评估的科学化，这是地方立法主体不可忽视的重要部分。

本章小结

总之，我国的地方立法评估制度尚处在初级阶段，为了实现地方立法评

---

[1] 参见何冰等编著：《数据可视化应用与实践》，企业管理出版社 2015 年版，第 7 页。

估工作的科学化需要国家、政府、立法机关、企业、专家以及公众等并肩作战，共同努力，需要将评估主体科学化、评估内容和目的科学化、评估指标体系科学化、评估回应科学化以及其他未在文中提及的评估程序科学化、评估方法科学化等相结合。另外，我们应该清楚地认识到，还有很多评估外的问题需要地方立法主体注意和完善，例如立法工作人员专业素质是一个不容忽视的持久性命题；将高新技术应用到地方立法评估工作中可以为评估工作带来诸多便利，但在实际工作中会遇到很多困境，以网络数据收集为例，网络的民意绝不可以成为全部的民意，网络的开放性使得网络舆论容易受到非理性因素的影响等诸如此类的难题。早在数千年前的古希腊，亚里士多德就提出"法治应当包含两重含义，已成立的法律获得普遍服从，而大家所服从的法律本身又应该是制定的良好的法律"[1]。法律的生命需要依靠立法质量的不断提高来延续，地方立法评估有利于维护法制统一和提高地方立法质量，实现地方立法评估科学化是实现科学立法原则的应有之义。

---

〔1〕 〔古希腊〕亚里士多德：《政治学》，吴寿彭译，商务印书馆 1965 年版，第 199 页。

地方立法科学化创新机制的内涵与路径

【本章内容提要】 地方立法科学化创新机制是科学立法在地方立法机制中的创新体现，是科学立法的内涵标准在地方立法过程中的融入与细化。换言之，本章所着重分析的是在地方立法工作过程中如何组织各个立法要素、分配立法资源、协调立法主体关系、发挥立法功能，最终完成地方立法任务的工作流程设计及其运行方式。当前影响地方立法科学化创新的障碍与困境包括地方立法体制弊端的影响、人大主导立法的格局未完全建立、设区的市立法能力与水平亟待提升、地方立法引领和保障地方治理的能力不足等。解决这些问题依然需要以创新为动力，以科学立法的要求为目标，以完善地方立法工作机制为核心，通过理顺地方立法体制、强化地方人大建设、提升设区的市立法技术水平、立法对接治理实践等环节，最终实现地方立法的科学化创新。

立法理论的分析需要以服务制度建构为指向，并最终以立法、执法以及司法实践为检验标准。地方立法是地方治理的重要组成部分，其科学化与否也必然要以地方治理实践为依归，否则可能就沦为"条款精致"的一纸具文。正如立法不是目的，所立之法得以良好的实施，为善治提供依据才是立法之功能，同样，立法科学化的主张与析分也不是目的，如何通过科学立法实践提升立法质量、推进社会治理的法治转型才是核心。因此，前章对科学立法的内涵界定以及包括立法语言、技术、程序和评估等地方立法科学化的结构分析，需要转化为制度建构的素材，融入具体的立法工作实践中得以彰显和落实。这种"转化"和"融入"的媒介就是实现地方立法科学化的工作机制，即遵循科学立法原理，将立法语言、立法技术、立法程序和立法评估科学化标准与要求纳入地方立法工作任务和具体环节，并以实践创新为动力不断完善立法体制与优化运行机制。由此来看，地方立法科学化的目标实现于创新机制之中，那么对地方立法创新机制的分析、建构与完善是实现科学立法的关键核心。

一、地方立法科学化创新机制的基本内涵

何谓"立法机制"目前并未有明确的概念界定。在官方文件里，"机制"往往与"体制"并用，如"健全有立法权的人大主导立法工作的体制机制，发挥人大及其常委会在立法工作中的主导作用。……明确立法权力边界，从体制机制和工作程序上有效防止部门利益和地方保护主义法律化"〔1〕。学界也往往将立法体制与机制结合起来分析，〔2〕或者对内容范围与功能侧重作出区分，认为立法体制"主要是指不同层级立法主体之间立法权限的划分，地方立法体制则是指地方不同立法主体之间的立法权限划分"〔3〕，而立法机制则与具体立法工作结合，偏重于立法操作与部门配合的层面，涉及人大立法与人大常委会立法、人大立法与政府立法、中央立法与地方立法的关系，以及完善法律解释制度等问题。〔4〕

立法机制涵义的模糊性源于"机制"本身既不是一个法律概念，也不是一个法学概念，而是一个经济学和管理学上的概念，"根据系统的观点，机制是各子系统、各要素之间的相互作用、相互制约、相互联系的形式，是系统良性循环不可缺少的机械。以至于运用到管理则有：管理机制是社会组织中各组成部分或各个管理环节相互作用合理制约，从而使系统整体健康发展的运行机械。"〔5〕法学研究对"机制"一词的借鉴，是出于法治建设作为一项复杂系统工程，已不仅是纯粹形式化的法律制定和执行问题，而必然要面对社会生活中的方方面面，包括政治、经济、文化、社会、生态等各领域的问题都是法治建设关注焦点与素材。因此有学者提出了"法律工程学思维"，即

〔1〕《中共中央关于全面推进依法治国若干重大问题的决定》，人民出版社 2014 年版，第 10 页。

〔2〕参见汪全胜：《科学立法的判断标准和体制机制》，载《江汉学术》2015 年第 4 期。

〔3〕吴理财、方坤：《地方立法体制机制创新：现状、问题和出路——基于湖北省地方立法实践的研究》，载《地方治理研究》2016 年第 1 期。

〔4〕参见朱景文：《关于完善我国立法机制的思考》，载《社会科学战线》2013 年第 10 期。

〔5〕李学栋等：《管理机制的概念及设计理论研究》，载《工业工程》1999 年第 4 期。

"能够将科学认识思维与社会工程思维有效结合，以实用性和有效性为追求，以已经获得的关于法律制度和法律现象的理论成果作为资源和基点，将工程学所具有的模型设计、方法选择和技术考量充分地运用于法治秩序目标的实现，从而打通了纯粹法律理论认知和社会目标追求之间、法律理想图景与社会正义秩序之间、应然与实然之间的壁垒。"[1]

法学研究基于工程学思维借用"机制"一词认知和描述法律制度建构与实施过程中具体操作层面的工作实践问题，包括各个主体的相互关系、制度结构、规则的运行方式、操作技术、流程等。具体到立法来说，如果立法体制表述的是以立法权限划分为核心内容的静态权力结构问题的话，立法机制则致力于描述和概括具体立法工作中各个环节的操作规范、运行程序、操作技术以及各要素协调配合等动态运行问题。所以，立法机制与其说是一个独立确定的学理概念，毋宁说是对立法环节诸种实践操作规程的统合概括，即必须深入具体立法工作中考察具体立法机制，如立项和论证时的民主参与机制、立法表决时的公正程序机制、立法后评估的反馈机制，如此则立法机制才有实践意义。我们可以这样来描述地方立法机制，即有地方立法权的人大和政府在地方立法工作过程中如何组织各个立法要素、分配立法资源、协调立法主体关系、发挥立法功能，最终完成地方立法任务的工作流程设计及其运行方式。地方立法科学化创新机制，则是科学立法在地方立法机制中的创新体现，是科学立法的内涵标准在地方立法过程中的融入与细化。需要注意的是，前章对地方立法科学化结构分析所包含的立法语言、立法技术、立法程序、立法评估四个方面，在地方立法机制中有不同的侧重和展现，如立法语言集中于立法起草过程中，立法技术或程序贯穿于整个立法过程等，因此，我们将其置于整个地方立法流程中考察分析其具体内容，包括如下几个方面。

第一，地方立法权限的合理划分机制。立法权限划分本来属于立法体制的内容，由《宪法》《立法法》等相关法律以及地方性法规规范，但是，由于《立法法》对立法权限划分较为原则，实践中出现不同层级、同一层级不同主体、同一主体的不同机构之间的权限与职能划分不清的问题。以地方人大立法与地方政府立法的矛盾为例，就同一立法事项究竟是制定地方性法规还是制定政府规章并没有具体的上位法标准，于是就很有可能出现相互推诿

---

[1] 魏治勋：《法律工程视野中的法律解释方法体系建构》，载《法学论坛》2016 年第 5 期。

或相互争夺立法权的问题。实践中这种问题的解决多是依靠地方人大和地方政府之间的沟通协调，则这种沟通协调的工作机制的科学性与合理性是影响地方立法工作稳定性、权威性以及地方立法质量的重要因素。"但显然行政机关与立法机关性质、职能不同，立法权来源存在根本性差别，政府规章与地方性法规的性质、功能定位亦不相同，有分别对其进行研究的必要。"[1]因此，地方立法科学化创新机制首先就要包含立法权限的合理划分机制，即建构稳定完善的工作沟通机制，合理划分立法权限范围，避免立法冲突、立法越权和职能缺位等情形。

第二，地方立法预备阶段的民主参与机制。地方立法预备阶段包括立法预测、立法规划、立法意见征集、立项调研、立法决策等环节步骤，是地方立法由"意见表达"成为"正式规划"的准备阶段。该阶段的一个显著特征是不同主体表达利益诉求和意见建议，体现民主参与原则和协商共治要求，需要立法者组织调研，汇集不同立法意见，作出科学判断与决策。"公众参与立法，一方面促进不同的利益群体表达诉求，增加立法的民主化与科学化，增强公众的守法自觉；另一方面也会形成对立法权的有效监督与制约，防止权力滥用与权力寻租。"[2]因此，建构充分表达民声民意的民主参与机制是立法预备阶段的前提与重点，是地方立法科学化的必然要求。

第三，地方立法制定阶段的精准效率机制。立法实施阶段从法案立项和起草一直到法案的公布和生效，这是立法过程的核心阶段。经立法意见筛选进入到规划和决策的立法提案，经过起草、讨论、审议、表决、通过、公布各环节，最终生效。在地方立法实施过程中，必须充分贯穿和依靠立法语言、立法技术、立法程序的运用，这些制定地方性法规的主要操作方法的科学性决定了法规文件的最终质量。因此，地方立法实施阶段的科学化必须要以精准和效率为目的，建构地方立法工作精准效率机制，包括法案起草机制、审议机制、表决机制等。

第四，地方立法审查阶段的监督反馈机制。地方性法规制定并生效后，既需要面临法规实施后评估问题，还有法规的合法性监督与审查问题。前者

---

〔1〕　沈亚平、徐双：《赋权与限权：我国设区的市行政立法空间问题研究——以山东省设区的市政府规章为例》，载《河北法学》2021 年第 12 期。

〔2〕　郭晓燕、李拥军：《公众参与立法的功能异化与矫正路径》，载《齐鲁学刊》2021 年第 2 期。

是对法规的立法质量、实效性的评价，后者则是对立法主体、法规内容、立法程序等的合法性审查与监督。因此，地方立法审查阶段需要建构监督反馈机制，包括立法后评估机制、地方立法的合法性审查机制以及地方立法质量监督机制。

二、影响地方立法科学化创新的障碍与困境

尽管我们给予了"科学立法"以及"地方立法科学化创新机制"的理论分析与内容标准设计，但科学立法及其机制建构本质上仍然是立法工作实践问题，是地方立法工作实践的重要内容，理论分析与建构离不开各地科学立法的实践创新为之提供的源源不绝的灵感与素材。故有学者指出："在对科学立法尚未形成普遍共识的情况下，各级立法机关应当创造性地开展实践，在实践中不断探索科学立法的基本精神、原则和要求，通过不断总结成功的实践经验来逐步揭示和回答什么是科学立法这个基本命题，进而不断推进和深化立法的科学化。"[1]2015年修改《立法法》赋予设区的市地方立法权后，全国设区的市地方立法工作逐步开展。但与学界认为设区的市地方立法数量将出现"井喷式"发展不同，尽管设区的市地方立法全面开展，立法数量较为可观，但就《立法法》修改两年后的2017年统计数据看，省级与设区的市级地方性法规数量是7∶3，这与设区的市立法事项受限、立法能力不足、省级人大常委会批准生效程序等因素相关。[2]因此，研究地方立法科学化创新机制必须要关注实践，从实践中寻找问题与解决方式。各地在《立法法》修改之初的立法创新实践值得进一步关注，如"北京的《北京市机动车停车管理条例》在立法过程中进行了大量的实地调研工作，湖北的《湖北省消费者权益保护条例》则是采用了多种方式的立法听证，而无锡的《无锡市民用无人驾驶航空器管理办法》则是在上位法缺失的情况下进行立法创新，真正将立法科学化和民主化落到实处。"[3]正是这些地方立法创新实践，既为地方治理的创新提供了具体规范依据，也为相关领域的国家立法完善积累了经验素材。

---

〔1〕 刘松山：《科学立法的八个标准》，载《中共杭州市委党校学报》2015年第5期。

〔2〕 参见付子堂主编：《地方立法蓝皮书：中国地方立法报告（2018）》，社会科学文献出版社2018年版，第3~4页。

〔3〕 付子堂主编：《地方立法蓝皮书：中国地方立法报告（2018）》，社会科学文献出版社2018年版，第36页。

然而，随着设区的市普遍获得地方立法权，之前一直影响科学立法的因素不仅未能消除，反而增加了许多不确定的风险，如"重复立法""上下位法冲突""地方立法权限划分不清"等问题在设区的市获得立法权后随之放大，"《立法法》赋予设区的市地方立法权并没有解决这些体制问题，相反，这些积存的问题对立法工作产生的弊端将会影响设区的市立法的功能发挥，甚至会产生功能异化的隐患"〔1〕。这些体制性弊端对科学立法以及对地方立法实践创新形成显而易见的阻滞，即地方立法的具体工作开展以及科学化创新机制的建构完善因体制性弊端产生各种问题，又进一步影响了地方立法的治理功能发挥。

（一） 地方立法体制弊端是影响科学立法创新的根本因素

地方立法机制是实现地方立法科学化目标的制度载体，而地方立法体制的合理性与规范性则是保证立法质量的重要前提。"根据《宪法》《中华人民共和国全国人民代表大会组织法》《中华人民共和国国务院组织法》《中华人民共和国地方各级人民代表大会和地方各级人民政府组织法》《中华人民共和国立法法》关于制定法律、行政法规、地方性法规以及规章的规定，比较完善地构建了我国现行的立法体制，即在中央集中统一领导下的中央和地方两级、多层次的立法体制。"〔2〕但实践操作比制度设计要更加复杂，地方治理的多元诉求以及不同地区发展不平衡的情况放大了地方立法体制操作的困难，尤其是地方立法冲突问题表现最为显著，继而影响司法裁判的立法适用，如有学者分析最高人民法院应对地方立法适用冲突的具体实践在权力基础、制度规范和程序运作等方面也存在一些问题。〔3〕因此，必须正视和反思地方立法体制存在的弊端，才能从根本上消除科学立法创新的阻碍。

第一，中央和地方立法的关系一直未能理顺。宪法和《立法法》规范内容较为宽泛和部分用语模糊，以及立法权限具体划分设计的不完善，导致中央和地方立法的关系一直未能理顺。如除法律保留事项以外，全国人大及其常委会制定的法律如何与国务院行政法规在事项选择上加以区别？"由于'根

---

〔1〕 谢桂山、白利寅：《设区的市地方立法权的制度逻辑、现实困境与法治完善路径》，载《法学论坛》2017 年第 3 期。
〔2〕 李培传：《论立法》，中国法制出版社 2013 年版，第 172 页。
〔3〕 参见彭军：《最高人民法院如何应对地方立法适用冲突》，载《法学》2021 年第 11 期。

据宪法和法律'、'执行法律的规定'等宪法用语的明确含义难以确定、理解不一，加之实施性立法与创制性立法的界限难以截然划分，使国务院的'实施细则'往往成为'二次立法'，甚至重新立法。"[1]中央立法与地方立法的龃龉更加常见，一方面体现为地方立法对法律、行政法规毫无创造性地照搬照抄，另一方面则出现地方立法违背中央立法内容，如在中央立法空白领域超越权限而进行地方立法，或者以地方立法架空中央立法等。另外，尽管《立法法》对法律规范性文件的效力位阶作出规定，但一些学理上的反思也值得关注，如中央行政机关即国务院制定的行政法规效力为什么要高于地方权力机关即地方人民代表大会制定的地方性法规，"承认行政法规高于地方性法规，那实质上就是承认国务院的地位高于省级人大，因而国务院有权领导地方人大，因而合理的结论也就是：国务院应当有权撤销与行政法规相抵触的地方性法规"[2]，这显然与现行《立法法》第 108 条第 2 项由全国人大常委会撤销同宪法、法律和行政法规相抵触的地方性法规的规定相矛盾。

第二，省级立法与设区的市级立法范围存在交叉重复。2015 年修订的《立法法》第 72 条赋予设区的市地方立法权的同时，对之进行了立法事项和立法权限的限制规定，前者指设区的市人大及其常委会得就"城乡建设与管理、环境保护、历史文化保护等"方面的事项制定地方性法规，后者是指设区的市的地方性法规须报省、自治区的人大常委会批准后施行。表面看，设区的市立法完全为《立法法》所限定以及省级人大常委会所控制，实现了维护法制统一的目的，然而现实操作的情形是，省级地方性法规与设区的市级地方性法规没有内容划分的具体标准，就"城乡建设与管理、环境保护、历史文化保护等"方面的立法事项来说，省市两级人大及其常委会均有地方立法权，是制定全省统一的地方性法规还是留有各市自己制定地方性法规，对此并没有严格的规范设计，即便是编制立法规划也不能完全避免二者之间的冲突："通常，市级人大立法规划和立法计划的制定要早于省级人大，但省级人大在进行立法规划和立法计划编制时却并不参考市级立法规划和立法计划，而主要以政府部门的立法需求为主。市级人大在省级相关法规已经出台的情

---

[1] 阮荣祥、赵凯主编：《地方立法的理论与实践》，社会科学文献出版社 2011 年版，第 34 页。
[2] 胡玉鸿：《试论法律位阶划分的标准——兼及行政法规与地方性法规之间的位阶问题》，载《中国法学》2004 年第 3 期。

况下，疏于对已有法规的清理，导致出现与省级法规内容基本相同甚至冲突的法规条例。这两方面的因素成为造成立法重复的主要原因。"[1]

第三，人大立法与政府立法缺乏合理划分机制。尽管《立法法》第 93 条第 2 款规定了地方政府规章的立法权限，包括"（一）为执行法律、行政法规、地方性法规的规定需要制定规章的事项；（二）属于本行政区域的具体行政管理事项"，但并不能有效区分地方性法规和地方政府规章之间的界限。目前，人大立法和政府立法的关系尚不明确，尤其表现为：对于特定事项应制定地方性法规还是地方政府规章缺乏明确标准，实践中多依赖人大法工委与政府法制部门的沟通协调。因此，二者立法权限的不清晰导致实践中存在如片面认为法规位阶高而忽视规章调整社会关系的权威性和有效性、增加人为因素干预立项的可能性、容易导致权力机关与行政机关的职权错位、不利于人大及其常委会的地方立法主导作用、容易损害公民权利和滋生部门保护等问题。[2]尤其是对政府立法来说，一方面如上所述《立法法》未从立法权限和事项层面有效区分地方性法规与地方政府规章，导致二者存在竞合关系，不利于各自功能的发挥；另一方面，《立法法》对地方政府规章进行的严格限制如禁止重复规定、多重备案审查、严格司法审查、创制性立法实施满两年上升为地方性法规等，也影响了政府立法功能的实现，甚至导致政府规章的"休眠"状态，立法者寻求行政规范性文件替代地方政府规章[3]。

（二）人大主导立法的工作机制尚待进一步制度化建构

《中共中央关于全面推进依法治国若干重大问题的决定》提出："健全有立法权的人大主导立法工作的体制机制，发挥人大及其常委会在立法工作中的主导作用。"[4]这是执政党对立法的顶层设计要求。《立法法》第 54 条规定："全国人民代表大会及其常务委员会加强对立法工作的组织协调，发挥在立法工作中的主导作用。"进一步明确了人大主导立法的法治基础与直接法律依据。尽管各地的立法实践在坚持人大主导地位、发挥人大主导作用方面积

〔1〕 吴理财、方坤：《地方立法体制机制创新：现状、问题和出路——基于湖北省地方立法实践的研究》，载《地方治理研究》2016 年第 1 期。

〔2〕 参见刘松山：《中国立法问题研究》，知识产权出版社 2016 年版，第 187~190 页。

〔3〕 参见汪自成、衣婧：《"休眠"的地方政府规章——以《立法法》第 82 条为重点的分析》，载《西部法学评论》2022 年第 2 期。

〔4〕 《中共中央关于全面推进依法治国若干重大问题的决定》，人民出版社 2014 年版，第 10 页。

累了许多宝贵经验，但影响人大主导的体制机制因素仍然存在，现行具体立法工作机制与人大主导原则存在不兼容情形，这其中既包括人大主导与其他主体在立法中的地位和作用的关系未能理顺，也包括人大立法体制与自身建设的问题，集中体现为地方人大主导立法与党委领导立法、政府发挥主要作用的关系尚未完全厘清，导致人大主导立法缺乏规范性实现路径。

第一，人大主导立法与党委领导立法的关系未能理顺。党领导立法作为一项法治原则以及立法原则，在实践中缺乏更加细致的制度设计：部分党委在领导立法工作时没有明晰权责范围，不当行使立法审批权、重大立法事项决策权，"不少地方经常出现党委书记或者一名党委常委就可以决定是否制定一件法规的情况，而一个省、市是否制定一件政府规章，以及这个规章规定什么样的内容，则更是常常由作为省委、市委副书记的省长、市长个人决定"〔1〕；立法中"重大问题向党委请示"的制度尚待细化和完善，在实践中，"重大事项"的涵义范围、"重大"的标准、确定"重大事项"的机制等制度基础并没有明确，"重大问题"的启动主体、向党委请示的程序、党委反馈意见的方式、对"重大问题"争议分歧的裁决途径等工作机制流程也没有得到细化设计。

第二，立法中人大主导与政府重要作用的关系定位不明晰。影响人大主导立法的干预因素和体制问题尚未完全消除，集中表现为人大主导地位与政府重要作用的关系未能进一步明确。地方人大的工作力量有限，大量立法工作需要依靠政府相关部门配合，但实践中演变为立法的部门利益化和行政不当干预，"一些部门将寻求部门自身利益上溯到立法的源头，通过主导立法过程自我赋权、蚕食公共利益，违背了法规应有的公平正义，产生严重的危害"〔2〕。

第三，人大自身建设不足导致承接主导立法的能力较弱。人大主导立法存在的问题中，最为直接的是人大自身建设的问题，即立法人员偏少、立法人才缺乏、立法技术较弱，〔3〕导致主导立法的工作能力不足。当前人大立法

---

〔1〕 刘松山：《党领导立法工作需要研究解决的几个重要问题》，载《法学》2017年第5期。

〔2〕 武钦殿：《地方立法专题研究：以我国设区的市地方立法为视角》，中国法制出版社2018年版，第176页。

〔3〕 参见张升忠、黄兰松：《关于设区市人大立法主导能力的思考与研究》，载《人大研究》2022年第5期。

工作也存在政绩要求、考核压力等问题，人大制定的立法规划向同级党委负责，人大法制机构也要向人大负责。与行政的上级导向型体制的导向相似，人大立法的考核压力导致了立法"行政化"、政绩化和形象化，为了赶超任务而盲目立法，尤其是人大主要领导任期届满之前想作出更多的立法成绩，可能导致立法扎堆现象，一些时机不够成熟的立法也匆忙出台，其质量与适应性可想而知。这种体制导向下的立法忽视实践需求，未能充分给予公众、社会组织参与，不能反映民声民意。

（三）设区的市立法能力和技术水平亟待提升

自 2015 年《立法法》赋予设区的市地方立法权，地方立法主体扩容至 322 个设区的市，除 49 个较大的市外，273 个设区的市新获地方立法权。经过五年的立法实践，2020 年度全国新增地方立法，市级立法占比高达 62%，表明该年度新增立法成果超过六成是设区的市贡献的，市级新增立法保持活跃上涨态势。[1] 然而，设区的市立法全面展开除了满足地方治理需求、提升地方法治建设水平之外，也随之带来一些隐忧，如法制不统一、上下位法冲突等，尤其是以"科学立法"标准作为考量要求的话，当前设区的市立法存在着一些亟待正视和解决的问题。

第一，重复立法、立法冲突等现象普遍存在。重复立法一直是影响地方立法质量和可操作性的严重问题，也是导致立法冲突、立法抄袭、违反上位法的重要原因，产生了浪费立法资源的严重后果。有学者根据立法主体的主观态度，将重复立法分为惰性与积极两类，"所谓惰性地方立法重复是指地方立法主体在进行立法时的主观心态是懒惰的，其并没有认真对待立法，只是照抄照搬了上位法或者同位法中的有关规定，而所立的地方性法规也没有体现地方特色，由此造成对上位法或同位法的大量重复"[2]。设区的市在新获地方立法权之初时，重复立法方面更加明显，甚至出台的地方性法规出现了 80%-90% 的文本重复，这"意味着设区的市的地方立法活动与国家和省级的立法活动存在共性，即便设区的市没有制定其他地方立法条例，也能够通过

---

〔1〕 参见付子堂主编：《中国地方立法报告》（2021），社会科学文献出版社 2022 年版，第 2-4 页。

〔2〕 程波、吴玉姣：《认真对待地方立法重复》，载《中国社会科学报》2017 年 8 月 9 日，第 5 版。

参照适用立法法或省级人大制定的地方立法条例开展地方立法工作"〔1〕。重复立法等现象涉及对地方立法的深层追问，即地方立法在国家立法体制中的定位和要达成的治理目标究竟是什么？前一个追问是单一制下地方立法在国家立法统摄下的维护法制统一问题，即"不抵触"；后一个追问是地方立法在地方治理中的能动作用问题，即"有特色"。然而，部分立法工作者僵化理解"不抵触"原则，认为必须要重复上位法规定才能做到"不抵触"，或过分强调法制统一而忽视地方特色，导致立法文本的千篇一律和立法内容的"大而全、全而空"。

第二，对设区的市立法权限的理解与操作不一致。对设区的市地方立法权限的理解尚不统一。如何理解"城乡建设和管理、环境保护和历史文化保护等方面事项"这一立法权限范围目前仍然存有争议。实践中，这三类事项范围比较宽泛，例如城乡建设和管理可以包括城乡规划、基础设施建设、市政管理、城乡人员管理等；环境保护的范围则包括了大气、水、海洋、土地、矿藏、森林、草地、野生动物、自然遗迹等。尽管全国人大原法律委员会和中共中央、国务院分别通过《关于〈中华人民共和国立法法〉（修正草案）审议结果的报告》和《关于深入推进城市执法体制改革改进城市管理工作的指导意见》对"城乡建设与管理"和"城市管理"的范围进行了大致列举，但仍然无法满足立法机关的实践需要。例如潍坊市人大法工委由于无法确定医疗管理事项是否属于城乡建设与管理范围，对群众提出的立法建议给予了否定的答复。缺乏应对较大的市立法权限变化的明确方式。对于较大的市已经制定的超出《立法法》事项范围的地方性法规，仅规定这些法规继续有效，但未明确地方人大是否有权就这些地方性法规进行修改、解释和废止。广义上看，法规的修改、解释和废止均属立法行为。如果严格依据《立法法》相关规定，那么地方人大无权修改、解释和废止上述地方性法规；然而如果不赋予较大的市这项权力，仅认可这些地方性法规继续有效，则可能出现地方性法规不适应当地社会经济发展需求但地方人大又无权处理的局面。

第三，设区的市立法技术有待提升。立法活动是一项专业性强、程序要求高、需多方合作的复杂工作，只有遵循一定的立法技术和语言规范才能确

---

〔1〕 付子堂主编：《中国地方立法报告》（2018），社会科学文献出版社2018年版，第64-65页。

保立法质量，才能实现预期的立法目的。通过考察《立法法》修改前山东省济南、青岛、淄博三个原"较大的市"以往立法情况可见，尽管立法机关采取多种方式保证法规规章的科学性和可操作性，但在立法技术运用方面仍然存在若干缺憾。相较之下，设区的市在新获立法权之初由于并无立法经验，在立法技术方面面临更加艰巨的挑战，如立法项目选择普遍缺乏统一的可操作标准，导致出现急需的项目无人牵头起草、条件不成熟的项目却列入计划等现象。即便是设区的市获得并行使地方立法权已经过九年的当下，立法技术不足依然是困扰地方立法质量的重要障碍，如立法语言表述不规范、条文结构不清晰等。

第四，设区的市人大建设和资源配置存在短板。立法是一项政治性、专业性、理论性和实践性兼具的复杂工作，需要高素质专业立法人员、立法团队作为保障。目前，设区的市在立法资源配置、立法人才储备、立法机构设置等方面普遍存在问题，亟需完善和加强。一方面，各地普遍存在立法人才匮乏问题。有学者调查了 12 个设区的市立法队伍建设发现：8 个副省级城市人大常委会法制工作委员会（法制工作室）平均人数为 9.6 人，最多的 14 人，最少的 6 人，年均制定法规 4.3 部，其中自主起草的年均 0.4 部；4 个设区的地级市人大常委会法制工作委员会平均人数为 6 人，最多的 8 人，最少的 5 人（因编制制约各设区的市人数相近），年均制定法规 2.1 部，其中自主起草的年均 0.5 部；12 个设区的市人大立法人才平均不足 20%。[1]另一方面，即使立法人员配备到位，立法能力的欠缺也可能导致所立法规规章与现实脱节，难以保证立法质量。部分立法工作者业务能力不足、立法理念落后、立法技术欠缺，在政绩要求和考核压力面前容易出现盲目立法、所立之法忽视实践需求的情况。目前虽然有的设区的市已经有针对性地招收立法专业人员进入岗位，并且开展了大量的培训工作，但立法工作毕竟需要长时间的学习和经验积累，因此，各地市立法资源配置和人才队伍短板问题短期内可能难以缓解。

（四）地方立法的可执行性与引领地方治理实践的能力不足

尽管党的十八大以来，尤其是十八届四中全会《中共中央关于全面推进

---

〔1〕参见张升忠、黄兰松：《关于设区市人大立法主导能力的思考与研究》，载《人大研究》2022 年第 5 期。

依法治国若干重大问题的决定》出台和《立法法》修订之后，地方立法在引领和保障经济社会发展方面取得了重大成就，设区的市普遍获得地方立法权，地方治理法治化水平不断提升，但距离党的十九大报告关于"中国特色社会主义新时代"的基本任务、应对新时代社会主要矛盾变化、"深化依法治国实践"以及"打造共建共享共治的社会治理格局"的基本要求，仍然存在各种各样的差距和不足，地方立法与地方治理仍然存在体制机制问题和具体工作困难。以立法的科学化为标准考察，部分地方立法的可执行性差，所立之法没有发挥引领地方治理的作用。

第一，地方立法与地方治理的关系发生背离。一般来说，地方立法状况既体现和反映了一个地区社会治理的需求与程度，也代表了地方法治建设水平。但是，当前地方立法与地方治理相互依存、彼此互动的程度不足，甚至在二者之间存在着逻辑与实践的背离。一方面，地方立法囿于其理念与立法技术局限，忽视地方治理的现实需求，不能完全围绕完善地方治理、推进地方法治建设的任务目标展开工作，没有聚焦和化解长期以来困扰地方治理的社会矛盾、热点问题，导致引领和推进地方治理的能力不足。另一方面，地方治理依靠地方立法实现治理目标的程度不足，部分治理方式、手段与成效的法治要素较少，甚至呈现出与法治的紧张或对立关系，典型如"运动式治理"。

第二，地方立法不能及时回应改革需求。自党的十八届四中全会提出"重大改革于法有据"以来，改革与法治、改革与立法的关系在理论与实践方面得到进一步厘清，改革不能突破法治底线、法治保障改革深入推进已成为广泛共识，尤其是地方立法对改革形成了强大的推动和保障作用。但是，改革的灵活性和调适性特征与法治之稳定性与规范性品质充满了张力。部分立法滞后于改革，以山东新旧动能转换为例，新旧动能转换是回应科技进步、制度变迁、经济转型等社会发展需求的时代命题，既是一场广泛而深刻的现代治理改革，也是一项事关经济社会发展与国计民生的重大工程，其顺利实施必然要依托法律制度平台，但是，新旧动能转换作为新兴改革，面临规范性文件偏多、相关立法偏少、规范依据效力级别低等制约创新的体制问题，地方立法在改革中处于失语状态。

第三，地方立法存在地方特色不足、可执行性差等问题。"地方特色"是地方立法的灵魂，是国家统一立法下地方立法存在的根基。如果执行国家立法可以实现地方有效治理，则地方立法就无必要存在。然而许多地方立法不仅没有突出地方特色，一味求"大而全"或"小而全"，甚至超越地方立法权限以故意规避国家立法，进而变相为地方保护主义或把特殊情况普遍化的盲目变通性立法。[1]另外，部分地方立法脱离实际，用语抽象，可执行性差，有专业团队依据《立法技术规范（试行）》要求，对《立法法》2015 年修订后至 2018 年有效的 8000 余部地方性法规和更加庞大的地方政府规章文本进行了技术性评价，结果是："大部分都是对调整事项作出的大而化之的概述性规定。……评估中八成条文基本做到了对行为模式进行明确规定，但是在相关的救济、裁量、配套方面效果并不好，这意味着法规条文抽象性、孤立性较强，规定大而化之，使得有限的法规文本空间中，有实际操作价值的条文并不多，从而从整体上影响了法规文本质量。"[2]

三、地方立法科学化创新机制的完善路径

习近平总书记在党的十九大报告关于"深化依法治国实践"中要求："推进科学立法、民主立法、依法立法，以良法促进发展、保障善治。"[3]这是对今后立法工作的原则性指导与目标方向。就地方立法来说，要化解体制难题，扭转工作弊病，提升立法质量，"出路在于端正立法目的、更新立法观念、实行立法专业化、明确地方立法依据、强化立法监督责任，建立地方立法'良法'标准"[4]等，概言之，应在地方立法中贯穿"创新"理念与实践操作，通过完善地方立法科学化创新机制以提升立法质量、满足地方治理需求。

（一）理顺地方立法体制，完善立法权限合理划分机制

为避免上下位法冲突、地方重复立法、立法资源浪费等问题，有必要探索划分各级立法主体权限的一般原则和具体标准，实现各级立法治理功能、

〔1〕　参见武钦殿：《地方立法专题研究——以我国设区的市地方立法为视角》，中国法制出版社2018 年版，第 86-87 页。

〔2〕　付子堂主编：《地方立法蓝皮书：中国地方立法报告（2018）》，社会科学文献出版社 2018年版，第 66-67 页。

〔3〕　习近平：《决胜全面建成小康社会 夺取新时代中国特色社会主义伟大胜利——在中国共产党第十九次全国代表大会上的报告》，人民出版社 2017 年版，第 38-39 页。

〔4〕　周伟：《论创新性地方立法的良法标准》，载《江汉大学学报（社会科学版）》2013 年第 4期。

调整内容与治理目标的有效区分，建立立法权限合理划分机制。就立法事项方面，可以参照有关学者对于立法中"地方性事务"的研究，根据事务性质的分类，以阶梯模式认定地方性事务的范围，包括"非统治性事务""非服务供给类事务""非涉流通、交易事务""无负外部性事务""非涉重要权益事务"等。[1] 就立法权限而言，应明晰全国人大、省级人大和设区的市人大的立法权限，理顺纵向立法体制之间的关系，可以根据《宪法》和《立法法》的有关原则，如《宪法》第3条规定"中央和地方的国家机构职权的划分，遵循在中央的统一领导下，充分发挥地方的主动性、积极性的原则"，将其运用到划分各级立法权限方面。

首先，全国人大及其常委会立法应当规范的是全国范围内的、具有普遍共性的问题，侧重于框架式、结构式治理搭建，能够为各地具体问题的解决提供指导依据，并应将具体解决方案预留给地方立法。其次，省级人大要结合本省、自治区情况，落实和细化国家法律和行政法规的基本要求，制定相关配套地方性法规，体现出"地方特色"的适应性与可接受性，还要根据省域实际，协调平衡各地市发展情况，合理分配资源，创制符合本行政区域发展要求的治理规范，涉及本省、自治区重大事项，涉及区域协调的内容要由省级人大立法。再次，设区的市以问题为导向立法，针对某一具体问题的解决，制定地方性法规，而不应面面俱到的"大而全"或"小而全"。上位法规定较为明确的，设区的市立法没有必要重复，而是应聚焦于地方治理的热点问题，制定解决问题的创制性、实验性立法，体现本地特色。最后，较大的市要主动适应《立法法》修订后带来的立法权限变化，对超越《立法法》修订后事项范围的旧法进行梳理，对其合理性进行评估，经实践检验可以适用的继续有效；需要进行补充修改的，应注意不能以修改为名增设立法权限以外的内容；需要作出重大修改的则应请示省级人大常委会，防止以修改方式创制新法，慎重对待超出现行立法权限的法规。

（二）强化地方人大建设，实现人大主导立法的协调机制

要落实立法的人大主导原则，切实发挥人大主导作用，必须将人大主导纳入整个立法体制环境中，定位多元参与主体的基本功能、厘清相互关系。

---

[1] 参见俞祺：《论立法中的"地方性事务"》，载《法商研究》2021年第4期。

具体来说，就是要从党委、人大、政府、智库等各自的性质、功能角度出发，确定在立法中的地位与作用，提出立法体制与机制新格局的基本蓝图，实现人大主导立法的协调机制。

其一，正确处理党委领导与人大主导的基本关系。正确认识和妥善处理二者关系，必须恪守法治理念，尊重立法规律和地方实际，以法治方式实现立法工作机制创新。一方面，要准确把握党委领导立法与人大主导立法的各自性质与功能。党委领导立法属于执政领导，要把握立法中宏观性、全局性的重大事项，并将党的路线、方针、政策通过立法上升为国家意志，是党的主张与人民利益的高度统一，要保证立法的正确政治方向，"在立法工作中，党的领导不是包办代替，而是宪制性的、重大的问题由党中央来把握。这体现的就是一种政治性的、方向性的领导。"〔1〕；人大主导立法是人大依据法定职权履行立法机关职能，在具体立法工作各个环节中要体现主导立法的话语权与决策权，如组织牵头各参与主体、协调各方利益、汇集各方意志、坚守法治底线。另一方面，要完善党委领导与人大主导的协同工作机制、落实"重大事项向党委请示"制度。完善党委和人大之间的协同工作机制，设置对口沟通的机构部门，制定党委与人大的工作联系方式与具体程序，以制度形式划分各自在立法工作中的职责，既保证党委对人大立法信息有及时准确的把握和承担相关责任，也要保证人大能够针对具体疑难问题及时向党委请示，获得党委指导帮助；要科学界定人大常委会党组的基本作用，区分人大常委会党组的政治领导作用和立法具体工作职能，将党组功能定位在落实党委领导立法的政策要求、沟通党委与人大关系、提升人大政治建设与队伍建设、确保人大立法的政治方向等方面；落实"重大问题向党委请示"的基本制度，研究本地区"重大"事项的一般标准与具体情形，对请示方式、党委回应方式与处理反馈形式等要形成制度规范，既要避免党委对立法工作的不当干预，又要促使党委积极履行领导立法职责。

其二，在人大主导立法的基础上发挥政府基础作用。人大立法所规范的许多事项属于行政管理领域，需要政府部门的意见参与；人大自身力量有限，立法的大量前期工作需要政府部门配合。"实际上，我国在改革开放后所开展的立法工作，有相当数量的法律文本乃是最先由行政部门起草，然后再付诸

---

〔1〕　陈家刚：《人大主导、行政主导与党的领导》，载《人大研究》2017 年第 2 期。

其他立法程序的。行政部门在法案提请和起草过程中所形成的行政主导地位鲜明地塑造了当代中国的立法模式，这种现象不仅发生在全国人大层面的立法工作当中，在地方立法工作中尤其突出。"〔1〕政府在立法中的基础作用构成了人大主导立法的必要条件。如何理顺人大主导立法与政府基础作用的关系，既要充分发挥政府的立法作用，又要防止行政权力干预立法的弊端，是人大主导立法要解决的重点问题。首先，人大在尊重政府基础作用的同时要保持决策地位与主导作用。要尊重政府部门在人大立法的立项、调研、起草等工作环节的专业性和技术性，对于专业性问题要虚心请教和善于吸收；但同时，人大要对政府在立法环节中的工作保持监督，采取提前介入等方式，使立法导向不能为政府部门利益左右，要保持立法的客观性和中立性，在明晰各政府部门职能的基础上对部门诉求与立法意见进行甄别，并对政府意见表达与立法工作结果保持决策权与主导权，防止政府部门通过立法"揽权卸责"、伺机扩张权力。其次，人大立法与政府立法的范围要制定划分标准与沟通机制。各地可以根据实际情况，制定相关标准划分人大立法与政府立法的权限范围，明确什么领域、什么情况下应当制定地方性法规或适宜制定地方政府规章，防止法规与规章的冲突或重复立法；要建立和完善人大立法与政府立法的沟通机制，人大法工委与政府法制机构应当制定工作联系方式与办法，以制度化形式保持信息沟通、工作互动。最后，人大要以法治方式平衡政府部门利益，维护立法权威。不同政府部门以及社会组织等在立法中会有不同的利益诉求，人大在立法过程中要正视这种情况，以法治方式把握和平衡各方利益，进行价值序位排列，对亟需立法规范与资源倾斜的领域，要做好科学论证与优先照顾的理由说明，对不予采纳的不合理利益诉求也应当充分说明理由。

其三，鼓励立法智库发展，发挥智库协助的科学保障作用。各地人大联合高校、科研机构、律师等法学专家以及法律实务工作者组成的法律顾问团、立法专家委员会、立法基地、法学智库等，提升了立法的科学性与合理性，发挥了重要作用。一方面，要正确认识智库协助性质与作用，实现组成结构与现行立法体制的兼容。智库协助是广义的立法公众参与，但因其理论性、

〔1〕 吕忠：《行政主导型立法模式：特征、成因及其限度》，载《福建行政学院学报》2017 年第1 期。

专业性和技术性特征，比社会公众参与立法的宽度和广度更深刻，其立法建议对立法决策的影响也更为直接。鉴于智库协助的重要地位，可采用公开选聘、特殊聘任、筛选考核等方式从源头上对立法智库的组成人员、智库组织形式、智库运行结构等进行严格把关，着重筛选政治正确、业务能力强、学术影响力大的专家学者、法律实务工作者和立法实务型人才纳入立法智库；智库组织结构和运行方式要符合立法工作规律，与人大主导的立法机制相兼容，需要智库进行理论论证、意见征集和课题研究时，智库应当保证完成工作任务。另一方面，采取多元协助方式，鼓励智库发挥作用，把智库立法意见作为立法重要参考和决策依据。智库在参与立法工作时可以采取多元协助方式，如深入调研与数据分析、理论与实践论证会、承担立法委托课题、立法理论培训等，鼓励智库采取适合不同立法项目和立法环节的协助方式，并予以充分的财政资源支持，对优秀成果予以物质和精神奖励；要认真对待智库意见，将其作为立法重要参考和决策依据，对无论能否纳入最终立法决策的智库意见都应当给予充分说明并备案。

（三）提升设区市立法技术水平，建构立法精准效率与民主参与机制

"我国地方立法的科学化，是指在地方立法理念、立法内容、立法技术上不断走向科学合理的一种动态过程，从而使地方立法更加符合客观规律，更加体现地方特色，更加提高立法效益。"[1]其中，立法技术是保证立法科学化的核心要素，是体现立法科学化水平的重要标志。如前所述，设区的市在立法技术方面存在着一些问题亟待克服，因此，要通过建构立法精准效率与民主参与机制，提升设区的市立法技术，保证立法科学化水平。

第一，全国人大和省级人大开展对设区的市人大的立法培训与工作指导。全国人大和省级人大针对设区的市立法经验短缺、立法技术不足等问题，应积极开展集中培训学习和工作指导；有立法经验的较大的市可以通过传授工作经验的方式，针对设区的市启动立法权以及开展立法工作中可能面临的问题和困难进行交流，提升设区的市人大的立法能力与技术。省级人大常委会要完善对设区的市立法审批制度，既要使审批制度成为设区的市行使地方立法权的把关环节，又使其成为积累立法经验、提升立法能力的学习过程；省

---

〔1〕 武钦殿：《地方立法专题研究——以我国设区的市地方立法为视角》，中国法制出版社 2018 年版，第 59 页。

级人大在监督设区的市地方立法过程中，既要尊重设区的市的立法权，引导其发挥积极性、能动性，又要有大局观、整体利益观，反对狭隘的地方保护主义，维护国家法制统一。

第二，设区的市立法要坚持问题导向和地方特色。设区的市立法要解决本地公共服务和社会治理实践中的具体问题，在立法之前要以科学合理的方式评估立法需求：该领域治理需不需要立法，既有立法以及上位法能否解决该领域治理问题。立法毕竟是成本较高、周期较长的治理方式，是针对某一领域或问题展开的具有长期性、持续性的制度建构，因此，需慎重考量立法必要性。为避免重复立法、立法形象工程，必须坚持立法的问题导向，有问题才立法，立法要围绕化解治理问题展开，规范设计、条文表述要以解决具体问题为目的，坚持"少而精"的务实精神，防止"大而全"和条文重复。各地积极探索"小快灵"和"小切口"立法，"题目小、条文少、内容精，小而明亮、快而温暖、量体裁衣、特色鲜明，极大增强立法针对性、适用性、有效性，契合新时代对立法工作的新要求，更能确保制定的法规立得住、行得通、真管用。"[1]设区的市立法还要坚持体现地方特色，针对本地发展实际、资源优势和短板、发展规划和规划战略来制定地方性法规，引领本地经济社会发展，推进改革深化。

第三，设区的市立法工作机制完善要以立法精准为目标。设区的市地方立法工作机制的设计和完善要以服务立法精准为目标，具体来说就是机制通畅、分工合理、协作统一：要理顺设区的市人大及其常委会、专门委员会、常委会法制工作机构之间的权责关系，厘清各主体在立项、起草、参与、审议、表决、监督、宣传以及立法后评估机制中的基本定位，合理划分立法职权，有效分配立法任务；在处理具体部门关系和领导关系方面，要坚持由行政管理向技术业务关系转变，以解决问题为中心、以立法需求为导向、以工作效率为目标，通过具体制度创新，完善设区的市立法工作机制，不断提升人大立法技术与立法能力。

第四，完善立法回应社会公众需求的民主参与机制。有学者提出，地方行政体制改革的目标是建立公众导向型地方行政体制，这种体制满足三个条件，即行政体制满足公众诉求、行政体制运转科学、基层自治和非政府组织

---

〔1〕 李小健、周誉东：《地方立法的新探索新趋势》，载《中国人大》2021年第24期。

参与。[1]与地方行政体制相比，地方立法体制更应当体现公众需求，以社会公众导向为方向。因为"在我国，立法活动应当实行高度民主基础上的高度集中。立法作为涉及人民重大利益的活动，要求我们在高度民主基础上，尽可能把所有正确意见集中起来，这样才能达到高度集中。"[2]地方立法权扩容到设区的市，是推进地方放权改革和地方民主建设的重大举措，是基层社会公众参与立法工作并表达立法诉求的有效方式。因此，设区的市地方立法对社会需求的回应不应只停留在形式上，而应建设立法的公众导向机制，转型立法理念，以尊重和满足社会公众需求、完善社会治理为出发点，在每个立法环节充分听取社会公众意见，并作为立法必要程序嵌入整个地方立法制度中，真正解决社会治理的热点难点问题。在强调地方立法公众导向性的同时，提升地方立法质量是设区的市地方立法权制度建构的重点。某项地方立法动议从需求到立项，再到形成地方性法规，并最终在实践中发挥作用，离不开保障立法质量的专业技术能力和智慧。其中，立法人才队伍建设是关键，大力引进和培养立法专业型人才，加强对立法工作人员的培训、培育和培养，推动其不断走向专家化，必将对提升地方立法质量起到先导作用。

（四）对接地方治理实践，探索立法工作创新与实施反馈机制

"纵观改革开放以来全国人大及其常委会的立法，可以发现，立法适应和服从改革需要的策略，是一以贯之的处理立法与改革关系的主导性思想和指导性原则。"[3]人大主导立法要充分考虑行政体制等各项改革的基本情况与问题，形成立法引领改革、改革依据立法的互动格局，提升立法的治理水平，有效合理对接实践需求。因此，可以借鉴国务院《关于推进中央与地方财政事权和支出责任划分改革的指导意见》中的一些基本原则与具体规则，如"体现基本公共服务受益范围""实现权、责、利相统一"等，因为地方立法必然要服务公共治理领域，为政府事权与支出责任提供法治依据，则应该根据不同层级政府事权与支出责任，通过立法配置其相应权责。

其一，应当以立法形式划分政府事权与支出责任。国务院《关于推进中

〔1〕　参见徐继敏：《地方行政体制改革：实践、问题与路径》，载《理论与改革》2012年第4期。

〔2〕　朱力宇、叶传星主编：《立法学》，中国人民大学出版社2015年版，第63页。

〔3〕　刘松山：《当代中国处理立法与改革关系的策略》，载《法学》2014年第1期。

央与地方财政事权和支出责任划分改革的指导意见》对中央与地方政府的财政事权与支出责任进行了原则性划分和具体规定，并要求要坚持法治化道路："要将中央与地方财政事权和支出责任划分基本规范以法律和行政法规的形式规定，将地方各级政府间的财政事权和支出责任划分相关制度以地方性法规、政府规章的形式规定，逐步实现政府间财政事权和支出责任划分法治化、规范化，让行政权力在法律和制度的框架内运行，加快推进依法治国、依法行政。"这就要求各级人大立法要将政府事权与支出责任划分作为重要规范内容。

其二，各级人大应当通过主导立法合理配置本地本级政府事权与支出责任。国务院《关于推进中央与地方财政事权和支出责任划分改革的指导意见》要求："结合我国现有中央与地方政府职能配置和机构设置，更多、更好发挥地方政府尤其是县级政府组织能力强、贴近基层、获取信息便利的优势，将所需信息量大、信息复杂且获取困难的基本公共服务优先作为地方的财政事权，提高行政效率，降低行政成本。信息比较容易获取和甄别的全国性基本公共服务宜作为中央的财政事权。"各级人大应当根据本级行政区域特点和政府职能与治理特征，合理配置本地本级政府事权与支出责任，如县域政府承担较多公共服务职能，则设区的市人大立法应当对此进行回应。

其三，强化人大组织建设与治理能力，不断增强人大影响力。强化人大组织建设，人才是第一位，要加强立法人才引进与培养，吸纳具有良好法律素质和丰富法律实践经验的人才纳入人大法制工作机构，同时可以建立与高校法学院、科研院所的人才交流互动，以外聘、挂职、实习、借调等方式充实立法人才队伍；不断增强人大在社会治理中的话语权和影响力，搞好宣传工作，扭转社会公众对人大"橡皮图章"的刻板印象，在重大治理问题上要发出人大声音，通过讲座、培训等方式拓展人大治理影响力；不断锻炼人大平衡各方、组织牵头的协调能力，真正实现人大主导下的民主立法与科学立法。

其四，创新人大主导立法的具体工作机制，提升立法技术与能力。理顺人大、常委会、专门委员会、常委会法制工作机构的关系，梳理各个主体在立项、起草、参与、审议、表决、监督、宣传以及立法后评估机制的基本作用，合理划分职权与分配立法任务，在处理具体部门关系和领导关系方面，要坚持由行政管理向技术业务关系转变，以解决问题为中心、以立法需求为导向、以工作效率为目标，通过具体制度创新，完善人大主导立法的工作机制，不断提升人大立法技术与立法能力。

本章小结

设区的市普遍获得并行使地方立法权已经过几年的时间，积累了一定的经验并取得良好成绩，有效提升了地方立法科学化和地方治理法治化水平。但立法科学化作为地方立法的目标任务，依然是地方立法理论和实践共同持续关注的重要命题，并且，当前影响立法质量的地方立法体制机制、人大主导能力、立法技术、对接地方治理能力等问题亟待通过进一步的立法科学化和改革创新来解决。地方立法科学化创新机制以科学立法为内容、以体制机制创新为动力，通过完善立法权限合理划分机制、实现人大主导立法的协调机制、建构立法精准效率与民主参与机制、探索立法工作创新与实施反馈机制，实现提升地方立法质量和夯实地方治理法治基础的目标。

地方性法规与党内法规衔接协调的
制定技术路径

【本章内容提要】 地方性法规和党内法规都是中国特色社会主义法治体系的重要构成部分，实践中存在衔接与协调的急切需求。党内法规和地方立法在制定技术上虽然都存在一定程度的不足之处，但二者也都在制定技术方面积累了较为成熟丰富的经验，这就使得它们之间的相互借鉴与衔接沟通成为可能。通过对党内法规与地方立法在形式结构、内容结构和语言表述方面的制定技术的深入考察与辨析，基本建构起一个较为完善的关于党内法规与地方立法衔接协调的制定技术路径系统，无论对于党内法规和地方性法规的衔接协调机制建设，还是对于社会主义法治体系的完善和地方治理的促进，都富有基础性实践价值。

党内法规和地方性法规（作为国家法律的一部分）都是中国特色社会主义法治体系的重要构成部分，都是法治中国建设的重要规范基础。当前，这两种规范体系都处于发展和完善的关键阶段，它们都存在某些不够完善的地方，尤其体现在制定技术方面，尚有众多的问题和不足。基于法治中国目标模式的建设需要，这两种规范体系都需要在较短的时间内取得较好的发展和完善。基于此，将地方性法规和党内法规的制定技术予以比较研究和互鉴，不仅对于两种规范体系的发展和完善，而且对于满足二者的衔接与协调的急切实践需求，都将起到非常宝贵的作用。

一、地方性法规与党内法规制定技术内涵的界定

中国已经基本建成较为完善的社会主义法律体系，宪法法律的制定，已

经有了一套比较成型的规程和技术标准。但地方性法规的制定，却是在 2015 年《立法法》修改以后才逐渐在全国的设区的市逐渐铺开的，到目前基本上仍然处于探索发展的阶段。虽然地方立法取得了很多突出的成就，不容否认的是地方性法规在制定技术、程序和质量方面都还存在众多的问题，需要我们去改进、发展和完善。和地方性法规制定技术相比，党内法规制定技术方面有着更长的历史和更多的经验，但由于党内法规的政治属性，导致其在公开性、规范性方面受到某些限制，而在制定技术上，党内法规迄今为止也同样存在诸多问题，甚至和地方性法规相比，党内法规在制定技术上有更多不足之处。[1]鉴于这两种规范体系能够通过互相学习、互相借鉴、互相衔接协调，以推动中国法治发展和治理能力的提升，有必要在将两种规范体系的制定技术进行比较分析的基础上，厘清其衔接和协调的基础与根据。对党内法规和地方性法规制定技术比较分析的前提是，首先要明晰地方性法规和党内法规制定技术的内涵，只有在确定了两种规范体系内涵的基础上，才能够将两种规范体系的制定技术进行横向的比较分析。

（一）地方立法技术内涵与外延的界定

按照一般的认识，立法技术是立法机构在制定修改与废止法律法规过程中所依照的方法和技术，从类型化的角度可以将地方立法技术区分为广义与狭义的立法技术，宏观与微观的立法技术，甚至还可以从其运用主体的角度将之区分为立法官僚的立法技术以及人民代表的立法技术。从这样三种类型区分的角度入手，可以界定地方立法技术的科学内涵以及构成要素。[2]

首先，从立法的层级来看，中央与地方分别享有不同的立法权限，因而也就能够运用不同的立法技术。根据《立法法》有关法律保留的规定，涉及国家主权、政府组织架构、公民权利义务、犯罪和刑罚、税收基本制度、民事基本制度等重要领域的立法权，只能由中央级的立法机构也就是全国人民代表大会及其常委会享有。由此立法权限的划分、立法体制的构建都属于中央立法权的范围。在广义的立法技术中，真正能够由地方行使的一般只会涉

〔1〕 参见孙大雄、张立波：《改革开放以来党内法规建设的基本经验——以党内条例制定和修改为例》，载《中国井冈山干部学院学报》2020 年第 1 期。

〔2〕 参见魏治勋、汪潇：《论地方立法技术的内涵、功能及科学化路径——基于当前地方立法现状的分析》，载《云南大学学报（社会科学版）》2019 年第 1 期。

及立法项目的择取、立法程序的设计、立法评估的模型、法律文本结构的设计、法律语言文字的表述等几个方面。基于立法技术与立法程序、立法评估在立法阶段和立法概念中相分离的需要，真正的地方立法技术主要由立法项目的择取、法规的文本结构安排、文字表述方面的技术构成。可以说，正是这三方面技术共同构成了地方立法技术的核心要素。

其次，从地方立法的技术原则来看，宪法及立法法为地方立法分别规定了"不抵触"与"不重复"的双重立法原则，对地方立法构成了不同技术制约。地方立法的"不抵触"原则，由《宪法》第 100 条和《立法法》第 80 条加以规定，其基本内容是：省、自治区、直辖市、设区的市的人民代表大会及其常务委员会在不同上位法冲突的情况下，可以根据本行政区域的具体情况和实际需要，制定相应的地方性法规；而不重复原则，则由《立法法》第 82 条第 4 款规定，其基本内容是：制定地方性法规，对上位法已经明确规定的内容，一般不作重复规定。这两种立法原则在地方立法过程中所起的作用不同：不抵触原则，要求地方立法要以维护国家法制的统一和稳定为基本目标；而不重复原则则要求地方立法要根据本地的发展状况因地制宜地立法，避免立法资源的浪费和立法的不适应性。[1]因而，在地方立法过程中，运用宏观的立法技术应当坚持"不重复"原则，也就是要坚持普遍性与特殊性相互补充，稳定性和灵活性彼此兼容，立法与社会发展实践相符合，使地方立法富有实践成效和地方特色，能够积极促进地方经济社会事业的发展。[2]而地方立法过程中应当坚持的微观立法技术，则要符合"不抵触"原则的要求。它的基本内容是：地方立法篇章体例形式结构的设计，法律语言的运用和解释，特别是专业术语的使用，都应当与上位法相一致、相衔接，同时也要与

---

〔1〕 有学者指出，"'不重复上位法'原则的规则化是依法治理地方性法规重复上位法的落脚点"。参见向往：《论地方性法规"不重复上位法"原则的规则化》，载《行政法学研究》2022 年第 2 期。

〔2〕 有学者径直指出，"体现地区特色"是地方立法的"正当性基础"。参见卢护锋：《设区的市立法的精准化路径：基于立法选题的思考》，载《政治与法律》2019 年第 3 期；还有学者指出，地方特色反映在地方立法上，就是地方立法的"地方性"，而地方立法"地方性"的实质性内涵，主要反映在对地方政治资源的标定、对地方历史文化资源的识别、对地方经济特色资源的保障以及对地方发展定位与方向的促进上；同时，地方立法在立法技术与形式设计上的创新也可以反映出"地方性"特色。重视本区域的"地方性"特色，从本地区"地方性"问题入手，是激发地方立法的"创造性"活力的根本所在。参见魏治勋、刘一泽：《地方立法的"地方性"》，载《南通大学学报（社会科学版）》2020 年第 6 期。

本行政区域内的其他立法在技术上保持一致和融贯，可以说"不重复"原则和"不抵触"原则，构成地方立法宏观与微观方面的立法技术限制，其是地方立法技术的重要内容。

最后，从参与地方立法的体制内工作人员类型和分工的角度来看，地方立法技术是"立法官僚"的专用技术。从事地方立法的主要由两部分人构成，一部分人是从事地方立法日常工作的"立法官僚"[1]，这些立法官僚，也就是地方人大及其常委会从事立法工作的机关人员，他们是非民选的负责立法规划与立法起草工作的专业人士，在立法评估和立法调研的过程中，也发挥着非常重要的作用。参与立法的另一方面的人员是地方人大代表及地方人大常委会组成人员，他们是地方立法过程中的"政治决断者"，对地方立法的价值方向和方案选择做出政治判断，因而其工作职责已经脱离了立法技术层面，属于人民民主的政治抉择问题。就此而言，应当将地方立法技术界定为"立法官僚"即立法机构工作人员在履行立法职责时所采用的理念方法与技术手段。立法准备阶段的立法规划、立法起草与立法完善阶段的立法修订、立法清理，共同构成了地方立法技术的基础概念。

综合以上三点，我们发现，地方立法技术核心要义中的狭义立法技术，重要内容中的微观立法技术与基础概念中的立法起草技术，共同指向了法律的结构安排和文字表述技术；核心要义中的立法项目的择取与基础概念中的立法规划相似，共同指向立法内容确定方面的技术。概述以上内容，我们就可以将完整的地方立法技术的合理内涵做如下表述：在统一的立法思想指导之下，微观层面的法律文本结构安排、法律语言文字表述技术构成的立法起草技术，立法准备阶段的立法规划技术，立法完善阶段的立法修订、立法清理技术，构成了完整的地方立法技术的基本内容。

如果仅仅从理论界定和实践相统一的角度来看，上述关于立法技术的界定和地方立法技术内涵的分析是合理的、可以成立的，但国内立法学界一般

---

〔1〕　本书所言"立法官僚"一词是中性词，是指各级立法机关中从事立法工作的专业技术官员。在不少作品的语境中，"立法官僚"往往被视为民主立法的对立存在而成为被批判的对象，如有学者这样描述"立法官僚"："立法官僚化理论用于描述国家立法机关中的立法工作者（立法官僚）与法制工作委员会（立法官僚机构）在立法过程中的权力运行状态，并基于此提出立法官僚'篡夺'立法权的政治正当性问题。为了保证立法权的民主性，对于立法官僚化的民主控制已经成为现实议题。"王理万：《立法官僚化：理解中国立法过程的新视角》，载《中国法律评论》2016年第2期。

会将立法起草前的立法项目择取和立法文本完成之后的立法清理与立法修改不列入狭义立法技术的范畴，而是将其作为独立的部分予以平行对待。代表性的观点，如有的学者认为，所谓立法技术是指起草修改法律文本需要遵守的操作规则、通用方法和表述规范，认为就某一法规文本而言，立法技术应当包括相互联系、不可分割的两个层面的内容：一是结构技术，如法规的名称、章节的设置、条款项的排布、行为模式与法律后果的设计等；二是语言技术，专指法律文本语言表达的方式，句式特点以及用语规范等；前者的着眼点在法规的谋篇布局与篇章结构，而后者的着眼点则在法言法语表述技术规范。因而，立法技术主要包括法律法规文本的谋篇布局结构技术和法律语言概念的表述规范两个方面。[1]还有的学者将立法技术分为纵向的立法技术和横向的立法技术，所谓纵向的立法技术，是把立法看作一个活动的过程，在这个过程的每一个阶段上，以及每个阶段的具体步骤上，立法者都有其所要遵循的相关技术和方法，主要包括立法准备阶段中的立法技术、由法案上升到法的阶段的立法技术、立法进入完善阶段的立法技术等三个方面。而其中横向的立法技术，是从平面或平行的角度观察的立法技术，主要包括立法的一般方法、立法的体系构造方法、法的形式设计技术、法的结构营造技术、法的语言表述技术等。[2]我国当下多数学者意见所坚持的立法技术，主要是指横向的立法技术，可以总体地概括为结构营造立法技术和语言表述立法技术。

当然，需要注意的是，这里所界定的立法技术，专指与中央立法技术相区别意义上的地方立法技术，即地方立法过程中立法官僚所使用的立法理念、立法方法和立法技术的总称。从这一角度入手，我国近年来有学者专门对地方立法技术的内涵，做出了最为狭义的界定。其认为，无论从总体还是从细节的层面，对法律文本的形式要求，是立法技术的核心内容。狭义上的立法技术通常仅指法律的形式方面。如果对立法技术的理解采用狭义上的概念，则地方立法技术主要包括形式结构技术、内容结构技术、语言文字的表达技术三个方面。而形式结构技术和内容结构技术又可合称为地方立法的结构营造技术。本书采取这种三分法的狭义立法技术概念，一般情况下，地方立法

---

〔1〕 参见赵立新：《地方立法技术存在不少亟需改进的地方》，载《人大研究》2020年第4期。

〔2〕 参见周旺生：《立法论》，北京大学出版社1994年版，第183页。

技术专指地方性法规制定过程中所使用的形式结构技术、内容结构技术、语言文字的表述技术。

（二）党内法规制定技术内涵与外延的界定

与地方立法相比，党内法规的制定虽然有着更为悠久的历史，但党内法规及其制定技术问题引起学术界的关注也还是近几年的事情，目前刚刚开始进入深入研究阶段；而且从目前研究党内法规制定技术的作者类型和发表作品的情况来看，党内法规制定技术的研究主要来自法学学者的转型研究。根据学者的观察，党内法规制定技术脱胎于立法技术，尽管有其独特性，从根本上而言，党内法规制定技术仍然是对立法技术的模仿和改造。[1]因而界定党内法规制定技术内涵与外延，将在很大程度上参考立法技术的成果和思路。当然，对相对成熟的党内法规制定技术的经验总结，对于党内法规制定技术研究的促进，仍然要起主导作用。基于上述认识，学者认为党内法规制定技术应包含 4 个方面的技术规范：语言技术规范、结构技术规范、活动技术规范和公文技术规范。[2]

前面两项容易理解，与地方立法的技术内容基本上是一致的。那么什么是活动技术规范呢？所谓活动技术规范，是指立法过程中的立法活动技术或称立法运筹技术，也就是从立法活动的纵向层面划分的贯穿立法活动全过程的所有技术规范，包括在立法准备阶段的预测、规划、决策、立项和起草，从法案到法阶段的提案、审议、表决、公布，以及完善阶段的解释、修改、清理、汇编、编纂、信息反馈等方面的技术规范。而所谓的公文技术规范则是指立法立规过程中制定法规文本之外的必要文件的技术规范，包括提请审议、审议、修改、废止、批准、公布、备案等立法立规过程中的有关文件形成的技术规范，从最狭义的制定技术规范的角度来看，公文技术规范应该是完成立法任务所需要的外围书面文件的制定技术规范。

前已述及，本书采用的制定技术规范是最狭窄意义上的概念。也就是说，它既排除了立法立规前准备阶段的技术规范，也排除了法规文本形成以后的修改、清理、解释等方面的"后文本"技术规范，同时也要排除形成外围公文的技术规范，而仅仅指向法规文本原初创立过程必须的"形成技术规范"。

---

〔1〕　参见管华：《党内法规制定技术规范论纲》，载《中国法学》2019 年第 6 期。
〔2〕　参见管华：《党内法规制定技术规范论纲》，载《中国法学》2019 年第 6 期。

于是，按此思路得到的最狭义的党内法规制定技术规范，同样包括结构技术规范和语言技术规范两部分，完全对应于前述狭义地方立法技术中的结构营造技术和语言表述技术。进而我们可以说，至少在形式内容上，党内法规制定技术与地方立法制定技术具有同样的内容要素。当然学者们也注意到，党内法规与地方性法规虽然在形式上具有某些共同的规范属性，但党内法规毕竟是中国共产党治国理政的独特工具，其制定技术规范妥当与否既要反映党作为法治建设的总设计师的优越地位，又要反映党内法规作为政治性、道德性管党治党规范的基本定位，因而党内法规制定技术规范是有其专属内容的。尽管如此，专属内容方面的独特性并不妨碍在形式上将党内法规制定技术与地方立法制定技术内容要素上的共同之处予以对应化处理，通过攫取党内法规和地方立法制定技术的最大公约数，将这种公约数限定于形式结构营造技术和规范语言表述技术，在此基础上予以比较互鉴，构成了探求其衔接协调之道的重要基础和恰当出发点。

根据党的十八届四中全会提出的治国靠宪法法律、治党靠党内法规这样一个总体要求，党内法规和国家法律法规之间存在统筹协调的需要。同时，通过对党内法规和地方立法制定技术进行比较研究，可以汲取两者各自的优点以相互促进和发展。因而，党内法规和地方立法之间的统筹技术规范，也应当是二者衔接协调机制的重要构成部分。那么，什么是统筹技术规范呢？所谓统筹技术规范，是指中国共产党作为法治建设的领导者，统筹协调国家立法和党内立规时所应当遵循的技术规范。[1]党不仅领导制定党内法规，党同时领导国家立法和地方立法，如何统筹这两种规范并实现合理分工，便成为中国特色社会主义法治建设不得不解决的重要且独特的问题。在这个意义上，统筹技术属于"立法决策技术"，即党如何在国家立法与党内法规之间进行选择、分配、协调的方法和技巧。由此可见，党内法规和地方立法的统筹技术，也应当成为必须认真对待的制定技术核心内容之一，但在本书最狭义党内法规和地方立法制定技术概念语境下，我们只能对之存而不论。

二、地方性法规与党内法规制定技术存在的问题与成因

如前已述，地方立法与党内法规共通的制定技术主要由结构营造技术规

---

〔1〕 参见管华：《党内法规制定技术规范论纲》，载《中国法学》2019 年第 6 期。

范和语言表述技术规范构成，通过对其内容各自细部构成存在的明显问题及其成因的分析，有助于深入揭示规范制定技术的复杂面相和融通基础。

（一）地方立法制定技术规范及其问题

1. 地方立法存在的结构技术问题及其成因

法律法规的形式结构又被称为规范的构造。对于法律的形式结构而言，就是法的构造，又称法的体例。按照一般理解，地方立法作为国家法律的一种类型，形式技术方面的基本要求是立法表达的准确性、简洁性、平易性和体例的统一性。为了达到这些目的，地方立法在形式结构方面需要满足两个方面的要求：第一，法规名称简洁准确，能够体现法规的适用范围，涵盖法规的主体内容、效力等级；第二，法规内容在形式上要结构合理，逻辑严密。〔1〕按照这两个方面的要求，可以对当前地方性法规形式结构方面的问题作一例示性检视：

第一，地方性法规的名称和题注方面存在的问题。地方立法部门在设计地方立法的形式结构时，一般都非常重视地方性法规的名称和题注的设计。首先是地方立法的名称，地方立法的名称并非任意命名，而必须遵循已定的命名规范。地方性法规的名称主要有条例、规定、决定、实施办法和细则，其中对某一方面的事项作出较为全面、系统和综合性规范的法规，应当使用"条例"这一名称，如《××省献血条例》；而对某一方面的事项做出部分或者专项规范的法规应当使用"规定"这一名称，如《××省人民代表大会常务委员会讨论决定重大事项的规定》；而关于批准和废止地方性法规，或者就某一具体事项做出的法规规范，则使用"决定"这一名称，如《××省人民代表大会常务委员会关于××省禁止猎捕陆生野生动物的决定》；而为了实施法律或者行政法规而制定的比较具体的、可操作性较强的实施性法规，则使用"实施办法"这一名称，如《××省中华人民共和国××法实施办法》；最后，对某事项、某项事物或者某种特定的行为准则做出的规范，则使用"规则"这一名称，如《××省人民代表大会议事规则》。从地方性法规的名称构成来看，法规名称一般由行政区划、法规内容和体例三部分组成，如《××省义务教育条例》，其中"××省"代表行政区划，"义务教育"则是法规内容，而"条例"则是法规的体例。其次，地方性法规的题注，它是置于地方性法规名称之下

---

〔1〕参见王能萍：《论地方立法技术——基于广东省设区的市地方性法规的分析》，载《法律方法》2018年第3期。

括号之内的反映法规等级和时效等内容的文字，一般地方立法都具有较为完整的题注。地方立法的题注是其形式结构的重要构成部分。地方性法规的题注部分，通常包括法规通过的时间、通过的机关、修改时间、修改机关等内容，各项内容之间一般以空格分开，不使用标点符号。从以上例示可见，地方性法规的名称和题注都有着丰富而规范的内容要素。

但是在地方立法的实践过程中，却出现了与其名称规范不相一致的现象。从学者统计分析广东省 2007 年以来通过的 30 部地方性法规的名称的情况来看，不管内容如何，这些法规全部以"条例"为名称。事实上，在国务院立法冠以"条例"的情况下，作为下位法的同类地方性法规冠以实施办法、实施细则或者其他名称更为合适。比如《汕尾市城市市容和环境卫生管理条例》和《肇庆市城区市容和环境卫生管理条例》，都是根据国务院《城市市容和环境卫生管理条例》制定的实施性地方法规。就此而言，将这些地方性法规命名为"实施办法"或"实施细则"，实际上是更为合理的。同时我们发现，当前地方性法规也存在题注结构要素不够健全的情况，但出现的频率相对较低。

第二，地方性法规中的篇章结构问题。篇章结构是地方立法形式结构方面的重要内容。许多地方性法规在篇章结构布局方面未能遵循立法法的精神，一味追求大而全，小而全，导致几乎所有地方性法规在篇章体例上都具有了近似法律的整全结构。我们知道，地方立法和国家立法存在一个明显的不同，就是地方性法规大部分是执行性立法，规范事项比较单一，操作空间有限，目标也比较单纯、明确，因而没有必要追求章节条款的大全式结构，而是应当立足于解决问题的需要，有什么问题就直截了当地解决什么问题，需要几条就立几条，这才应该是地方立法在篇章结构上的正当合理的追求。[1] 关于这一方面，有学者阐述了地方立法篇章结构的一个基本要求：在中央立法已经有比较健全的规范框架之下，作为层次较低的地方立法应该根据不同的法规形式——从名称看，表现为条例、实施办法、规定、规则等——来设计其篇章结构，即便面对地方立法体例的约束，也有其较多弹性空间，而不一定要遵循章节条款健全的大全式立法逻辑。[2]

---

〔1〕 参见赵立新：《地方立法技术存在不少亟需改进的地方》，载《人大研究》2020 年第 4 期。

〔2〕 参见王能萍：《论地方立法技术——基于广东省设区的市地方性法规的分析》，载《法律方法》2018 年第 3 期。

但在地方立法的实践过程中，我们却发现地方立法不但基本完全采用了"条例"这一名称，同时绝大多数地方立法也基本上采取了大而全、小而全的篇章结构形式。根据有些学者的统计，在广东省的地方立法中，除极少数外，法律条文普遍设置较多，体系庞大，大多数划分到了五章以上，甚至有的分成了六章，形式结构总体上比较健全，篇章条款设计上明显模仿中央立法，但事实上地方立法并不需要这种整全式的结构。结果就是，要填充完成这样一个健全的结构设计，必然就要设置大量的法规条款，这就十分容易造成与上级立法的重复——篇章结构与立法重复虽然是两个不同问题，但显然具有因果相关性；甚至可以说，地方立法追求形式结构的大而全、小而全，恰恰是造成其在内容上与上级立法重复的重要原因之一。

第三，地方立法结构形式方面存在的另一个明显不足，则是法律规则逻辑结构不健全的问题。法律规则的逻辑结构，一般认为是法的形式结构方面的问题，而不是内容结构的问题。原因在于，法学理论一般认为法律规则的逻辑结构由三部分构成，"行为模式"及其对应部分"法律后果"，以及连接行为模式和法律后果部分的"条件"或"假定"。于是法律规则逻辑结构的三个部分，形成一种具有逻辑关系的链条：假如某个主体违背了法律为他规定的行为模式，则他就应当承担法律后果部分所规定的法律责任；所以，行为模式是法律后果的逻辑前提，而法律后果是行为模式的必然结果。基于这样一种认识，法律规则的逻辑结构被认为纯粹是法律规范的内部结构形式问题，但其实不然。

为什么这么讲？根本的原因在于法律规范的逻辑结构如果从它所包含的内容的方面来看，行为模式的部分所规范的是社会主体的应然行为方向或者样态，而法律后果部分则是执法或者司法机关对违背行为模式的主体应当承担何种法律责任之后果的认定。这样，从内容的角度来看，这二者之间成立某种实质的"因果关系"：违反"行为模式"是因，科与法律责任是果；法律后果的设定，构成对行为模式内容的保障，没有对法律后果的设定，单纯规定法律主体的行为模式，往往起不到实际的效果。因而，法律后果的强制性，对于行为模式的实效和法律秩序的最终成立，就是一个不可缺少的制约条件。

这样，我们就可以从两个层面，对法律规范的逻辑结构设计的意义做出解析：一方面，从纯粹形式结构的角度来看，法律规范的逻辑结构的周延形式是包括行为模式、假定和法律后果的完善结构，缺一不可；行为模式和法律后果，可以规定在同一条法律条文或者同一部法律法规中，也可以规定于不同的法律法规中，但无论如何不可或缺，否则就会形成逻辑缺漏。另一方面，从实质的角度来看，如果禁止性条款或者义务性条款没有设置法律后果，那么这些条款就根本没有强制性，其实践效果将大打折扣，而或仅具宣示性意义，"法律就成为没有牙齿的条款"，徒具形式而已。[1]从以上论述可见，法律规则的逻辑结构必须是完整的，缺乏了法律后果的法律规则，它所造成的不仅仅是立法的形式或者逻辑形式上的缺陷，更是法的实质内容和效力的沦陷。由此看来，法律规范的逻辑结构不完善、不完整，不但构成了地方性法规实质效果不佳的直接原因，同时也是地方法规章节结构缺陷的重要构成原因。

地方性法规往往对总则更加倚重，导致总则的庞杂和拖沓；而分则或者具体条款的设置，则明显缺乏或者说比重过小，其中一个重要的原因是法律责任的设置存在空缺。从实质结构的角度来看，法律规范结构的不健全，恰恰是导致这种空缺的直接原因之一。可见，法律规范逻辑结构的不完善与地方性法规章节结构比重的失衡，亦然存在因果上的联系。

从当前已经完成的地方性法规来看，缺乏法律后果这一缺陷并不少见。比如《清远市饮用水源水质保护条例》第 9 条第 2 款，该法在总则部分对新闻媒体科以舆论监督的义务，但在后续的法条中却没有相应配套的奖励或者制裁措施，导致实践中难以操作而流于形式，法律规定沦为宣示性条款。再如《汕尾市城市市容和环境卫生管理条例》第 29 条，在市容管理部分规定井盖缺损时权属单位和养护管理单位的修复更换责任，但却欠缺了不履行责任时的处罚条款，导致相关规定难以落实。这两个例子都是法律规范逻辑结构不健全或者缺乏法律后果规定的实例，其不良效果可见一斑。

2. 地方立法存在的语言表述问题及其成因

地方立法作为国家法律的一个层面，是一种正式的国家制度体系，因而必须科学合理地使用规范的法律语言和法律概念。地方立法的语言表述应当遵循法律语言的一系列规则，而法律语言的一般要求是准确、规范、简洁、

---

〔1〕 参见王能萍：《论地方立法技术——基于广东省设区的市地方性法规的分析》，载《法律方法》2018 年第 3 期。

朴素。有的学者将法律语言的特点概括为准确肯定，严谨规范，简洁精炼，庄重严肃；[1]有的学者指出，"法律语言重在规范、严谨、准确、平和，不应引发歧义，也不宜带有感情色彩。"[2]可见对法律语言的基本要求是共通的。但如果审视一下 2015 年《立法法》修改以来产生的大量地方立法，就会发现这些地方立法在语言表述方面存在如下几个方面的明显问题：

第一个方面，是法律概念或者法律语词使用方面存在精确度不够、概念模糊或者语词误用的情形。比如《佛山市历史文化街区和历史建筑保护条例》第 46 条第 1 款的规定，"对因保护历史建筑而确需调整详细规划的，可以给予利害关系人开发权益奖励"。这里的"利害关系人"就是法律概念的误用。我们知道，这一语词在民法中有着特定的内涵，最高人民法院《关于贯彻执行〈中华人民共和国民法通则〉若干问题的意见（试行）》第 25 条明确"利害关系人"特指："（一）配偶；（二）父母、子女；（三）兄弟姐妹、祖父母、外祖父母、孙子女、外孙子女；（四）其他有民事权利义务关系的人"，而本条佛山市地方立法中的"利害关系人"，显然并非该概念的本来含义，而是指某种"利益关系关涉方"。地方立法中之所以出现这样的问题，与设区的市地方立法机关中立法人员的专业素质尚且不够高存在必然联系。

第二个方面，地方立法中存在一定程度的使用包括行政文件语言在内的大量非法律语言的现象。由于 2015 年《立法法》修改以前，我国绝大部分设区的市的地方政府，基本都依靠制定大量的行政规范性文件作为地方治理的直接依据。这种对规范性文件的惯性依赖，即便在获得地方立法权以后都很难消除，制作行政规范性文件的思维和语言仍然大量活跃在地方治理过程中，各级地方人大和政府普遍形成了使用规范性文件语言的习惯，而对法律概念和法律语言存在相当程度的隔膜和生疏。在获得地方立法权以后，各地基于政绩的需求而急速大量地制定地方性法规，同时地方立法人员的素质并没有得到相应的提高，特别是法律素质和法律素养不够，却对行政规范性文件的语言和行文方式比较习惯和擅长，于是导致在地方立法中出现大量移植行政规范性文件语言的现象，使得很多地方性法规的语言表述看起来更像规范性

---

〔1〕　参见王能萍：《论地方立法技术——基于广东省设区的市地方性法规的分析》，载《法律方法》2018 年第 3 期。

〔2〕　参见赵立新：《地方立法技术存在不少亟需改进的地方》，载《人大研究》2020 年第 4 期。

文件。这一现象的产生有其必然的原因和环境条件，短期内较难克服，有必要通过较高强度的业务培训和学习，取得较快的改进效果。

第三个方面，地方性法规对地方通俗语言或者词语的适度采纳将成为地方性法规的一个重要特征。地方立法的"地方性"，包括对地方经济社会环境的适应，对地方语言和社会惯习的采纳，是其获得实效和社会效益的重要特质。[1]原因就在于，地方性法规，特别是设区的市的地方性法规，一般只在相对较小的行政区域范围内发生效力，因而如何让该行政区域内的人民更简洁更方便地理解和接受法规的内容，成为立法者必须考虑的重要因素，这就导致相当数量的地方语言、地方语词，甚至地方俗语进入地方性法规。有学者就曾指出，随着地方立法地方性特色的显现，大量的文学化的、政治化的、口语化倾向的语言和语词，进入地方性法规，而这就必然会对法律的准确性和规范性形成冲击，影响到法的规范功能。[2]还有学者径直指出："从地方立法实践看，……有的法规文本中出现口语、俗语、简称，有的出现褒贬词语，有的把文件、政策用语未经转换，直接照搬到法条中，有的法规通篇是倡导性语言、口号式表述。就立法技术来说，以上问题带有一定普遍性，立法者对立法技术重视、研究不够是主要原因。"[3]比如《佛山市历史文化街区和历史建筑保护条例》第 53 条第 1 款规定：逾期不恢复原状或者不采取其他补救措施的，城乡规划主管部门可以指定有能力的单位代为恢复原状，或者采取其他补救措施，所需费用由违法者承担。在该规定中出现了"有能力的单位"这样一种极为口语化的表述，而且这样一种表述的含义也是非常模糊含混的。因为何为"有能力的单位"？这是一个非常难以界定的问题。法律中出现这样的规定，将使得执法部门无法做到明确清晰的执法。再如《韶关市烟花爆竹燃放安全管理条例》第 4 条中出现了打击非法经营、储存运输烟花爆竹行为的规定，"打击……行为"的表述，不是一种规范性的法律语言且容易引致"运动式执法"，不利于法律秩序的建构。当然，某些获得一致认可且内容清晰确定的地方性语言，进入地方性法规，则不仅是可以理解的，而且会

---

〔1〕 参见魏治勋、刘一泽：《地方立法的"地方性"》，载《南通大学学报（社会科学版）》2020 年第 6 期。

〔2〕 参见王能萍：《论地方立法技术——基于广东省设区的市地方性法规的分析》，载《法律方法》2018 年第 3 期。

〔3〕 赵立新：《地方立法技术存在不少亟需改进的地方》，载《人大研究》2020 年第 4 期。

起到意想不到的好的效果。比如"黑臭水体"这一表述就被吸收进入《汕尾市水环境保护条例》和《中山市水环境保护条例》，这一形象的表述不仅有利于对法规内容的理解，而且以喜闻乐见的形式获得了人民群众的认可，就对地方立法的效果起着很好的推动作用。但总体上，地方立法者应当规范对法律语言的使用，尤其是要重视对法言法语和法律专用术语的使用，做到严谨、严肃、严格，努力提高地方性法规的表述质量。

（二）党内法规制定技术规范及其问题

地方立法制定技术存在的诸多问题，在党内法规制定技术方面也不同程度地存在着。虽然目前国内研究党内法规制定技术的文献极少，但仍然有学者对党内法规制定技术方面的不足做出了比较全面的概括。[1]党内法规在制定技术方面的问题，主要表现为以下几个方面：

1. 党内法规的标题和题注结构不完整。主要表现是，经常出现未能包含制定机关的法规名称的现象，导致地方法规的等级从名称上不好做出区分。比如河南省委制定的《贯彻〈中国共产党巡视工作条例〉实施办法》，深圳市委制定的《党支部书记履行党建工作职责考核办法（试行）》，由于标题未能包含制定机关的要素，仅从标题上看很容易将其误认为是中央党内法规。同时，一部分党内法规还存在题注不完整的现象。前已提及，法律法规的题注通常置于法律名称之下的括号之内，主要要素包含制定机关、制定时间、公布形式、修改机关、修改时间、生效时间等重要信息。党内法规作为中国法治体系的重要构成部分，法规名称之下应当标注要素健全的题注。但从实际情况来看，有些党内法规虽然有题注，但却没有标注生效时间，或者没有标注制定机关等重要信息。

2. 党内法规责任和程序规范不足。不少党内法规在结构上缺少党规责任规定部分，使得严肃的党规条款容易在落实上遭遇障碍，规范实效受到影响；还有些党内法规，虽然义务权利规范比较完整，但由于缺乏程序性规定，义务权利的规定难以得到程序保障，法规实施的公开公正性也会被削弱。这些都是党内法规在结构营造方面存在的重要缺陷。

3. 语言表述不规范，存在概念不清、逻辑不严，表述冗余的现象。其一，

---

[1]　参见管华：《党内法规制定技术规范论纲》，载《中国法学》2019年第6期。

就概念不清的情况而言，比如《中国共产党支部工作条例（试行）》中的"三会一课"，就是一个内涵不够清晰的概念。《关于新形势下党内政治生活的若干准则》规定党员不准搞封建迷信，其中的"封建迷信"的内涵也缺乏清晰的界定。其二，党内法规的逻辑不严密，是指党内法规规定的内容存在逻辑上的不周延或者矛盾的现象。比如《中央企业领导人员管理规定》在2018年修改之后，增加了经营业绩的考核和党建工作责任制落实情况的考核，形成了综合、业绩、党建三个维度的考核。但"综合"在外延上显然包含了"业绩"和"党建"这两个方面，从而在逻辑上无法形成自洽的并列关系。其三，存在表述冗余。如《党组讨论和决定党员处分事项工作程序规定（试行）》第2条中的主语"党组（包含党组织性质党委，下同）"，其实仅仅使用"党组"即可，"下同"则是冗余的存在，可以删除掉。其四，某些党内法规语言偏重"写意"，擅用比喻等修辞手法，语言比较生动活泼，但也容易造成语义模糊、笼统和歧义等问题。[1]从长远看，党内法规作为执政党的严谨规范体系，将会越来越重视语言表述的严谨性和规范性，在表述风格上将会日趋接近法律的风格。

4. 存在党内法规与宪法法律或上位党规相抵触的现象。比如，《中国共产党纪律检查机关案件检查工作条例实施细则》第31、32条规定了暂扣封存的程序与核查及暂停支付的办法。该条例授权纪检调查组采取暂扣、封存、查核、暂停支付措施的条件是可以证明违纪或经县级以上（含县级纪检监察机关）负责人批准；而宪法规定公民合法的私有财产不受侵犯，该条党内法规的规定显然与宪法规定的合法性标准不相一致，甚至有学者认为这一规定违反了《中华人民共和国行政强制法》和《中华人民共和国商业银行法》。[2]但是，此一党规规范却迄今没有得到合理修改。

5. 存在党内法规与法律难以区分的现象。此种现象主要存在于党政联合发布的党内法规中。这种党政联合发布的党内法规，在名称上和内容上往往无法区别于行政法规，如《事业单位人事管理条例》和《行政执法类公务员管理规定》，前者是由国务院颁布的行政法规，而后者是中共中央办公厅和国

---

〔1〕 参见魏治勋：《党内法规特征的多元向度》，载《东方法学》2021年第1期。

〔2〕 参见王圭宇、王明瑞：《党内法规向国家法律转化之路径探析》，载《学习论坛》2018年第4期。

务院办公厅联合发布的党内法规。仅从名称和内容上看，我们很难将二者区分开来，从而容易造成事实上的认定困难。[1]

从党内法规制定技术存在的上述问题来看，党内法规制定技术存在的问题与地方立法技术存在的问题，大部分是重合的、共通的，当然具体内容有所不同。但由于党内制定法规的历史要比地方性立法长得多，特别是鉴于设区的市的地方立法只有短短9年多发展史，两相比较来看，党内法规制定技术总体上拥有更持久更成熟的经验，有不少方面值得地方立法汲取。但同时我们也注意到，地方立法特别是设区的市的地方立法，虽然经历时间较短，经验积累相对不足，但地方立法在制定过程中能够吸纳更多的专家人才参与，开放性更强，调研力度更大，程序性约束也更强，外部评估引入较多，这些都有助于强化地方立法的规范性和科学性。[2]因而从总体上看，地方立法进步的速度更快，积累了众多丰富有益的经验，特别是其在立法语言、立法程序、立法评估、立法技术等方面的规范性和严谨性，更值得党内法规借鉴汲取。概言之，党内法规和地方立法在制定技术上都存在一定程度的不足之处，而且这些不足之处大多具有相似性或者重合性；同时，二者在制定技术方面也都积累了较为丰富良好的经验，这就使得党内法规和地方立法之间的相互借鉴与衔接沟通成为可能。在推进依法治国、建设法治中国事业的进程中，二者的互鉴与衔接，也具备了紧迫的现实必要性，这是两种规范体系相互促进、相互支持、相互助长的有利契机。

三、地方性法规与党内法规衔接协调的制定技术规范

党内法规与地方立法具有衔接协调的必要性。之所以这样讲，首先是因为党内法规和地方立法都是我国社会主义法治体系的重要构成部分，对于推进地方治理具有特别重要的意义，党内法规作为广大党员的行为规范在社会秩序建构中具有特殊重要意义。其次，在党和政府领导地方法治事业建设过程中，还存在着一个党内法规与地方立法交叉运用的领域——监察委系统对党内法规和地方立法的统合与适用。当党员干部和国家机关工作人员因为违

---

〔1〕参见管华：《党内法规制定技术规范论纲》，载《中国法学》2019年第6期。

〔2〕参见白利寅：《实现地方立法科学化的创新机制研究》，载《云南大学学报（社会科学版）》2019年第1期。

规违纪受到监察委调查的时候，首先要从党内法规领域对其行为的违规性进行衡量和判断；一旦确定其存在违规违纪的行为并且有触犯法律之嫌，就会涉及党纪制裁向法律制裁过程的转换，在这一过程转换中，就有可能适用到地方性法规。如此党内法规与地方性法规就有了交叉、衔接的机会和空间。因而，对于领导地方治理事业和治党管党事业的地方党委政府而言，不能排除存在着同时适用党内法规和地方性法规的可能性。第三，党对地方经济社会发展和治理事业承担着领导职责，在这一过程中，地方党委的意志一般不能直接体现为地方性法规的条款形式，而必须通过地方人大党组将党委的意志和主张转换为地方立法者的立法意图，如此地方党委的治理举措，就可以顺利地体现在地方性法规的条款之中；地方人大党委在承担这一转换职责的过程中，其做法和程序既要符合党内法规的规范，又要符合地方立法的程序规范，这也是党内法规和地方立法发生交叉衔接关系的一个重要场域。由此可见，在我国的特殊国情条件下，要顺利达成法治中国的目标模式，就必须对包括地方立法在内的国家法律和党内法规同时予以重视，要特别注重解决党内法规和地方立法的交叉衔接问题，只有彻底解决了这一问题，地方治理和地方法治建设事业，才能具备和谐合理的规范体系基础。

从制定技术角度入手，可以对党内法规与地方性法规之间衔接与协调技术规范，做出如下梳理和阐述：

（一）党内法规与地方立法形式结构方面的制定技术规范

其一，关于名称结构技术规范。根据前面的考察，党内法规在名称与题注方面存在的问题远较地方性法规更加突出，更加严重。地方立法虽然存在一定数量的名称与题注结构不健全的问题，但总体上比较少见。在这方面，党内法规应当向地方立法学习借鉴，尽快完善其名称与题注结构方面的技术规范，严格按照技术规范设计党内法规的名称和题注。这方面的基本要求是：作为党内法规的标题，一般应包含制定机关、适用范围、法案的种类及位阶三个方面。特别是在制定机关或者适用范围上，何种党内法规可以冠以"中国共产党"，在实践中应该得到规范。按照学者的意见，只有党的全国代表大会、中央委员会、政治局和政治局常委会才能代表党的统一意志，制定的党内法规才能冠以"中国共产党"的名称。而如果中央制定的党内法规效力范围不限于党内，或者是党政联合发布的党内法规，其名称也不适合冠以"中国共产党"。而地方党委制定的党内法规的标题，则应反映其地域管辖范围，如《中共北京市委实施〈中国共产党问责条例〉办法》，就是一个显例。

其二，关于名称与题注的结构技术规范。从题注方面的结构来看，题注是法律法规标题之下的置于括号之中的一段用于标识法规制定机关、通过日期、公布日期或者修改机关、修改方式与修改时间构成的说明性文字。地方性法规的题注，总体上是比较健全的。但党内法规很多没有题注，比如《党政领导干部考核工作条例》；有的题注不够健全，比如有些党规题注只有通过日期而缺乏其他要素。党内法规制定条例明文规定，党规发布时，党内法规标题应当添加题注，载明制定机关、通过日期、发布日期等要素，可以说在标题和题注的结构方面，党内法规和地方性法规并无明显区别。对于地方立法者和党内法规制定者而言，只需严格按照法规标题与题注的结构技术规范认真予以实施，就可以避免既往的缺陷。

其三，关于篇章结构与章节比例的规范。前文已然述及地方性法规在篇章结构和章节比重方面存在明显的问题，并阐明了形成这些问题的根本原因。相比之下，党内法规的篇章结构与地方性法规存在一定的差别，这种差别主要是由党内法规中的某些法规形式所独有的篇章结构导致的；就绝大多数党内法规而言，其篇章结构与国家法律和地方立法并无根本差别，一般由总则、分则、附则等构成。但党内法规中的准则和党章的总则部分，则不具备一般党内法规和法律法规所具有的篇章结构形式，这是由其独有的功能和风格造成的：两部准则和党章总则在篇章结构上没有采取一般法律法规和党内法规所具有的篇章结构设计形式，也不采用条款式的形式进行表述，其根本原因正如学者所言，在于党章总则和党内政治生活准则作为一种思想性、政治性、道德性都很强的文件，不仅要规定党员应该遵守的行为准则，而且还要阐明党关于开展党内政治生活原则和立场，要讲明道理，而仅仅采用条款格式的规定，无法达到这样的政治效果。[1]因而其在篇章结构的设计上，一般都是段落式的结构，而且它自然也就不具备一般法律法规那样的规则逻辑结构。对此有学者指出，党章总则和两个准则以讲道理的段落形式展开叙述，更加便

---

〔1〕　参见管华：《党内法规制定技术规范论纲》，载《中国法学》2019 年第 6 期。

于阐释中共关于党内政治生活的基本原则和基本原理。[1]除了党章总则和两部准则，绝大部分党内法规的章节结构和规范条款设计形式与法律法规没有根本区别。地方立法基于其现实功用的考虑，不要求在篇章结构上具备整全的形式，篇幅较大的地方性法规，则仍然可以使用完整的篇章结构形式，而篇幅较小的则完全可以直接采用简单条款形式加以表述。

（二）党内法规与地方立法内容结构的制定技术规范

第一，"不抵触"与"不重复"原则。在法律法规制定过程中，不抵触与不重复原则分别是法律制定过程中的微观原则和宏观原则，二者共同构成地方立法技术的重要内容。其中不抵触原则，主要服务于维护国家法治统一的目标。我们虽然强调地方立法与地方治理应当体现地方特色，但却首先应当服从不抵触原则，在此基础上地方立法技术可以追求体现地方特色。良好的地方立法技术必须与上位法所使用的立法技术实现有机协调，这种协调的基础就在于避免下位法与上位法的抵触和矛盾，也要防止在同一问题的规定上地方性法规之间的相互冲突，从而使得地方性法规具有公信力、稳定性和可操作性，能够满足社会大众对于法律秩序的追求。毋庸讳言，不抵触原则也适用于处理下级党内法规和上级党内法规的关系。

在地方立法制定技术应用中，不抵触原则主要体现在以下几个方面：一是体现在法律结构的宏观安排上，在法律语言文字的表述方面，地方立法应与全国性立法保持一致；当全国性立法做出修改后，作为下位法的地方立法，应当据以做出适当的修改。二是对规范性语词的使用，应与全国立法保持一致。三是专业术语的定义应与全国性立法保持一致。四是应通过立法清理技术和法律修改技术，及时消除地方立法与上位法相冲突的部分，做到整个法律规范体系的上下等级之间和谐协调。

不重复原则的作用则主要体现于充分发挥地方性法规引领和保障地方经济社会发展功能方面。根据学者的划分，地方立法可以分为实施性、自主性、先行性三种类型。其中自主性立法地方性法规针对的是那些专属于地方性事务，国家立法通常不对相关事项进行调整，而由地方根据本地的实际需要制定

---

〔1〕 参见罗星：《中国共产党党内法规制定和修改的逻辑探析——以党内政治生活两部〈准则〉为视角的探讨》，载《学术探索》2020 年第 7 期。

地方性法规。[1]那么，在这些专属地方的领域之内，地方立法可以充分发挥因地制宜的原则，自主确定立法的规划和发展目标。即便对于实施性立法和先行性地方立法而言，也要充分照顾到本地经济社会的实际情况，作为制定地方性法规的基本依据。可以说，地方立法既然要引领和保障地方经济社会发展，就必须因地制宜，根据本地实际需要和发展情况，在地方立法中体现地方特色。

通过运用有效的宏观地方立法技术即遵循不重复原则的立法技术，就能够有效避免下位法对上位法的简单重复。这里的一个关键问题，是存在于同级地方立法之间的"平行立法"的重复性问题。对于这一问题，应当与上下位法之间的重复性予以适当区分。由于我国将地方立法权授予了包括各省市自治区和所有设区的市在内的众多立法主体，特别是设区的市之间，他们属于行政地位平行的立法主体，其制定出的地方性法规具有同等效力，但所制定地方性法规规范的事项却多数具有类同性，比如山东省潍坊市可以就峡山水库的管理问题制定地方性法规，而淄博市则可以就萌山水库的管理问题制定同类地方性法规，两个地方性法规的篇章结构和实质内容，基本上不会有太大差异，因而这种平行立法的重复性势所难免；但由于立法主体的平等地位，其中任何一个主体制定的同类法规都无法规范另一主体辖区范围内的同类事项，因而他们分别制定平行性的地方性法规，就具有了合理的理由。但由此产生的平行性法规的重复问题，却大量存在。[2]对于此类问题，应当在尽量体现地方特色的基础上，合理减少重复部分；必须重复的，也应当适当控制其规模。

不抵触与不重复的原则作为地方立法的基础性原则和重要的地方立法技术规范，对于党内法规的制定技术而言，具有重要的借鉴意义。但党内法规毕竟是不同于法律的独立的规范体系，它较少受制于地方性的约束，也不注重强调因地制宜原则；相较之下，党内法规在制定过程中会更加重视不抵触

---

〔1〕　参见魏治勋、汪潇：《论地方立法技术的内涵、功能及科学化路径——基于当前地方立法现状的分析》，载《云南大学学报（社会科学版）》2019年第1期。

〔2〕　对于"平行立法"这样一个非常重要的地方立法问题，国内研究文献很少，中国知网仅能检索到1篇文献即《广播电视应与新闻平行立法》。叶必丰曾提到过"平行立法主体"的共同立法问题，但并没有对平行立法本身进行探讨。参见伊勤、文非：《广播电视应与新闻平行立法》，载《中国有线电视》1999年第9期；叶必丰：《论地方人大的共同立法》，载《政治与法律》2021年第3期。

性原则，不重复原则虽在考虑之列，但对与党中央保持一致的政治原则的强调，使得其必要性和重要性要降低很多。

第二，文本实质结构规范。指的是法律法规或者党内法规文本内容的结构安排，一般应当具有如下要素：一是总则部分，主要包括立法宗旨、立法依据、适用范围、主管机关、立法原则等方面的内容；二是分则，分则一般要具体规定法律权利、法律义务和法律责任，有的法律文本还专门设置法律责任编，以突出法律的制裁、强化法律效力；三是法律的附则部分，一般要规定解释机关、解释方法、主要概念的含义等方面的内容。一部完善的法律文本应该具有整全的内容结构；但对于地方性法规而言，则另当别论。

一般来讲，省级地方性法规，应当具有较为完善的实质内容结构，而设区的市的地方性法规，则不必追求大而全、小而全的整全结构。但这方面的要求不适用于党内法规。前已述及，对于党内法规而言，也应该分别对待，对于两个准则而言，由于它是段落式的结构，不能以一般的内容结构规范去要求它。但是对于绝大部分的党内法规而言，在实质内容结构上应当对其有与法律相似的要求。

第三，规范逻辑结构技术规范。无论是党内法规的规范逻辑结构，还是地方性法规的规范逻辑结构，都应该以完善合理的设计为基本追求，即不但要设置行为模式，更要重视设置法律后果或违纪违规后果，从而健全周延的规范逻辑结构以展示立法者的意志和宗旨，对法律和党规党纪秩序设置双重保障，提升法规党纪的实践实施效果。是否具备完善合理的规范逻辑，是检验一部法律或者党内法规内在素质的一个重要指标。作为规范基本构成单元单位的要素，规范逻辑结构的各个构成部分健全与否，不但在形式意义上影响着法律法规的品质，而且在实质意义上影响着法律法规的拘束力。一旦法律规则缺乏法律后果的设置，势必影响到法律法规的效力。对于地方性法规和党内法规的规范逻辑结构技术而言，应当注意区分如下四个方面的情形：

（1）一般而言，无论是党内法规还是地方性法规，其绝大多数义务性规范、必为性规范和禁止性规范[1]都应当具有完备的逻辑结构，行为模式、法

---

[1]　关于义务性规范、必为性规范和禁止性规范的理论研究，请分别参阅山东人民出版社"法理文库"丛书的三部专著，分别是，周赟：《"应当"一词的法哲学研究》，山东人民出版社 2008 年版；钱锦宇：《法体系的规范性根基——基本必为性规范研究》，山东人民出版社 2011 年版；魏治勋：《禁止性法律规范的概念》，山东人民出版社 2008 年版。

律后果和假定三个要素缺一不可，缺少了其中的任何一个要素，规则都将是不完整的。

（2）对于某些类型的规范而言，则不必要求具备完善的逻辑结构。这又分为两种类型：一种类型是倡导性规范，它的作用在于倡导一种立法者主张或赞赏的行为模式和行为方向，但不具有强制性，即便行为主体不按照这样的行为模式和行为方向行为，也不产生违法或者违规的法律后果。就此而言，设置法律后果或者违规后果，对于这类规范不具有必要性，一般在逻辑结构上只具备行为模式部分。另一种类型是对于地方性法规或者党内法规禁止的行为模式，则可以省略行为模式部分，而只对符合法律后果设定的行为类型，予以法律或者党规党纪的制裁。

（3）第三种情形则是针对党内法规中的准则而言，党内法规中的准则大都缺乏对具体行为模式的规定，也缺乏对行为违反规范后果的制裁规定。因为这一类型的党内法规偏重政治性和道德性的宣教和说理，故此不能以一般性的规范逻辑结构去苛求此种党内法规。

（4）还有一种情形是对于党内法规和地方性法规中的原则而言，原则一般表述的内容是法的目的或者价值，这种目的或价值对于行为主体的行为方向和司法者的判决方向都具有指导性和限制性，但原则却不具备一般法律规范所应有的规范逻辑结构。可见完善合理的规范逻辑结构，只能针对地方性法规和党内法规中的绝大多数强制性规范而言，对于某些具有特殊性的规范类型，则不必要求具有完备的规范逻辑结构。

（三）制定党内法规与地方立法的语言技术规范

1. 立法语言的一般要求。关于立法语言的一般特点，边沁在他的《立法理论》中认为，"如果说法典的风格与其他著作的风格有什么不同的话，那就是具有更大的清晰性、更大的精确性、更大的常见性。因为它写出来就是让所有人都理解，尤其是让最低文化水平阶层的人理解。"[1]法律语言有其自身特殊的要求，包括准确肯定、严谨规范、简洁精炼、庄重严肃。学者指出，立法语言从法律制定技术的角度来看，应当具有下述特点：其一，立法中使用的词语和句式要尽量做到统一规范，尽量做到格式化、标准化。立法中有

────────────

〔1〕 ［英］吉米·边沁：《立法理论》，李贵方等译，中国人民公安大学出版社2004年版，第191页。

一些语词的固定搭配，经过实践检验确实是严谨周密的，就应当在以后的立法中一直沿用下去，这样既可减轻立法工作者的负担，又可以确保准确严谨，而且是非常有用且易于实施的。其二，避免使用带有感情色彩的词语，这些词语与法律严谨的风格是格格不入的。其三，对同一对象，应当使用同一概念表述。虽然同一概念反复使用给人枯燥无味之感，但为了防止人们在理解上出现偏差，反复使用同一概念是必要的，并且同一概念表述的意思也必须是一样的，不能存在明显区别。其四，在必要的时候，对于例外情况可以做出特别规定。在立法中常常会遇到一些例外情况，与一般情况下的规定不同，特殊情况下需要做出特殊处理，在起草法规时一定要注意把例外情况排除，或者是区分各种情况分别予以规定。[1]这些都是从立法工作实践中总结出的经验和技术，对于地方性法规和准则之外的党内法规亦能适用。

2. 立法立规中模糊语言的采用，应当坚持科学对待的原则并做出合理处理。科学对待的原则主要有：首先，在不同的法律规则中，采用不同的模糊性和精确性的比重标准。相对来说，下位法的精确性要求高于上位法，而特别法相对于一般法而言，语言应该更为精确；其次，在同一部法律规则内部，总则部分的模糊性和原则性较强，以便为司法自由裁量权留下必要的空间，分则的规定应该尽量精确，简单明确的权利义务规则应避免采用模糊语言；最后，模糊语言不等于口号式语言或无效语言，模糊语言存在的目的是为增加法律法规的弹性，而非使法律的存在变得毫无意义。[2]如果说模糊语言是立法者特殊情形下必须主动选择的一种正当语言形式，歧义语言则应当被看作是立法语言运用的失败。作为规范性语言，法律法规必须用语准确，以避免产生意义的分歧与误解。基于此，立法者应该通过各种可能的途径，减少立法语言的歧义，以促进规范的统一理解，方法包括：第一，细化规则运行的条件；第二，在应当精确立法的规范中排除模糊用语的使用；第三，采用规范的专业术语。[3]

---

〔1〕 参见冯衷冰：《当前地方立法技术存在的问题及几点建议》，载《当代法学论坛》2009 年第3 辑。

〔2〕 参见王霞、陈阵香：《〈劳动合同法〉立法技术缺陷及完善》，载《湘潭大学学报（哲学社会科学版）》2014 年第 4 期。

〔3〕 参见王霞、陈阵香：《〈劳动合同法〉立法技术缺陷及完善》，载《湘潭大学学报（哲学社会科学版）》2014 年第 4 期。

3. 法律法规规范词的运用技术。法律规范词是法律语言中最具基础性的核心要素。一般来说，整个法律体系是由法律概念、法律规则与法律原则三大要素构成的，其中"法律规则是法律制度的'基本粒子'。法律规则的概念是法学一般理论的'关键概念'，同样也是'法'、'效力'、'权利'或'正义'的关键概念。"[1] 因为，法律规则在法律文本中是承载着规划权利与义务范畴、提供行为指引、指明法律后果等一系列基本功能的基础性法律要素，是整个法律体系的核心构成性要素。正因如此，以哈特为代表的实证主义法学家才将法律视为一个"规则体系"。[2] 而法律规则得以发挥其规范性功能，依靠的则是"不得""应当""可以""禁止"等法律规范词的指向与规约，也即法律依然是要借助并通过规范词引领的"道义模态"来实现其规范人类行为的功能。透过"应当""不得""可以""必须"等法律规范词，法律规则的规范性指向才得以表达和确定。所以，"当我们在规范实证的意义上谈论'不得'或者'应当'、'可以'、'必须'这些规范词时，我们实际上是在谈论以这些规范词为标志的整个法律规范类型的内涵：不得做某事、应当做某事、可以做某事、必须做某事。"[3] 不同的法律规范词指向不同类型的法律规范："不得"与"禁止""严禁"指向禁止性法律规范；"应当"与"必须"指向义务性法律规范；而"可以"则指向授权性法律规范。关于法律规范词的运用，重点应当注意以下几个方面：

第一，"是"是重要的法律规范词，对于法律行为类型的界定起着基础性作用。一般的研究文献很少注意到"是"也是法律规范词的重要一员，与"应当""可以""不得""必须"一样都是起着规范法律行为模式作用的法律规范词。在法律中"是"一般是作为定义性规范词来使用的。我们知道，对于重要的法律概念，法律法规条文中往往需要对之做出准确的界定。比如知识产权法就会对商标权、传播权等重要法律概念做出界定。在界定法律概念时，一般会采取"商标权是指……""传播权是指……"这样的表述方式，这里的"是"就构成了定义商标权、传播权等重要法律概念的规范词。当然，由于地方性法规多数是对上位法具体化的执行性立法，一般鲜有界定法律概

---

〔1〕 参见［德］伯恩·魏德士：《法理学》，丁晓春、吴越译，法律出版社 2013 年版，第 48 页。

〔2〕 参见［英］哈特：《法律的概念》，许家馨、李冠宜译，法律出版社 2018 年版，第 77 页。

〔3〕 参见［美］布赖恩·比斯克：《法律、语言与法律的确定性》，邱昭继译，法律出版社 2007 年版，第 224 页。

念的机会，但在地方性法规中的一类特殊立法中，也就是在探索性立法中，则有可能对某些先于国家法形成的法律概念界定。此时，就有可能要用到定义性规范词，如果缺乏谨慎使用规范词的意识，则对法律概念的界定往往会流于随意，这是地方立法者需要特别注意的。党内法规当中也会用到"是"这一规范词，但由于党内法规的学科专业性相对较弱，对规范词"是"的运用机会较少，但一旦使用，则应当追求对相关概念的准确合理界定，以达到强化规范目的的效果。

第二，对"一词多义"或者"一义多词"类型的法律规范词应当谨慎合理运用。具有此类特征的规范词主要有：首先是"应当"，一般被认为是义务性规范词，但"应当"其实在法律规范中具有不同的含义。比如，在婚姻法中规定家庭成员应当相互尊重，应当尊老爱幼，夫妻之间应当相互尊重等，这里的"应当"一般仅仅具有倡导性的意味，而非赋予强制性义务，这与具有强制性义务内涵的大多数规范中所使用的"应当"自然有所不同。其次是禁止性规范词，"不得""禁止""严禁"这三个禁止性规范词被认为具有相同的意义，但实际规范效果存在一定差异。一般说来，当以"不得"作为禁止性规范词使用时，规范条款的主语是被规范对象即自然人、法人和社会组织，国家机关做主语时一般使用"禁止"和"严禁"作为规范词，此时规范条款的主语则往往空缺，它所隐含的实际主语当然是"国家"或者"法律/法规"。[1]正是在此意义上，国家和法律具有同等意涵。同时还应注意，"严禁"并不比"禁止"更严厉或代表更为严重的法律后果，而是具有完全同等的含义。就此而言，"严禁"是一个不太规范的规范词，应当尽量减少使用。当然，在党内法规中使用"禁止"和"严禁"，则可能会产生不同的规范效果，原因在于党内法规是具有高度政治性和道德性的规范体系，党内法规使用严禁作为规范词，有可能包含比使用"禁止"更加强烈的政治和道德意味。这是法律规范词和党规规范词相区别的一个重要方面。

第三，应注意区分使用"应当"和"必须"这两个容易混淆的义务性规范词。前已述及，"应当"作为义务性规范的规范词，既具有道德提倡的意义，也具有赋予强制性义务的表征，这就有可能导致社会大众在对"应当"

---

〔1〕　参见魏治勋、陈磊：《法律规范词的语义与法律的规范性指向——以"不得"语词的考察为例》，载《理论探索》2014年第3期。

含义的理解上发生分歧。为了避免这种分歧的产生，最好区分使用"应当"和"必须"：对于一般的提倡性义务和其他非强制性义务，应尽量使用"应当"引导；而对于那种强制性的"必为性义务"，则尽量使用"必须"引导。[1]这样做一方面避免了规范含义的混淆，另一方面也可以提高立法立规语言表述的质量，有利于更好的法律秩序的达成。这样一种对规范词的区分性使用方式，对于党内法规也具有很强的借鉴意义。

关于地方立法和党内法规语言表述方面的技术规范，除了上述两个方面之外，还涉及词法问题、语法问题、语句逻辑问题，这些都是非常重要的有关法律法规和党内法规语言表述方面的重要技术规范，极大地影响着相关法律法规的制定质量，是立法立规者必须予以注意的重要技术规范。但基于这几个方面的技术规范与一般文本中的语法规范并无实质区别，在此不作赘述。

本章小结

党内法规和地方性法规，都是我国社会主义法治体系的重要构成部分，梳理和澄清其制定技术的内涵、特色和差异，对于促进二者的衔接和协调具有重要的制度性价值，从长远看，这也将是一项重要的制度建设任务。除此之外，如学者指出，它还具有两个方面的重要意义，有了党内法规和地方立法制定技术规范，就可以为立法立规工作人员是否履职尽责找到客观明确的衡量标准，通过客观的标准，一方面能够为法律法规的起草提供较为清晰的指引，提升规则的质量；另一方面能够为人们判断某一部法律法规的质量提供客观的标准，特定的党内法规是否符合明确性、规范性的要求，是否与上位规范相协调，就能够比较直观地判定，从而促使法律法规制定者主动提升立法质量。[2]可见，梳理和澄清党内法规和地方性法规制定技术规范，对于提高立法立规质量具有构成性意义，对于二者的衔接和协调具有重要的技术指导作用，对于最终建成完备和谐的社会主义法治体系和完善的治理体系，尤其对于地方立法和地方治理事业的精细化推进，都具有重要理论意义和实

---

〔1〕　参见钱锦宇：《法体系的规范性根基——基本必为性规范研究》，山东人民出版社 2011 年版。

〔2〕　参见秦前红、周航：《通过制定技术规范完善党内法规的路径分析》，载《吉首大学学报（社会科学版）》2019 年第 6 期。

践价值。党内法规与地方立法的制定技术衔接协调，党的领导至关重要，"中国共产党作为领导中国特色社会主义建设事业的核心力量，充分发挥了领导者、设计者和推动者的角色，是中国法治建设获得不断进步的根本依赖。"[1]因而，在党的统一领导下，充分发挥专业立法立规人员的积极性，不断提高立法立规质量，则党内法规与地方立法充分衔接协调的理想境界，非常值得期待。

---

〔1〕 魏治勋：《百年法治进程的基本逻辑与执政党角色——纪念中国共产党成立100周年和"依法治国"方略提出24周年》，载《法学论坛》2021年第1期。

地方人大审查司法机关规范性文件的
制度研究[*]

【本章内容提要】虽然《中华人民共和国各级人民代表大会常务委员会监督法》（以下简称《监督法》）没有明确规定地方司法机关制定的规范性文件应纳入备案审查的范围，但鉴于这部分规范性文件在司法实务工作中发挥了实际的指导效果，因而十分有必要将之纳入地方人大常委会审查的范围，这既是人大充分行使自身监督职权的需要，也是为了满足加强地方司法工作监督、促进司法公正的现实需求。本章结合 2014 年与 2015 年山东省五个设区的市的"两院"接收省人民法院（以下均改为"省高院"）以及向基层院制发有关文件的情况，认为对地方人民法院、人民检察院的规范性文件备案审查的重要性决定了对其备案审查有着重要意义。在梳理我国规范性文件备案审查制度的历史发展与法律架构的基础上，本章分析了地方司法机关规范性文件是否属于地方人大常委会备案审查的范围问题。在明确地方司法机关规范性文件应被纳入审查范围之后，本章提出了地方性法规关于地方人民法院、地方人民检察院规范性文件备案审查的三种类型即未明确纳入型、明确纳入型、不备案但审查型，并以地方法院制定指导审判工作的规范性文件为

---

　　* 注：各地方尤其是省级规范性文件备案审查工作条例主要于 2020—2022 年之间进行了全面修订，明确将地方司法机关规范性文件纳入到地方人大常委会的备案审查范围并规定了相应的配套制度，本章大部分内容完成于各地的地方性法规修改之前，对于推动相关备案审查制度的形成供给了智识资源，起到了重要的推动作用。从回顾性的视角来看，在地方性法规修订前对地方人大常委会审查司法机关规范性文件的制度分析能够帮助我们了解制度形成的历史脉络、价值导向及发展趋势。此外，《立法法》《监督法》作为全国性立法，尚没有明确规定地方司法机关制定的规范性文件应纳入备案审查的范围，在单一制的国家政权组织模式下，对地方人大审查司法机关规范性文件的制度分析也能对国家层面相关制度的完善有所助益。

例，提出了地方人大常委会审查司法机关规范性文件的制度设想。

引言：地方司法机关规范性文件的审查需求与理论争议

世有良法才有法治。一个不公正的立法比一次不公正的司法危害尤烈，因为立法具有普遍效力，而判决仅具有个案效力。一个不公正的规范性文件同样具有巨大的危害，因为规范性文件制定主体众多、数量庞大，涉及领域广泛，其产生的问题也具有扩散性。尽管《监督法》设专章规定了规范性文件备案审查制度，但是，依然存在不少违反法律法规的规范性文件。党的十八届三中全会提出："完善规范性文件、重大决策合法性审查机制。健全法规、规章、规范性文件备案审查制度。"[1]十八届四中全会要求："加强备案审查制度和能力建设，把所有规范性文件纳入备案审查范围，依法撤销和纠正违宪违法的规范性文件，禁止地方制发带有立法性质的文件。"[2]党的二十大更是强调："坚持法治国家、法治政府、法治社会一体建设，全面推进科学立法、严格执法、公正司法、全民守法，全面推进国家各方面工作法治化。"[3]完善规范性文件备案审查制度，确保法制统一，从而更好地维护中国特色社会主义法治体系的权威性，这成为法治建设下一步的重要任务。

长期以来，地方人民法院、人民检察院，尤其是省高级人民法院（以下简称"省高院"）、省人民检察院（以下简称"省检察院"）制定了一些指导审判、检察工作的规范性文件。以山东省为例，2016年5月下旬至6月中旬，山东省人大常委会法工委备案审查处派员赴青岛、烟台、威海、济宁、聊城等五个设区的市就地方"两院"制发有关审判、检察工作等业务指导性文件的情况以及对此类文件如何进行监督等问题进行调研座谈，对2014年与2015年山东省五个设区的市的"两院"接收省高院以及向基层院制发有关文件的情况进行调研，得出题为《赴青岛、烟台、威海、济宁、聊城等市调研"两院"业务指导性文件有关情况》的书面报告（以下简称"调研报告"），该报告显示：

1. 青岛市法院2014年度接收省高院制发的有关文件4件，2015年度接收

---

〔1〕 《中共中央关于全面深化改革若干重大问题的决定》，人民出版社2013年版。

〔2〕 《中共中央关于全面推进依法治国若干重大问题的决定》，人民出版社2014年版。

〔3〕 习近平：《高举中国特色社会主义伟大旗帜 为全面建设社会主义现代化国家而团结奋斗——在中国共产党第二十次全国代表大会上的报告》，人民出版社2022年版，第40页。

8 件；向基层法院 2014 年度下发有关文件 8 件，2015 年度下发 2 件。青岛市检察院 2014、2015 年度接收省检察院制发的有关文件共 30 件，向基层检察院下发有关文件共 20 件。青岛海事法院 2014 年度接收省高院制发的有关文件 6 件，2015 年度接收 4 件；2014 年度向基层法院下发有关文件 12 件，2015 年度下发 7 件。2. 烟台市法院 2014 年度接收省高院制发的有关文件 12 件，2015 年度接收 9 件；2014 年度向基层法院下发的有关文件 11 件，2015 年度下发 11 件。烟台市检察院 2014 年度接收省检察院制发的有关文件 7 件，2015 年度接收 6 件；2014 年度向基层检察院下发有关文件 5 件，2015 年度下发 2 件。3. 威海市法院 2014 年度接收省高院制发的有关文件 6 件，2015 年度接收 2 件；2014 年度向基层法院下发的有关文件无，2015 年度下发 2 件。威海市检察院未提供有关材料。4. 济宁市法院 2014 年度接收省高院制发的有关文件 12 件，2015 年度接收 11 件；2014 年度向基层法院下发有关文件 9 件，2015 年度下发 5 件。济宁市检察院 2014 年度接收省检察院制发的有关文件 14 件，2015 年度接收 13 件；2014 年度向基层检察院下发有关文件 6 件，2015 年度下发 3 件。5. 聊城市法院 2014 年度接收省高院制发的有关文件 7 件，2015 年度 5 件；2014 年度向基层法院下发有关文件 6 件，2015 年度无。聊城市检察院 2014 年度接收省检察院制发的有关文件 15 件，2015 年度接收 12 件；2014 年度向基层检察院下发的有关文件 9 件，2015 年度下发 4 件。

综合五个市的情况，据不完全统计，省高院 2014 年度向下级法院制发有关文件 47 件，2015 年度制发 39 件；省检察院 2014、2015 年度向下级检察院制发有关文件共 97 件。

通过以上统计数据可以发现，此类规范性文件在指导地方人民法院、人民检察院审判、检察工作方面发挥了重要的指导作用，这符合我国法制建设初期立法比较粗放、原则的国情，有利于裁判尺度的统一。但是，地方人民法院和地方人民检察院制定规范性文件存在以下问题：一是制定此类文件缺乏明确的法律依据；二是有的文件内容与法律法规相抵触；三是有的文件制定过程不公开透明；四是对这些文件缺乏有效的监督。[1]由于《监督法》没有明确规定地方人民法院和地方人民检察院制定的规范性文件应纳入备案审

---

〔1〕　参见乔晓阳主编：《〈中华人民共和国立法法〉导读与释义》，中国民主法制出版社 2015 年版，第 324 页。

查的范围，各省地方人大及其常委会制定的《〈监督法〉实施办法》或者《备案审查办法》的规定不一，有的未将这类规范性文件纳入备案审查范围，有的将之纳入备案审查范围。这就在实践中带来一些难题，不利于法制统一。党的十八届四中全会提出禁止地方制发带有立法性质的文件为理解这类规范性文件的备案审查问题指出了大方向，2015 年修改的《立法法》禁止最高人民法院、最高人民检察院之外的法院和检察院作出具体应用法律的解释，这为这类规范性文件的备案审查问题进一步明确了方向。

可以确定，地方人民法院、地方人民检察院没有权力制定立法性质的、司法解释性质的规范性文件。但是，它们有无权力制定非立法性质的、非司法解释性质的规范性文件呢？2006 年的《监督法》没有明确规定这类规范性文件需要备案审查。但是，如果不进行备案审查，是否会出现表面上非立法性质、非司法解释性质但实质上具有立法性质或者司法解释性质的规范性文件呢？不经备案审查，如何确定它是非立法性、非司法性呢？如果进行备案审查，是否侵犯了人民法院独立行使审判权的宪法规定？如果不进行备案审查，是否违反了人民法院由各级人大产生、向同级人大负责的宪法规定？所有这些问题都值得进行深入研究和思考。

由此，能否依法对地方人民法院、人民检察院的规范性文件进行备案审查就显得十分重要，对此问题有着截然不同的对立意见。反对对"两院"规范性文件进行审查的理由主要有：第一，地方人大及其常委会对"一府两院"的监督不是个案监督，而法院、检察院所颁布的规范性文件多数属于具体的司法个案内容；第二，法院的独立审判、检察院的独立检察是我国基本的司法原则，所以具有明显的排他性。如果法律赋予地方人大对法院和检察院颁布的规范性文件进行审查的权力，就违反了这一原则。而支持对"两院"规范性文件进行审查的理由，主要是从法律监督作为人大职权的应有之义来理解的，地方人大及其常委会在本行政区域内负有"保证宪法、法律、行政法规和上级人民代表大会及其常务委员会决议的遵守和执行"的义务和职责。[1]在"调研报告"中，山东省五个设区的市及部分区县"两院"的同志普遍认为，"两院"系统制发的业务指导性文件内容大多涉及审判和检察工作，是为执行司

---

[1] 参见刘家华：《地方人大能否审查"两院"规范性文件》，载《检察日报》2005 年 5 月 9 日第 6 版。

法解释和司法文件而制定的更为具体的意见，与公民法人企业的权利义务关系密切相关，目前这些文件数量多、内容涉及面广、标准不统一，容易产生与上位法不相一致的情形或者其他缺陷，对这类文件应该进行监督。同时地方"两院"由地方人大产生，向人大报告工作，接受人大监督，有关业务指导性文件接受人大监督是应有之义。部分市法院领导在座谈中谈到，人大对"两院"制发的文件进行监督是宪法赋予人大的崇高权力和职责，对"两院"的有关文件进行备案审查，既是一种监督和制约，也是一种规范和促进，是司法改革在法治轨道上顺利前进的有力保障，既于法有据，也符合工作实际。有学者指出，虽然我国目前法律体系并未对地方司法文件的审查作出规定，但是立法审查可以被理解为是立法监督权的行使，而对于地方文件的立法审查而言，则属于地方司法机关主动或被动接受监督的行为。[1]总体上看，目前对地方人民法院、人民检察院的规范性文件主张进行备案审查已经成为理论界和实务界的重要共识。

对地方人民法院、地方人民检察院的规范性文件备案审查的重要性决定了这一研究具有重大的理论意义和实践意义。第一，它有利于理清人民法院独立行使审判权、人民检察院独立行使检察权与它们由人大产生、向人大负责之间的关系，为人大主导立法、加强监督和新一轮司法改革解决前提性问题。第二，它有利于完善我国备案审查制度，撤销或纠正违法或者不当的规范性文件，确保法制统一，真正实现依法治国而不是依文件治国。第三，它有利于司法机关依法独立行使审判权和检察权，落实以审判为中心的司法制度，倒逼地方人民法院、人民检察院通过审判、检察实现司法公正、司法统一，摒弃传统的发布规范性文件的方式。

一、我国规范性文件备案审查制度的历史发展与法律架构

要解决地方人民法院、地方人民检察院指导审判、检察工作的规范性文件是否属于地方人大常委会备案审查的范围问题，首先应当理解我国规范性文件备案审查的历史发展和法律架构。规范性文件备案审查制度的建立和发展是监督立法的必然要求，是我国从人治社会向法治社会转变的重要标志。

---

〔1〕　参见张玉洁：《规范性文件立法审查制度的实践反思与规则修正》，载《现代法学》2021 年第 6 期。

1982 年《宪法》首次确立了我国统一分层次的立法体制，形成了以宪法为核心包括法律、行政法规、地方性法规、自治条例和单行条例、规章在内的多层次的法律规范体系。由于不同层次立法之间存在不一致、矛盾或者抵触的情形，为了维护社会主义法制统一，加强对立法的监督，1982 年《宪法》规定了报送备案和改变或者撤销的监督权力。但是，由于历史积累不足和立法经验相对欠缺，宪法只进行了原则性的规定，对于如何进行备案、以什么形式进行监督，尚没有形成完善的制度。2000 年制定的《立法法》是备案审查制度发展史上的里程碑，它细化和发展了宪法的规定，设专章对备案审查制度作了具体明确的规定。2006 年的《监督法》进一步完善了规范性文件备案审查制度。《地方组织法》对地方人大及其常委会以及地方政府及其部门的备案审查也做了相应规定。这就形成了以《宪法》为基础与以《立法法》、《监督法》和《地方组织法》为配套的备案审查制度。

（一）规范性文件的范围

从规范性文件备案审查的范围来看，《立法法》、《监督法》和《地方组织法》这三部法律有明显的分工。《立法法》规定的备案审查的范围主要是行政法规、地方性法规、自治条例和单行条例、规章；《监督法》调整的是这些法规以外的规范性文件，包括地方各级人大及其常委会通过的决议、决定和地方各级人民政府发布的决定、命令；《地方组织法》不仅规定了地方各级人大及其常委会的备案审查，还规定了本级政府对所属部门不适当的命令、指示和下级政府不适当的决定、命令的撤销和改变权。大体上说，《立法法》规定的备案审查的范围属于我国正式的法律渊源，后两者规定的备案审查的范围不属于正式的法律渊源。但综合来看，虽然各类规范性文件纷繁复杂，千差万别，形式也各不相同。但各类规范性文件有着共同的性质和特征："（1）是由有权的国家机关包括权力机关、行政机关、司法机关和具有行政管理职能的事业单位及其他组织制定的调整人们社会活动的行为规范；（2）规范性文件须以书面形式或成文形式来表现；（3）涉及公民、法人和组织的权利和义务；（4）是一种在所辖区域内具有普遍约束力的行为规则，其规范对象是不特定的人；（5）可以反复适用，而非一次性适用。"[1]从人民代表大会制度来看，

---

[1] 周松玉、王雅琴：《地方人大规范性文件备案审查的现实困境与制度完善》，载《人大研究》2016 年第 9 期。

人大常委会可以对政府的规范性文件进行备案审查，无权对政府部门的规范性文件进行备案审查。政府对其所属部门及下级政府的规范性文件进行备案审查。这一制度安排既体现了政府对人大负责的要求，也反映了人大不直接干涉行政的要求。

　　规范性文件的范围还可以参考 1999 年《中华人民共和国行政复议法》（以下简称《行政复议法》）和 2014 年修改的《中华人民共和国行政诉讼法》（以下简称《行政诉讼法》），这两部法律分别规定了行政复议规范性文件附带审查和行政诉讼规范性文件附带审查。2023 年修订后的《行政复议法》第 13 条列举了四类可以附带审查的"规定"，包括："（一）国务院部门的规范性文件；（二）县级以上地方各级人民政府及其工作部门的规范性文件；（三）乡、镇人民政府的规范性文件；（四）法律、法规、规章授权的组织的规范性文件。"第 13 条还明确将规章排除在附带审查之外，规章的审查依照法律、行政法规办理。2017 年修正后的《行政诉讼法》增加了规范性文件附带审查，第 53 条规定，"公民、法人或者其他组织认为行政行为所依据的国务院部门和地方人民政府及其部门制定的规范性文件不合法，在对行政行为提起诉讼时，可以一并请求对该规范性文件进行审查。前款规定的规范性文件不含规章。"这两部法律使用的"规范性文件"一词指行政规范性文件，其制定主体既包括各级政府（国务院除外）也包括政府部门。对这类行政规范性文件的审查，除了上述行政复议与行政诉讼中事后性质的附带审查以外，还有事前性质的合法性审查，具体来说可以分为"集中式审查机构"与"分散式审查机构"。对此有学者指出，"采取集中式审查模式的地方一般由政府法制机构统一审查，也就是由本级政府法制机构对本级政府及其政府部门制定的行政规范性文件统一进行事前合法性审查……采取分散式审查模式的地方一般由政府法制机构及其工作部门法制机构分散审查"。[1] 对于这类规范性文件的审查标准，国务院颁布的《规章制定程序条例》作了列举规定，主要包括是否与上位法抵触、是否保障了合法权益、是否做到了权责统一、是否符合立法技术要求等标准。

　　综上，规范性文件可以区分为狭义的和广义的规范性文件。《行政复议法》和《行政诉讼法》所提及的可以附带审查的规范性文件的范围是狭义的，

---

　　〔1〕　刘权：《论行政规范性文件的事前合法性审查》，载《江苏社会科学》2014 年第 2 期。

指规章以外的规范性文件。行政法学界一般称之为其他抽象行政行为，以区分于制定行政法规和规章的行政立法行为。广义的规范性文件则包括两类：一类是行政法规、地方性法规、自治条例和单行条例、规章，另一类是上述文件以外其他国家机关制定的决议、决定、命令和司法解释等。第二类规范性文件不是我国法的渊源，但是它们都是普遍适用的，涉及公民、法人和其他组织的权利义务。[1] 普遍适用和涉及公民、法人和其他组织的权利义务可以作为规范性文件的两大特征。

应当注意，上述五部法律规定的规范性文件范围均不涉及地方人民法院、人民检察院指导审判、检察工作的规范性文件。《监督法》和《立法法》将最高人民法院和最高人民检察院的司法解释纳入备案审查范围，但不包括地方人民法院、人民检察院指导审判、检察工作的规范性文件。在"调研报告"中，有意见指出：在顶层设计上，由全国人大常委会通过修订《监察法》、立法解释或者省人大常委会制定或修改相关地方性法规将"两院"规范性文件纳入地方人大及其常委会备案审查的范围。如果在短期内无法在法律层面予以明确，建议将对"两院"规范性文件的监督纳入其他监督方式之中，如听取和审议专项工作报告、对类案尤其是对公民权益影响较大的一类案件开展执法检查等。2006 年的《监督法》最早将最高人民法院和最高人民检察院作出的司法解释纳入到全国人大常委会的备案审查的规范性文件范围，2015 年修改的《立法法》作了相应的配套规定，也将司法解释纳入备案审查的范围，并对司法解释的制定原则和制定主体作了更加严格的限定。结合《监督法》第 31 条、32 条和 2023 年修正后的《立法法》第 119 条，可以勾勒出司法解释备案审查的主要内容：第一，最高人民法院、最高人民检察院制定的司法解释应向全国人大常委会备案。第二，有关主体可以对司法解释提出审查的建议或要求。第三，司法解释抵触法律的，全国人大法律委员会和有关专门委员会可以提出要求最高人民法院或者最高人民检察院予以修改、废止的议案，或者提出作法律解释的议案。第四，制定司法解释应当主要针对具体的法律条文，符合立法目的、原则和原意。第五，最高人民法院、最高人民检察院以外的审判机关和检察机关，不得作出具体应用法律的解释。换言之，

---

〔1〕 参见全国人大常委会法制工作委员会国家法室编著：《〈中华人民共和国各级人民代表大会常务委员会监督法〉释义及实用指南》，中国民主法制出版社 2013 年版，第 92 页。

最高人民法院、最高人民检察院制定司法解释的权力是独占性的，其他各级法院和检察院无权享有。

最高人民法院、最高人民检察院制定司法解释的权力不是宪法明确规定的，也不是从来就有的，而是来自 1981 年《全国人民代表大会常务委员会关于加强法律解释工作的决议》的授权。四十多年来，最高人民法院、最高人民检察院制定了大量的司法解释，现行有效的司法解释大约有七千余件。但是，司法解释也存在一些问题，有的司法解释的内容抵触法律规定，有的司法解释之间相互冲突，有的司法解释甚至架空了法律。因此，《立法法》在《监督法》已有规定的基础上，对司法解释的制定原则、制定主体和备案审查进行了更为严格的规定。司法解释的严格化与人大主导立法的精神是一致的，体现了让法院真正成为法院的改革趋势。"尽管地方人大立法权能与全国人大不相同，但不可否认，地方人大及其常委会在相当程度上主导着区域内的各类立法，在规范行政行为、服务重大改革上发挥着不可替代的作用。"〔1〕法院作为审判机关，应当通过行使审判权实现其职能，而不是迷恋于制定抽象的一般性的规定而侵入立法权范畴。最高人民法院应当致力于通过判决发展法律，维护法律统一。

最高人民法院和最高人民检察院 2012 年联合发布《关于地方人民法院、人民检察院不得制定司法解释性质文件的通知》，要求地方人民法院、人民检察院一律不得制定在本辖区内普遍适用的、涉及具体应用法律问题的"指导意见""规定"等司法解释性质文件，制定的其他规范性文件不得在法律文书中援引，地方人民法院、人民检察院对已制定的司法解释性质文件进行自行清理。党的十八届四中全会公报中指出："加强备案审查制度和能力建设，把所有规范性文件纳入备案审查范围，依法撤销和纠正违宪违法的规范性文件，禁止地方制发带有立法性质的文件。"从上述两份文件可以得出以下内容：

首先，即使是最高人民法院、最高人民检察院也不得制定"立法性质"的司法解释，司法解释必须符合立法的目的、原则和原意。如果"法律制定后出现新的情况，需要明确适用法律依据的"，应当由全国人大常委会进行法律解释而不是由最高人民法院或者最高人民检察院进行司法解释。这是司法

---

〔1〕 李延吉：《地方人大主导立法的目标与限度》，载《人大研究》2020 年第 9 期。

解释和法律解释的界限。因此，地方人民法院、人民检察院不得制发立法性质的规范性文件。在"调研报告"中，有意见指出：地方"两院"制发的业务指导性文件属于法律的具体细化，具有立法的性质，属于地方立法的范畴，地方"两院"不应制定这类文件。如果需要制定，可以由"两院"起草，提请本级人大常委会通过地方性法规或者决议决定的形式进行公布。或者未雨绸缪，在涉及改革发展稳定大局和人民群众切身利益，涉及公民、法人具体权利义务以及分歧意见较大的规范性文件制定过程中，主动邀请本级人大常委会相关工作机构提前介入、预选审查、共同把关。其次，更加明确的是，地方人民法院、人民检察院不得制定司法解释性质的规范性文件。既然无权制定立法性质的规范性文件，也无权制定司法解释性质的文件，那么还需要备案审查吗？备案是否隐含着有权制定呢？最后，地方人民法院、人民检察院其实有权制定汇编性质的规范性文件，将关于某一法律问题的法律、行政法规、地方性法规、规章和司法解释予以汇编、条理化。例如将所有关于土地征收方面的条款予以汇编，目的是方便法官们查找而不是做出具体的解释。对于这一类规范性文件，地方人民法院、地方人民检察院是有权制定的，但是应提交给地方人大及其常委会备案并接受审查。对于这一类汇编性质的规范性文件的效力，有学者指出："从法理上讲，上级法院的司法规范性文件对于下级法院司法工作应当是起指导性作用，不能成为司法审判的依据。"[1]在"调研报告"中，有意见指出：规范性文件是指具有普遍约束力的文件，这一表述仍然比较概括，实践中不易操作把握，应当对需报备文件的范围、内容、标准、程序等进行具体界定和规范，明确哪些文件需要报备。法院系统需报备的文件主要是涉及适用法律法规的规定、规范审判执行工作程序等内容的司法文件。综上，如果发现地方人民法院、地方人民检察院制定的规范性文件属于立法性质的或者司法解释性质的，应当允许公民、法人或者其他主体提出审查的请求，以防止司法机关制定剥夺其权利、增加其义务的规范性文件。

（二）备案的性质与程序

规范性文件备案审查，指有权机关将制定的规范性文件依法定权限和程

---

〔1〕 吴竞爽：《对地方司法规范性文件备案审查的探讨》，载《上海人大月刊》2015 年第 7 期。

序报法定机关备案，由接受备案的机关进行分类、存档，依法对其进行审查并作出处理决定的法律制度。[1]它是由我国人民代表大会制度决定的。我国实行的是统一的分层次的立法体制，为了避免上下位法之间产生抵触和冲突，通过建立备案审查制度监督下位法，确保法制统一。

备案是启动审查的第一个环节，满足了法定机关的知情权，为审查提供了前提条件。只有报备准确、及时、完整，上级立法机关才能全面掌握这些信息并作出适当的审查。《立法法》《监督法》以及国务院的法规规章备案条例和地方性法规规定了报送备案的期限、程序和所需资料、形式。根据《立法法》的规定，行政法规、地方性法规、自治条例和单行条例、规章应当在公布后的三十日内向有权机关报送备案。最高人民法院、最高人民检察院的司法解释应当自公布之日起三十日内报全国人大常委会备案。据此，地方人民法院、地方人民检察院指定的指导审判、检察的规范性文件应当及时、准确、完整地向地方人大常委会备案，以便于地方人大常委会进行全面审查。

（三）审查程序与标准

《立法法》首次明确规定了行政法规、地方性法规、自治条例和单行条例、规章的审查程序与标准，为其他规范性文件审查程序与标准提供了模板。根据审查程序启动的原因不同，可以区分为主动审查与被动审查，前者是指专门委员会或常委会备案审查工作机构主动进行审查，不需要其他主体提出审查的要求或者建议；后者是指根据有关主体的要求或者建议启动审查，因为"依靠人大常委会现有的机构和人员的力量，主动审查工作实在是不能承受之重。"[2]有权主体提出审查要求即可正式启动审查程序；其他主体提出审查建议不必然启动审查程序，只有常委会工作机构研究后认为有必要的，才启动正式审查程序。在"调研报告"中，有意见指出：在审查中，主要对文件是否符合宪法、法律和法规的规定进行审查，不对具体个案的法律文书进行审查，不对具体案件的结果进行审查，把规范性文件的审查和"个案监督"区别开来，确保"两院"独立行使司法权。

审查程序正式启动之后，全国人大各专门委员会、常务委员会工作机构

---

〔1〕　参见本书编写组编著：《规范性文件备案审查制度理论与实务》，中国民主法制出版社2011年版，第23页。

〔2〕　于金惠：《备案审查的主动与被动》，载《人大研究》2019年第3期。

可以向制定机关提出书面审查意见、研究意见，制定机关按照所提意见进行修改或者废止的，审查终止；制定机关不予修改的，应当向委员长会议提出予以撤销的议案、建议，由委员长会议决定提请常务委员会会议审议决定。应当注意，全国人大专门委员会、常务委员会工作机构提出的审查意见和研究意见不是全国人大常委会的决定，不具有强制执行力。[1]只有全国人大常委会的决定才具有强制执行力。此外，2015 年《立法法》的修改还增加了制定机关向专门委员会或常委会工作机构的反馈程序，以及专门委员会或常委会工作机构对申请建议人的反馈程序，这些新增加的程序性规定有利于公众参与备案审查，也有利于增强备案审查工作的透明度。与反馈程序相配套的是对规范性文件审查意见的遴选机制。首先，要明确规范性文件审查的功能定位，遴选机制的宗旨和目的必须围绕其所服务制度的功能定位。规范性文件的审查建议和有权机关提出的规范性文件‘审查要求’同属于人大常委会启动规范性文件备案审查、行使监督权的重要方式，也是人权保障的重要途径。其次，要形成规范性文件审查建议的遴选标准，可以参考德国的做法，将遴选标准明定于法律之中，以利于执行和监督。再次，要细化规范性文件审查建议的遴选程序。最后，增加规范性文件审查建议遴选的透明度。[2]

关于审查标准，对于行政法规，全国人大常委会可撤销同宪法、法律"相抵触"的行政法规。对于地方性法规，全国人大常委会可撤销同宪法、法律和行政法规"相抵触"的地方性法规，同样采"不抵触"标准。对于规章，国务院可撤销或改变"不适当"的部门规章和地方政府规章，可称作"不适当"标准。对于规范性文件，采用的也是"不适当"标准。因此，概括地说，我国备案审查机制根据权力主体（人大与政府）、权力性质（立法权与行政权）和权力高低（上下级人大、上下级政府）的不同，按照行政法规和地方性法规、规章和规范性文件等两种不同类型采用了双重标准，行政法规和地方性法规采用"不抵触"标准，也即合法性原则，审查力度较浅（宽松审查）；规章和规范性文件，采用"不适当"原则，不但审查合法性也审查

---

〔1〕 参见乔晓阳主编：《〈中华人民共和国立法法〉导读与释义》，中国民主法制出版社 2015 年版，第 314 页。

〔2〕 参见祝捷、刘文戈：《论规范性文件审查建议的遴选机制》，载《长沙理工大学学报（社会科学版）》2009 年第 4 期。

合理性，审查力度较深（严格审查）。对于司法解释的审查标准，《立法法》本身并没有进行明确规定，2019 年第十三届全国人民代表大会常务委员会第四十四次委员长会议通过的《法规、司法解释备案审查工作办法》对司法解释的报送备案、审查程序等做出了规定，其不仅要求遵循不得违背宪法规定、宪法原则或宪法精神、不得与党中央的重大决策部署不相符或者与国家的重大改革方向不一致、不得违背法律规定的合法性审查标准，还包括适当性审查标准。修改后的《立法法》要求司法解释应当符合立法目的、原则和原意，这也可以作为司法解释的审查标准。这一标准要比"不抵触"标准更加明确，应当属于严格审查标准。地方人大常委会对地方人民法院、人民检察院制定的指导审判、检察的规范性文件应参照司法解释的审查标准。

　　上述的合法性与合理性的审查标准，可以具体细化为形式合法性的审查、目的正当性的审查与比例原则的审查。所谓形式合法性审查，审查机构应当首先初步判断主体是否合法、职权是否合法、制定程序是否合法、是否符合上位法等。是否符合相关技术规范也是行政规范性文件形式合法性审查的一个重要方面，具体包括规范性文件的结构技术和语言技术。所谓目的正当性审查是指在对规范性文件进行事前合法性审查时，审查机构应深入审查规范性文件的制定目的，认真审查其明示目的背后是否有隐藏的不正当目的，判断该规范性文件的制定是否有利于建立良好的社会秩序，是否有利于保护人的生命、自由、财产，是否有利于提升人的尊严。所谓比例原则审查是审查机构首先要审查规范性文件运用的手段是否适合所要实现的目的，是否有必要制定规范性文件；其次审查机构应通过必要性原则，判断制定机关是否在多种规制手段中选择了侵害最小的手段；第三，审查机构应运用均衡原则，权衡规范性文件对公民权利可能造成的损害与增进的公共利益是否成比例。[1]

（四）现行备案审查制度的局限性

　　首先，现行规范性文件备案审查制度是现行宪法体制的产物。1982 年《宪法》相比于 1954 年《宪法》的最大不同，就在于赋予国务院制定行政法规的权力，同时赋予地方人大及其常委会制定地方性法规的权力。国务院制

---

〔1〕　参见刘权：《论行政规范性文件的事前合法性审查》，载《江苏社会科学》2014 年第 2 期。

定行政法规和地方人大及其常委会制定地方性法规占改革开放以来规范性文件相当高的比例，所以现行宪法的安排决定了行政法规、地方性法规、规章的存在，也决定了规范性文件备案审查制度的局限性。

其次，规范性文件备案审查制度的程序是一种行政化程序。实际上，规范性文件备案审查制度所遵循的程序是一种行政化程序，既不是司法程序，也不是行政法学意义上的行政程序，它具有行政活动中程序的特点。这种内在的缺陷，使得规范性文件备案审查在现实运作中缓慢且缺乏效率。

最后，规范性文件的备案审查制度是一种临时性的补救性措施。即是说，它不是解决国家法制冲突的根本方法，法规备案审查制度是我国政治体制运行的特种产物，规范性文件备案审查制度是对权力扩张所带来的弊端即国家法制不统一的补救性措施，可以起到暂时性的补救效果但是不能持久地解决问题。[1]

二、地方性法规关于地方人民法院、检察院规范性文件备案审查的三种类型

《监督法》第五章对规范性文件备案审查作了专章规定，但是它没有明确规定备案审查的程序，而是授权省、自治区、直辖市的人民代表大会常务委员会作出具体规定。《监督法》第 29 条规定，"县级以上地方各级人民代表大会常务委员会审查、撤销下一级人民代表大会及其常务委员会作出的不适当的决议、决定和本级人民政府发布的不适当的决定、命令的程序，由省、自治区、直辖市的人民代表大会常务委员会参照立法法的有关规定，作出具体规定。" 对于《监督法》第 29 条的规定，有学者指出：这条规定是规范性文件的审查程序未能统一规定的体现，"这虽然有利于各地根据本地区的实际情况，作出灵活的、适宜的程序规定，但是，这就可能导致各省、自治区、直辖市作出不同的规定，从而会使得本要统一法律执行的《监督法》反而变成导致法律实施不统一的渊薮。"[2]这一授权导致各地制定的地方性法规存在明

---

〔1〕 参见钱宁峰：《规范性文件备案审查制度：历史、现实和趋势》，载《学海》2007 年第 6 期。

〔2〕 胡玉鸿：《〈监督法〉对规范性文件备案审查机制的完善与不足》，载《学习论坛》2007 年第 1 期。

显的不一致。需要注意的是，第 29 条是对审查和撤销"程序"的授权，而不是对规范性文件范围的授权，规范性文件的范围已经由《监督法》本身规定。自《监督法》2007 年 1 月 1 日施行以来，我国大部分省、自治区、直辖市制定了《监督法》实施办法，例如，黑龙江、吉林、辽宁、河北、河南、山西、陕西、湖北、江西、云南、海南、四川、重庆、西藏、新疆等地制定了实施《监督法》的办法；还有的地方专门制定了规范性文件备案审查的地方性法规，如北京、天津、上海、甘肃、宁夏、河北、山东、河南、湖南、江苏、浙江、安徽、福建、广东、广西、云南、青海、西藏、新疆等。根据是否明确将地方人民法院、人民检察院制定的指导审判、检察的规范性文件作为备案审查的范围，这些地方性法规可以分为下面三种类型：

（一）未明确纳入型

大部分地方性法规未将地方人民法院、地方人民检察院制定的指导审判、检察的规范性文件纳入备案审查的范围，最主要的原因是《监督法》本身未将这些规范性文件纳入备案审查的范围。据统计，在全国 34 个省级地方行政区（包括港澳台）中有 22 个省级地方性法规仅要求对本级政府和下一级人大及其常委会的规范性文件进行备案。截至 2017 年，如 2015 年颁行的《河北省各级人民代表大会常务委员会规范性文件备案审查条例》[1]明确列举了规范性文件备案审查的范围，但未包括地方人民法院、人民检察院制定的指导审判、检察的规范性文件。如《辽宁省实施〈中华人民共和国各级人民代表大会常务委员会监督法〉办法》[2]同样未将地方人民法院、地方人民检察院制定的指导审判、检察的规范性文件明确纳入备案审查的范围。再如《甘肃省各级人民代表大会常务委员会规范性文件备案审查规定》（2015 年修正）[3]概括性地规范了备案审查的范围，即"在本行政区域内涉及公民、法人和其他组织权利义务、具有普遍约束力、可以反复适用的下列文件"，在具体列举的

---

[1]　《河北省各级人民代表大会常务委员会规范性文件备案审查条例》已于 2020 年修订，规范性文件备案审查的范围囊括了人民法院、人民检察院制定或者由其会同有关国家机关制定的规范性文件。

[2]　《辽宁省各级人民代表大会常务委员会规范性文件备案审查条例》于 2020 年颁行，规范性文件备案审查的范围囊括了人民法院、人民检察院制定或者由其会同有关国家机关制定的指导、规范审判、检察工作的规范性文件。

[3]　《甘肃省各级人民代表大会常务委员会规范性文件备案审查规定》于 2021 年修订，规范性文件备案审查的范围囊括了人民法院、人民检察院制定的指导和规范审判、检察业务工作的规范性文件。

备案审查范围里面同样不包括地方人民法院、人民检察院制定的指导审判、检察的规范性文件。

（二）明确纳入型

在全国 34 个省级地方行政区（包括港澳台）中有 9 个省级地方性法规在本级政府、下一级人大及其常委会以外，还要求对政府部门或法院、检察院制定的规范性文件进行备案。河南、黑龙江、安徽、新疆、重庆等地将地方人民法院、人民检察院制定的指导审判、检察的规范性文件明确纳入人大常委会备案审查的范围。

《河南省实施〈中华人民共和国各级人民代表大会常务委员会监督法〉办法》（2015 年修正）既概括性地界定了规范性文件的含义又列举了各类规范性文件，明确将法院、检察院制定的规范性文件纳入备案的范围。其第 48 条规定，规范性文件是"国家机关制定的，设定公民、法人和其他组织权利义务关系的，具有普遍约束力并反复使用的文件。"显然，这里的国家机关不限于地方人大常委会或者政府。该条第二款列举了四类需要备案的规范性文件，具体包括："（一）各级人民代表大会及其常务委员会作出的决议、决定；（二）省人民政府和设区的市人民政府制定的规章；（三）各级人民政府发布的决定、命令以及其他规范性文件；（四）各级人民法院、人民检察院制定的规范性文件。"第 49、51、52 条规定了备案机构、期限和所需资料，第 53 条至 58 条规定了审查的主体、标准、程序和期限。河南省有关规范性文件备案审查的规定具有下面四个特点：第一，明确将各级人民法院、人民检察院制定的规范性文件纳入备案范围，这一规定突破了《监督法》的规定。《监督法》没有明确将法院、检察院制定的规范性文件作为备案的范围，也没有区分指导审判、检察工作的规范性文件和法院、检察院有关内部行政管理事务的规范性文件。从文义来看，河南省的地方性法规将法院、检察院制定的所有规范性文件都纳入备案范围，明显范围过宽。第二，概括性地将规范性文件限定为与公民、法人和其他组织权利义务有关系的文件。这一限定具有较强的理论性和科学性。权利和义务是法学的核心范畴，现代社会区别于近代社会的一个重大标志就是由义务本位进入权利本位，这一规定从权利义务的角度去界定抓住了规范性文件的本质特征。如果对这一限定与法院、检察院制定的规范性文件进行体系解释，可以认为法院和检察院制定的那些与公民权利义务有关系的规范性文件才属于备案的范围，其他规范性文件不属于备案范围。第三，将规章纳入备案的范围。其他省的地方性法规很少在实施《监督法》的办法中纳入规章，主要原因是《立法法》以及国务院的《规章制定程序条例》已经明确规定了规章的备案审查的相关内容，而且《监督法》明确规定规章的备案审查"依照立法法的有关规定办理"，因此没有必要在实施《监督法》的办法中将规章纳入备案范围。第四，明确规定了审查机关的审查期限和制定机关的处理期限，这是一大亮点。《立法法》和《监督法》没有规定审查机关的审查期限，这实际上为审查机关拖延、怠于履行审查权提供了理由。《河南省实施〈中华人民共和国各级人民代表大会常务委员会监督法〉办法》（2015 年修正）第 54 条规定审查机关应当自收到规范性文件之日起 30 日内审查完毕，如有特殊情况，可再延长 30 日。这一规定为备案审查机关的审查工作戴上了"紧箍咒"，可以倒逼审查机关及时、高效行使审查权，有利于维护国家法制统一。建议《立法法》《监督法》以及各省制定的备案审查办法明确规定审查机关的审查期限。

《黑龙江省人民代表大会常务委员会规范性文件备案审查暂行办法》第 2 条概括性地界定了规范性文件的定义[1]，即"指政府规章；设区的市、大兴安岭地区所属各县人大及其常委会，省人民政府，省人民检察院，省高级人民法院制定的涉及公民、法人和其他组织权利和义务，并在其管辖范围内具有普遍约束力的文件。但较大的市人大及其常委会制定的地方性法规除外。"与河南省的规定相比，黑龙江省关于备案审查的规定包括省人民检察院、省高级人民法院制定的规范性文件，而不是各级人民法院、人民检察院制定的规范性文件。换言之，黑龙江省有关指导审判、检察工作的规范性文件的制定主体范围要窄得多。《黑龙江省人民代表大会常务委员会规范性文件备案审查暂行办法》的一个突出亮点是规定备案审查室应当按季度及时编辑规范性文件的备案和审查工作进展情况简报，提供给省人大常委会组成人员、各专门委员会、常委会工作机构，并向省人民政府及其工作部门、省高级人民法院、省人民检察院和各设区的市及大兴安岭地区所属各县人大常委会通报，

---

[1] 2018 年颁行的《黑龙江省各级人民代表大会常务委员会规范性文件备案审查条例》第三条："本条例所称规范性文件，是指本省各级人民代表大会及其常务委员会和县级以上人民政府、监察委员会、人民法院、人民检察院制定，涉及不特定的自然人、法人和非法人组织权利、义务，在一定时期内反复适用并具有普遍约束力的文件。"

同时向社会公布。这一规定有利于增强备案审查工作的公开性和透明性，也有利于提高备案审查的权威性。

2007年颁行的《安徽省各级人民代表大会常务委员会实行规范性文件备案审查的规定》[1]没有概括性地界定规范性文件的定义，只明确列举了规范性文件的范围，其第2条第4项规定人民法院、人民检察院制定的执行最高人民法院、最高人民检察院司法解释的规范性文件，应当报送本级人民代表大会常务委员会备案。这里的人民法院、人民检察院可以理解为各级人民法院和人民检察院。2016年安徽省人大常委会主任会议通过《安徽省人大常委会规范性文件备案审查工作规程》，对省人大常委会的备案审查工作做了更加具体明确的规定。其第13条规定，对符合《安徽省各级人民代表大会常务委员会实行规范性文件备案审查的规定》第11条所列情形之一的省高级人民法院和省人民检察院执行司法解释的规范性文件，应当进行主动审查。《安徽省人大常委会规范性文件备案审查工作规程》最大的特点是规定了主动审查与被动审查两种形式。所谓主动审查，是指在没有国家机关、公民、法人和其他组织提出审查要求或者建议的情况下，省人大常委会主动履行法律监督职责，审查有关国家机关报送备案的规范性文件的活动。所谓被动审查，是指省人大常委会针对国家机关、公民、法人和其他组织书面提出的审查要求或者建议，审查有关规范性文件的活动。

2010年颁行的《新疆维吾尔自治区各级人民大会常务委员会规范性文件备案审查条例》概括性地界定了规范性文件的定义，又进行了明确列举。其第3条规定，本条例所称规范性文件，"是指自治区各级国家机关（以下统称制定机关）依照法定权限和程序制定发布的涉及本行政区域内公民、法人和其他组织权利、义务，具有普遍约束力的文件。"第7条规定，自治区高级人民法院、人民检察院制定的执行最高人民法院、最高人民检察院作出的具体应用法律解释的意见、规定、办法；各级人民法院、人民检察院制定的指导、规范审判、检察工作的意见、规定、办法应当报送同级人民代表大会常务委

---

[1]《安徽省各级人民代表大会常务委员会实行规范性文件备案审查的规定》已于2021年修订，其中第2条第2款规定："本规定所称规范性文件，是指在本行政区域内由有关国家机关依照法定权限和程序制定并公开发布的，涉及公民、法人和其他组织的权利与义务，具有普遍约束力，在一定期限内反复适用的文件。"

员会备案。[1]

重庆关于规范性文件备案审查的规定一波三折，反映了关于规范性文件范围的争议。1999 年《重庆市人民代表大会常务委员会关于规范性文件备案审查的规定》第 2 条概括性规定，"本法所称规范性文件，是指市人民政府、市高级人民法院、市人民检察院和区、县（市）人民代表大会及其常务委员会［以下简称区、县（市）人大及其常委会］，依照法定职权和程序制定、发布或作出的具有普遍约束力的行为规则的文件的总称。"[2]该条第 2 款明确将市高级人民法院、市人民检察院制定的有关审判、检察工作的规范性文件和市高级人民法院、市人民检察院根据法规授权就本市地方性法规适用中的具体问题所作的解释和制定的实施细则、办法等规范性文件纳入备案范围。2007 年《监督法》实施以后，重庆制定的《重庆市实施〈中华人民共和国各级人民代表大会常务委员会监督法〉办法》没有将市高级人民法院、市人民检察院有关审判、检察工作的规范性文件纳入备案审查的范围。2022 年颁行的《重庆市各级人民代表大会常务委员会规范性文件备案审查条例》明确将市监察委员会、市高级人民法院及各中级人民法院、市人民检察院及各检察分院制定的规范性文件与区县（自治县）监察委员会、人民法院、人民检察院制定的规范性文件纳入到备案审查的范围。

（三）　不备案但可审查型

《湖北省各级人民代表大会常务委员会规范性文件备案审查工作条例》（2015 年修正）没有将人民法院和人民检察院相关文件列入报送备案的范围，但是对其监督作了规定。条例规定"两院"的文件无需报送备案，只规定在

---

〔1〕《新疆维吾尔自治区各级人民代表大会常务委员会规范性文件备案审查条例》于 2024 年修订，第 3 条规定："本条例所称规范性文件，是指自治区各级国家机关（以下统称制定机关）依照法定权限和程序制定，并公开发布的涉及本行政区域内公民、法人和其他组织权利、义务，具有普遍约束力，在一定时期内反复适用的文件。"第 7 条第 6 项规定了备案审查的规范性文件范围包括"各级人民法院、人民检察院制定或者由其会同本级其他有关国家机关联合制定的指导、规范审判、检察工作的意见、规定、办法等规范性文件。"

〔2〕《重庆市人民代表大会常务委员会关于规范性文件备案审查的规定》已失效，2022 年颁行的《重庆市各级人民代表大会常务委员会规范性文件备案审查条例》第 2 条第 2 款规定："本条例所称规范性文件，是我市有关国家机关制定的涉及公民、法人和其他组织的权利义务，具有普遍约束力，可以反复适用的文件。"

有关机关、组织和个人提出审查要求，且确有必要时，才启动审查，实施监督。[1]这种折中的做法一方面考虑到了《最高人民法院、最高人民检察院关于地方人民法院、人民检察院不得制定司法解释性质文件的通知》的要求，即地方人民法院、人民检察院今后一律不得制定在本辖区普遍适用的、涉及具体应用法律问题的"指导意见""规定"等司法解释性质文件，制定的其他规范性文件不得在法律文书中引用。另一方面，这种办法也考虑到了对"两院"实际存在的相关文件的监督，既是人大常委会监督工作的重要组成部分，也是地方各级人大常委会在本行政区域内保证宪法、法律、行政法规的遵守和执行的重要职责，且实践中已经有一些省（市、区）人大常委会将其列入规范性文件备案审查范围。[2]

《天津市人民代表大会常务委员会和区县人民代表大会常务委员会审查监督规范性文件办法》[3]做了一个比较特别的划分：市人民政府制定的规章，区、县人大及其常委会作出的决议、决定或者具有普遍约束力的其他文件，应当报送备案。市人民政府制定的具有普遍约束力的其他文件，市高级人民法院、市人民检察院为执行法律、法规和司法解释而制定的具有普遍约束力的文件，应当抄送备查。这一规定的特别之处在于，市高级人民法院、人民检察院为执行法律、法规和司法解释而制定的具有普遍约束力的文件不是备案的范围，而是抄送备查的范围。也许，这一规定的理由在于《监督法》没有明确规定人民法院、检察院制定的规范性文件属于备案审查的范围，因此规定只能进行抄送备查，而不是备案审查。

2008年颁行的《山东省各级人民代表大会常务委员会规范性文件备案审

---

〔1〕《湖北省各级人民代表大会常务委员会规范性文件备案审查工作条例》于2020年修订，第8条明确规定了各级人民法院、人民检察院制定或者由其会同有关国家机关制定的规范、指导审判、检察工作的规定、办法、细则、意见、会议纪要、指引等规范性文件应当报送本级人民代表大会常务委员会备案。

〔2〕参见李革胜等：《使规范性文件更加"规范"——〈湖北省各级人民代表大会常务委员会规范性文件备案审查工作条例〉解读》，载《人大研究》2014年第2期。

〔3〕《天津市人民代表大会常务委员会和区县人民代表大会常务委员会审查监督规范性文件办法》已失效，2020年颁行的《天津市人民代表大会常务委员会和区人民代表大会常务委员会规范性文件备案审查办法》第2条第2款规定："本办法所称规范性文件，是指市和区人民政府、监察委员会、人民法院、人民检察院，区人民代表大会及其常务委员会，乡、镇人民代表大会在其法定职权范围内，依照法定程序制定并公开发布的，涉及自然人、法人和非法人组织权利、义务，在一定时期内具有普遍约束力的文件。"

查规定》第 3 条明确列举了规范性文件备案审查的范围，其中不包括人民法院、人民检察院为执行法律、法规和司法解释制定的具有普遍约束力的规范性文件。[1]但是，该规定第 19 条第 2 款规定，国家机关、社会团体、企业事业单位和其他组织以及公民，认为上述规范性文件有本规定第 7 条所列情形之一的，有权向本级人大常委会书面提出审查建议，由备案审查工作机构进行研究，认为需要修改或者废止的，应当提出初步审查意见，报经常委会主任会议同意后，责成制定机关自行修改或者废止该规范性文件；制定机关不予修改或者废止的，由本级人大常委会通过其他监督方式责令其纠正，或者报告上一级人大常委会进行处理。

　　天津和山东两地的共性在于不把地方人民法院、人民检察院制定的指导审判、检察的规范性文件归属于备案的范围，但可以主动或被动地进行审查，保留了审查的可能性。一方面，如果将这些规范性文件纳入备案审查的范围，似乎隐含着法院、检察院有制定的职权，而这是法律明确禁止的；另一方面，如果法院、检察院实践中的确制定了这样的规范性文件，授权其他主体提出审查的要求或者建议，又保留了人大监督这些规范性文件的权力。对于部分省份不备案但可审查的规定，有学者指出："全国人大常委会的权力是开放性的，宪法第 67 条专门在全国人大常委会权力规定的最后附带了兜底条款，反观《宪法》和《地方组织法》对地方人大常委会权力的规定，则没有类似的兜底条款，因此地方人大常委会的权力具有封闭性的特点，这一权力结构决定了地方人大常委会不能在《监督法》的规定之外，擅自扩大规范性文件的备案范围，这属于突破法律框架的'创新'。"[2]

三、地方人大常委会审查司法机关规范性文件的制度完善路径——以地方法院指导审判工作的规范性文件为例

　　在地方司法机关的规范性文件中，地方法院制定的规范性文件因其适用

---

　　[1]　《山东省各级人民代表大会常务委员会规范性文件备案审查规定》于 2017 年修正，第 5 条第 4 项规定了"依法应当报送备案的其他规范性文件"，为日后将地方司法机关规范性文件纳入到备案审查范围预留了解释空间。

　　[2]　孙成：《地方人大常委会规范性文件备案审查程序探析——以湖北省荆州市的实践为例》，载《武汉理工大学学报（社会科学版）》2015 年第 6 期。

范围的广泛性、类型的多样化具有相当的代表性，尤其是地方法院指导审判工作的规范性文件与公民个体、社会组织的切身利益紧密相关，更需要规范化地制定与实施，因此提出地方人大常委会对其进行备案审查的制度完善路径，对于地方法院制定的适用于其他领域的规范性文件、地方检察院制定的规范性文件的审查工作的推进及相应的制度完善都具有重要的示范效应。

（一）指导审判工作的规范性文件的类型

就其性质而言，指导审判工作的规范性文件有三大类：（1）带有立法性质的规范性文件，（2）具有司法解释性质的规范性文件，（3）不具有立法或解释性质的审判业务文件。

立法是指由法定的国家机关依照法定职权和程序，为社会成员创制具有普遍约束力的新规则的活动。带有立法性质的规范性文件，是指在由立法机关或其他有关机关制定的法律、法规、规章等法律形式之外，内容包含对社会成员具有普遍约束力、增减公民权利义务内容的文件。根据《立法法》规定以及《中共中央关于全面推进依法治国若干重大问题的决定》的要求，只有拥有立法权的国家机关，才有权制定、颁布"带有立法性质的文件"。

司法解释是指最高人民法院、最高人民检察院依照法定职权和程序就具体应用法律的问题做出的具有普遍司法效力的解释。根据 2021 年最高人民法院修正的《最高人民法院关于司法解释工作的规定》，司法解释有"解释""规定""规则""批复""决定"等形式。具有司法解释性质的规范性文件，主要是指地方"两院"制定的在形式上类似于司法解释的并在其辖区内具有事实约束力的规范性文件。不具有立法或解释性质的审判业务文件，是指既没有增减公民权利义务，也没有对具体应用法律的问题做出解释的文件。主要包括仅将相关的法律条文汇编在一起用以指导审判业务的文件，以及典型案例等。

这三者的分类只是应然意义上的分类，在实际的司法实践中，地方法院经常会出台一些针对不特定对象和类案适用的规范性文件，这类规范性文件具有普遍的约束力，实际上存在着作出司法解释甚至创设新的规则的可能，因此将法院规范性文件纳入到地方人大及其常委会的备案审查的范围，不是对法院独立行使审判权的干涉，也不是对法院进行"个案监督"，而是为了更好地保证司法公正，防止司法权的僭越。

（二）地方法院制定指导审判工作的规范性文件的权限范围

1. 地方法院无权制定带有立法性质的规范性文件

根据《宪法》《立法法》《地方组织法》有关规定，我国享有立法权的机关有：（1）全国人大，（2）全国人大常委会，（3）国务院，（4）中央军事委员会，（5）省、自治区、直辖市、设区的市人大和人大常委会，（6）自治区、自治州、自治县人大，（7）省、自治区、直辖市政府，（8）设区的市、自治州政府，（9）国务院各部委、央行、审计署、具有行政管理职能的国务院直属机构以及法律规定的机构。除上述机关外，其他任何机关和组织都不能制定带有立法性质的规范性文件，如确有必要制定，必须经全国人大及其常委会专门授权。

2. 地方法院无权制定具有司法解释性质的规范性文件

尽管2010年最高人民法院通过意见的形式明确了高级人民法院可以通过制定审判业务文件的形式来指导下级人民法院的工作。但无论是1987年《最高人民法院关于地方各级人民法院不宜制定司法解释性质文件问题的批复》〔1〕，还是2012年《最高人民法院、最高人民检察院关于地方人民法院、人民检察院不得制定司法解释性质文件的通知》，以及2023年修订的《立法法》，均对地方法院是否可以制定具有司法解释性质的规范性文件作出了否定的回答。

1987年《最高人民法院关于地方各级法院不应制定司法解释性文件的批复》规定"具有司法解释性的文件，地方各级法院均不应制定"。2012年《最高人民法院、最高人民检察院关于地方人民法院、人民检察院不得制定司法解释性质文件的通知》规定："地方人民法院、人民检察院一律不得制定在本辖区普遍适用的、涉及具体应用法律问题的'指导意见'、'规定'等司法解释性质文件，制定的其他规范性文件不得在法律文书中援引""地方人民法院、人民检察院对于制定的带有司法解释性质的文件，应当自行清理。凡是与法律、法规及司法解释的规定相抵触以及不适应经济社会发展要求的司法解释性质文件，应当予以废止"。2023年修订后的《立法法》规定："最高人民法院、最高人民检察院以外的审判机关和检察机关，不得作出具体应用法律的解释。"

---

〔1〕　《最高人民法院关于地方各级人民法院不宜制定司法解释性质文件问题的批复》已失效。

3. 地方法院可以制定不具有立法或解释性质的审判业务文件

不具有立法或司法解释性质的审判业务文件，并没有增减公民的权利义务或对具体应用法律的问题做出具有拘束力的解释，既没有侵占最高人民法院的解释权，也没有侵占人大的立法权，地方法院可以自行或应下级法院的请求制定。最高人民法院 2010 年颁布《关于规范上下级人民法院审判业务关系的若干意见》，其中第 9 条规定"高级人民法院通过审理案件、制定审判业务文件、发布参考性案例、召开审判业务会议、组织法官培训等形式，对辖区内各级人民法院和专门人民法院的审判业务工作进行指导"，明确了地方法院可以制定不具有立法或司法解释性质的审判业务文件。有学者将这部分不具有立法或解释性质的审判业务文件称作非规范性司法文件，这部分非规范性司法文件具有广泛性和交叉性、适用性和协作性、缺乏透明度和公开性的重要特点，所谓广泛性和交叉性是指一些地方人民法院、人民检察院为了加强司法协作和工作联系，不仅制定指导本系统审判、检察工作的非规范性文件，而且为指导人民法院和人民检察院之间，以及"两院"具体部门之间的审判、检察工作，制定相关的非规范性司法或工作文件；适用性和协作性是指这类文件往往是从工作以及地方实际出发，制定的非规范性司法或工作文件，其内容往往涉及法律、法规在司法实践中的具体应用以及司法机关间、司法机关与有关行政机关间工作协调问题；缺乏透明度和公开性是指这类非规范性司法文件，虽然一般是经集体讨论、研究并通过，或者是经制定单位领导以及相关职能部门审核把关，但即使是事关群众利益的决定、决议、规定、意见等也很少采用群众听证、事先征求意见等公开民主方式。[1]有学者亦将这类立法或解释性质的审判业务文件与司法政策性文件、司法解释性文件并列，共同纳入到规范性司法文件的概念之下，认为其具有规范性、约束力等某些法的一般特征，能够复次普遍适用，具有形式外观的公文特征。[2]

---

〔1〕 参见杨宏亮：《地方非规范性司法文件纳入人大备案审查机制研究》，载《上海政法学院学报（法治论丛）》2007 年第 2 期。

〔2〕 参见安晨曦：《规范性司法文件的权威体系与概念分层》，载《甘肃政法学院学报》2020 年第 2 期。

（三）地方法院制定的指导审判工作的规范性文件的现状

1. 形式

就其形式而言，地方法院制定的指导审判工作的规范性文件大致可以分为四类：第一类是地方法院本院的审判委员会会议讨论通过的"意见""指导意见"或"规定"，如《黑龙江省高级人民法院关于处理涉煤矿纠纷案件若干问题的指导意见》。第二类是地方法院对某具体法律应用问题召开研讨会或座谈会形成的"会议纪要"，如广东省高级人民法院发布的《广东省高级人民法院关于审理伪卡交易民事案件工作座谈会纪要》。第三类是地方法院、检察院及其他地方行政机关对某一问题达成了共识后联合发布的"座谈纪要""通知"或"指导意见"，如浙江省高级人民法院、省人民检察院以及省公安厅联合下发的《关于依法处理妨碍政法干警履行法定职责违法行为的指导意见》。另外，以上第一、二类形式只涉及内部不同意见的冲突和协调的平衡，第三类形式涉及法院与系统外有关部门的协调，甚至相互妥协。第四类是上级法院针对下级法院的具体案件的批复性文件，如《广东省高级人民法院关于诈骗案件可否附带民事诉讼的批复》。

上文从性质的角度将指导审判工作的规范性文件分为：带有立法性质的规范性文件、具有司法解释性质的规范性文件以及不具有立法或解释性质的审判业务文件。规范性文件的形式与性质之间并无明显关联。如，广东省高级人民法院发布的《广东省高级人民法院关于诈骗案件可否附带民事诉讼的批复》具有司法解释的形式，但实际上仅重申了相关法条，属于不具有立法或解释性质的审判业务文件；江苏省高级人民法院发布的《江苏省高级人民法院关于债权债务案件审理中以物抵债问题的纪要》，部分内容超出了现有法律规定，属于带有立法性质的规范性文件；浙江省高级人民法院发布的《浙江省高级人民法院关于部分罪名定罪量刑情节及数额标准的意见》，针对定罪量刑的情节及数额标准必定会涉及法律的具体应用，属于具有司法解释性质的规范性文件。"内容与具体应用法律无关或者无解释对象，不属于司法解释性质文件。"[1]这提醒我们，在审查的过程中，对指导审判工作的规范性文件的性质的判断，关键要看内容。

---

[1]　安晨曦：《规范性司法文件的权威体系与概念分层》，载《甘肃政法学院学报》2020年第2期。

2. 适用

在各省高级人民法院网站中，仍可以检索到法院所发布的各种指导审判工作的规范性文件。虽然《各级人民法院网站栏目设置范例》里未有提及法院规范性文件或审判司法文件这一类，但在各地法院官网上还可以看到相关标示，有的法院甚至另开一个网站发布。

目前，律师在代理案件时除了参照相关的法律及司法解释外，仍会对地方司法机关制定的各类规范性文件进行收集查阅和引用，尤其是法院所颁布的各种指导意见。以刑事案件为例，除了死刑复核由最高人民法院进行外，刑事审判终审实际上通常止于高级人民法院，各级法院制定的有关刑事案件的文件在其管辖区域内广泛适用。刑事案件上律师在辩护意见中的对法律的适用方面，如果是与该类文件的规定不相符的，很可能将受到公诉方的反驳，从而无法在法庭上获得采信和支持。

3. 效力

《浙江省高级人民法院关于制发法院审判业务规范性文件的规定》规定了关于审判工作的规范性文件一律由省高院的审判委员会进行讨论通过后才能制定并发布，并且这类文件对全省具有约束力。换言之，即指由省高院的审判委员会所通过的规范性文件在省内范围有效力。《北京市高级人民法院审判执行工作规范性文件管理办法（试行）》中更为直接地要求，各级法院应当参照高级法院制订的关于审判执行方面的规范性文件。2003 年发布的《广东省高级人民法院关于印发〈广东省高级人民法院关于民商事审判适用诉讼时效制度若干问题的指导意见〉、〈广东省高级人民法院关于企业法人解散后的诉讼主体资格及其民事责任承担问题的指导意见〉等六个专题指导意见的通知》（部分失效）中声明了仅提供给审判人员进行使用上的学习和理解，由于不是规范性的法律文件，所以必须严格按照规定，不得通过裁判文书进行直接的引用。这份声明表明了该意见固然没有法律效力，但是因为地方司法机关之间存在上下级的监督关系或审级制度，这类指导意见便在实践中存在着约束力，甚至对于法官的约束力是更加直接的，这导致了其实效性有时还要高于法律法规，所以效力实际上是处于"实然"的状态。文件效力也与法院层级相挂钩，省高院所发布的规范性文件的效力在辖区内最高。

4. 危害

司法权是一种带有国家性质的权力，是国家定分止争的一种权力，与国家的立法权和执行权相对应。习近平总书记在党的二十大报告中强调："深化司法体制综合配套改革，全面准确落实司法责任制，加快建设公正高效权威的社会主义司法制度，努力让人民群众在每一个司法案件中感受到公平正义。"[1]行政权站在国家或社会公众的立场上代表着国家利益，而司法权是中立的，对个人和国家的利益应给予同等保护，是一种救济权。司法审判所追求的便是查明真相、正确地适用法律，追求的是确定性。为保证司法统一，维护司法的权威性，法律由立法机关统一制定，司法解释权也集中在最高司法机关，彰显国家性的特征，是国家意志的体现。因为地方司法机关制定文件时往往仅出于对地方利益的考虑，在法律适用上形成各自为政的情况，地方司法机关随意地制定并发布规范性文件，容易造成法律在具体适用上的不统一。对此有学者指出，这类司法规范性文件具有一定的适用效力，与广大人民群众的切身利益密切相关，但是制定主体具有较多的自由裁量权，容易利用自身的权力设置不恰当的权利义务或者其他行为规则。有的虽然其具体规定不直接与现行法律法规的具体规定相抵触，但在制定的动机、目的及宗旨方面则有与法律、法规不相一致之处，容易造成不公正的后果。[2]这无疑会对代表国家的司法权造成伤害，不单破坏司法的统一性，不利于法律的实施，影响司法权威的树立及巩固，甚至影响司法改革进程的推进。

在当前的司法制度改革方面，地方司法机关制定指导审判工作的规范性文件很可能产生许多负面的影响：

一方面，这一类文件有可能会对审级制度造成破坏。当上下级法院就某一法律问题进行座谈或通过批复指导，形成了"会议纪要"或"指导意见"的时候，下级法院基于对上级法院权威的尊重一般会按照上级法院的文件审理案件。所以在司法实践中下级法院通常会遵照上级法院的意见，来避免自己判决出错，这就造成了事实上的一审终审。另一方面，这类文件成为行政干预司法的工具。地方司法机关制定这类文件除了针对案件审理外，还可能使得不同的权力部门之间进行权力和利益的博弈。历来"两高"除自己发布司法解释也会联合公安部等其他行政机关一同发布文件，地方上也同样出现

---

〔1〕《高举中国特色社会主义伟大旗帜 为全面建设社会主义现代化国家而团结奋斗——习近平同志代表第十九届中央委员会向大会作的报告摘登》，载《人民日报》2022年10月17日，第2版。

〔2〕参见杨宏亮：《地方非规范性司法文件纳入人大备案审查机制研究》，载《上海政法学院学报（法治论丛）》2007年第2期。

联合发文的情形，如 2015 年上海市人力资源和社会保障局和上海高院制定的《上海人力资源和社会保障局、上海高院劳务派遣适用法律若干问题的会议纪要》，其他多数是地方法院和检察院联合公安部门制定文件。"两高"联合了公安部和司法部在 2011 年发布了《最高人民法院、最高人民检察院、公安部、司法部关于敦促在逃犯罪人员投案自首的通告》，各省市便相继出台相关文件来指导本地的"清网行动"。有地方公安机关为了提高"清网"效率，便利用自己制定的相关文件的"特殊规定"增加取保候审的容易度，这是违反法律规定的。司法机关与其他行政机关联合制定规范性文件在某种程度上可能会成为地方保护主义、部门保护主义的坚实盾牌，如此司法机关仍然摆脱不了行政机关的干预，法院不能独立审判，司法改革也就更加难以实现了。这类文件制定程序和实体不规范、内容不公开、清理不及时的问题最后也对当事人的权益造成了影响，司法实践中有当事人的权益因司法解释性质文件的内容受到损害的情形存在。地方司法机关制定的规范性文件的内容不仅有规避法律和司法解释的情况，甚至有突破之实，这不仅破坏了法制的统一，也难以保障当事人的合法权益。陕西省某村委会曾根据省高院的一份"纪要"的规定，就将"嫁城女所生子女"的分配份额从之前享受的百分之百变为在百分之五十至一百间任意裁量，这与我国宪法所规定的男女平等原则背道而驰，当事人的合法权益受到了侵害。最高司法机关发布的通告本可在全国进行普遍适用，而地方在发布和执行中进行了异化，各行其道，如在"清网行动"期间，部分省市对于"不予羁押"条款就出现擅自设定不同的限制条件的情况：可见各地司法机关发布的规范性文件限定条件的差异定会在实践中对相关权利人的权益造成影响。地方司法机关制定的规范性文件在司法实务中成为判案的依据时，由于其制定程序缺乏规范依据，内容有可能违反法律及最高人民法院的司法解释，那么依据其所作出的判决的公正性是令人怀疑的，相关判决不仅损害当事人的合法利益，更加可能会破坏法律的统一性与法的权威性。

（四）地方法院制定的指导审判工作的规范性文件的备案审查建议

1. 地方法院制定的指导审判工作的规范性文件应纳入地方人大备案审查范围

第一，促进司法公正的需要。任何权力失去监督必然导致腐败，司法权也不例外。对于司法机关制定的规范性文件是否纳入人大的监督体系中，有着两种不同意见："一种意见认为不应该纳入审查，原因是地方两院没有制定规范性文件的法律依据，如果把地方两院制定的规范性文件纳入审查，无疑是间接地授予了地方两院制定规范性文件的权利。另一种意见认为应该纳入备案审查的范围，因为，毕竟地方两院现实中制定了许多规范性文件，而这些规范性文件在两院的组织、业务的关系中，都得到了严格的遵守和执行，如果不把这些规范性文件纳入备案审查范围，无疑是使人大常委会对同级法院、检察院的监督少了一块，不符合宪法确立的'一府两院'由人大产生、对人大负责、受人大监督的精神，也不利于对公民、法人和其他组织合法权利的保护。"[1]对此，我们倾向第二种意见，将地方法院制定的指导审判工作的规范性文件，纳入地方人大备案审查范围，是促进司法公正，实现人大对"一府两院"监督职能的必然要求。要遏制司法腐败和司法不公，除了司法机关的内部监督及其相互制约之外，人大监督对于维护司法公正的作用不可替代。当前司法改革提出要强化审判委员会总结司法经验、实施类案指导等职能，指导审判工作的规范性文件数量可能进一步增加，加强人大对地方司法机关规范性文件的备案审查监督工作对于促进司法公正具有积极作用。

第二，地方人大充分行使监督职权的需要。地方人大及其常委会依法负有"在本行政区域内，保证宪法、法律、行政法规和上级人民代表大会及其常委会决议的遵守和执行"的义务和职责，党的十八届四中全会要求所有的规范性文件纳入备案审查范围。《宪法》第3条第3款明文规定："国家行政机关、监察机关、审判机关、检察机关都由人民代表大会产生，对它负责，受它监督。"《人民法院组织法》第4条规定："人民法院依照法律规定独立行使审判权，不受行政机关、社会团体和个人的干涉。"有学者指出："据此规定，法院的审判权的独立是一种有限独立，仅仅是不受行政机关、社会团体和个人的干涉，这里也没有包括权力机关，也就说，权力机关有权对法院的审判活动进行监督……人大常委会是人民代表大会的常设机关，其对司法机关进行监督是宪法规定的应有之义。"[2]"从人大监督和司法独立的关系来

---

〔1〕 王腊生：《人大常委会规范性文件备案审查制度研究》，载《江苏警官学院学报》2009年第5期。

〔2〕 李龙、李豪：《论地方人大常委会对地方"两院"规范性文件备案审查的正当性》，载《时代法学》2011年第6期。

看，由于人民代表大会制度作为符合我国国情的根本政治制度，决定着司法、法院、法官不可能完全独立于作为国家权力机关的人民代表大会。"[1]对地方法院的司法规范性文件进行备案审查，是地方人大对法院行使监督权的应有之义，也是规范审判权公正行使的有效形式。

第三，加强地方司法工作监督的现实需求。不可否认的是部分包含更为具体的法律适用意见的规范性司法文件成了本辖区内司法的重要依据，这类文件客观上也对公民、法人、其他组织权利义务产生着实际影响。这类文件长期处于缺乏审查和监督的状态，一旦违法或者违宪，司法的公正性也必然受到损害，依法将其纳入备案审查的范围，则能够保障公民权益得到有效救济。

有观点认为，地方法院制定的指导审判工作的规范性文件中，有的带有立法性质，有的具有司法解释性质，如果将这些文件纳入人大备案审查的范围，等于变相承认其地位，这种观点是不妥当的：一方面，并非所有的地方法院制定的指导审判工作的规范性文件都带有立法性质或具有司法解释性质。如上所述，有些地方法院制定的指导审判工作的规范性文件并不具有立法或解释性质，而仅仅是对相关法律条文的重申或汇编，或是对某类案件如何裁判的参考性意见。这些审判业务文件在当前的社会现实下具有合理性，有利于法官正确适用法律，提高司法水平，促进司法公正。其次，地方法院无权制定带有立法性质或具有司法解释性质的规范性文件，自不是谁想"承认"就能够"承认"得了的。只有将地方法院制定的指导审判工作的规范性文件纳入审查范围，才能及时发现、纠正地方法院制定的带有立法性质或具有司法解释性质的规范性文件。

有观点认为，地方人大常委会对"一府两院"实行监督，但又明确了这种监督对法院和检察院而言并不是对个案的监督，而法院所颁布的规范性文件多数都属于具体的司法个案内容，所以不在监督之列。实际上，地方法院经常会制定一些指导审判工作的具有普遍约束力的规范性文件。如，2006年，上海市高级人民法院刑二庭、上海市人民检察院公诉处以"研讨会纪要"形式下发了"商业贿赂犯罪法律适用"政策意见。显然，这类规范性文件不是针对"个案"，而是针对"类案"，将之纳入备案审查范围，恰恰不是"干涉

---

〔1〕 魏春明、王春梅：《论司法独立的相对性》，载《求实》2011年第7期。

个案"，而是更好地保障司法公正。许多时候，地方司法机关发布指导审判工作的文件究竟是从属于"个案"，还是对相关"类案"的处理都有影响，恰恰要经过地方人大常委会的备案审查才能够发现。

2. 机构设置：受理机构与审查机构

（1）受理机构：地方人大常委会收到报送备案的地方法院制定的指导审判业务的规范性文件后或者收到对该类规范性文件提出的审查请求或建议后，应当明确由一个受理机构负责登记存档、进行初步审查后分送相关的审查机构。相关内容应当采取地方性法规的形式并且参照《立法法》有关备案审查的制度进行规定。按照《立法法》及相关法律法规的规定，全国人大常委会由办公厅负责对报送备案的法规登记存档，国务院、中央军事委员会、国家监察委员会、最高人民法院、最高人民检察院和省级人大常委会对法规提出的审查要求，由全国人大有关的专门委员会和常委会工作机构进行审查，提出意见。而其他国家机关和社会团体、企事业组织以及公民对法规提出的审查建议，由全国人大常委会工作机构进行研究，必要时，送有关的专门委员会进行审查、提出意见。因此，地方人民政府、人民法院、人民检察院、下一级人大及其常委会制定的规范性文件由地方人大常委会的法制工作机构作为受理机构比较合适。

（2）审查机构：地方人大常委会作为地方国家权力机关的常设机关，是审查地方法院制定的指导审判业务的规范性文件的当然主体，毫无疑问享有规范性文件审查权。但由于常委会会议次数少，会期短，难以开展日常性的审查工作，所以必须由地方人大及其常委会的相关机构承担一定审查职责。按照《宪法》、《地方组织法》等法律的规定，地方人民代表大会的专门委员会拥有审议权，而规范性文件审查权属于审议权的范畴，所以专门委员会享有规范性文件审查权是有法律依据的。另有学者建议，借鉴《立法法》的统一审议制度，即明确由人民代表大会法律委员会或者法制委员会对法律、法规草案进行统一审议，提出审查报告，以保证立法质量，维护法制统一。[1]所以也应当在地方人大设立法制委员会或者常委会法制工作机构专门负责对地方法院制定的指导审判业务的规范性文件进行统一审查。

---

〔1〕　参见易峥嵘：《如何完善地方人大常委会规范性文件备案审查制度》，载《人大研究》2007年第6期。

3. 审查方式：主动审查与被动审查相结合

目前启动备案审查的方式包括以下两种，即主动审查与被动审查，其中主动审查是指由相关审查主体主动审查报备主体报备的规范性文件，而被动审查指的是备案审查主体依申请审查报备主体报备的规范性文件。[1]

（1）主动审查：应当明确规定地方法院制定的指导审判业务的规范性文件在规定期限内报送人大常委会备案审查。对不按规定期限报送规范性文件的，应当通知报送义务机关限期补报，对拒不报送的，提出处理意见，交人大常委会主任会议决定提请人大处理。同时，备案审查的审查方式还应当与改变或撤销的制度相配合，因为，"备案审查与撤销也是一个相互紧密联系的统一整体。人大常委会对规范性文件监督的过程是一个从备案到审查再到撤销的全过程，在这个过程中备案是基础，审查是要求，撤销是结果，一个环节也不能缺少。因此，一般来说，我们讲人大常委会对规范性文件的监督指的就是对规范性文件的备案审查，对不合法、不适当的规范性文件的撤销，是备案审查的必然结果，也是题中应有之义。从这个意义上讲，规范性文件的备案审查包含了撤销这一'结果处理方式'"。[2]对此有学者指出："因为改变或撤销制度虽然早已存在，但由于缺乏相关的程序规定，比如改变或撤销机关在什么时候、什么情况下行使改变或撤销权，故该制度一直处于'闲置'的状态。而备案审查制度的建立，尤其是将审查与备案联系起来，可以说为审查机关提供了一个契机，从而可以'盘活'整个制度。"[3]由此可见，对规范性文件改变与撤销的处理方式和备案审查是密不可分的。

（2）被动审查：主动审查并非必然审查，只有在审查主体认为必要时才会对备案的规范性文件进行审查，而审查机构可能怠于履行职责，不符合"有备必审"的要求，因此有必要引入被动审查的方式，为备案审查的启动设定必然性。[4]需要在相关法律法规中规定国家机关、社会团体、企业事业单位和其他组织以及公民可以针对地方法院的规范性文件提出审查建议。因为规范性文件制定颁布后，往往对其适用区域内的公民、法人和其他组织的利

---

〔1〕 参见邓华晖、傅思明：《规范性文件备案审查制度研究》，载《行政与法》2021年第11期。

〔2〕 王腊生：《人大常委会规范性文件备案审查制度研究》，载《江苏警官学院学报》2009年第5期。

〔3〕 王锴：《论规范性文件的备案审查》，载《浙江社会科学》2010年第11期。

〔4〕 参见邓华晖、傅思明：《规范性文件备案审查制度研究》，载《行政与法》2021年第11期。

益影响最直接，有关公民、法人和其他组织对这一规范性文件是否合法、适当，是否会对自己的权益造成侵害，体会也是最深的。因此，有学者建议，"在有关立法中，首先必须充分赋予公民、法人和其他组织对规范性文件的审查请求权。其次，在对审查请求的处理上要体现平等的精神，对公民、法人和其他组织的审查建议，与有关国家机关的审查要求，要一视同仁，同等对待，不论是谁提出的，都要进入审查程序。再次，在制度设计上，要方便公民提起审查请求，允许公民既可以书面提出，也可以口头提出，口头提出的，接受备案的机关负责记录……最后，要建立有效的反馈机制，对是否受理，是否启动审查以及审查的结果都应当及时有效地反馈给建议人，不能对审查请求没有处理结果，也没有回音，否则，提起审查请求的制度设计就失去了其应有的价值意义。"[1]

4. 审查标准

对地方法院制定的指导审判工作的规范性文件，首先，主要就其内容的性质进行审查。如带有立法性质或具有司法解释性质，则超越了地方法院的法定职权。原则上不对个案批复进行审查，但如个案批复中新设规则、超越现有法律规定或具有解释性质，则可以审查。判断相关规范性文件是否具有立法性质的标准主要是是否创设了新的规则，是否超越现有法律规定增减了公民的权利义务；判断相关规范性文件是否具有司法解释性质的标准主要是是否对某一法律条文作出了一般性的解释，以及对如何应用某一法律条文提出了一般性的方案。其次，也要就其合法性进行审查，审查其是否与宪法、法律、法规和上级、本级人大及其常委会所作的决议、决定相抵触，所谓相抵触，主要有以下几种表现："一是作出与法律法规或者上级、本级人大及其常委会的决议明显相反的规定，或者作出旨在抵消上述法律性文件精神的规定；二是与法律法规或者上级、本级人大及其常委会的决议中的明确规定不抵触，但与其立法目的和立法精神相反；三是涉及公民基本权利义务等不允许地方规定的；四是明显搞地方保护主义，分割社会主义统一市场的。"[2]最后，要就合理性进行审查，合理性审查是就规范性文件的内容是否客观、适

---

[1]　王腊生：《人大常委会规范性文件备案审查制度研究》，载《江苏警官学院学报》2009年第5期。

[2]　刘经平：《关于地方国家权力机关对规范性文件的审查》，载《政治与法律》1998年第2期。

度、符合公平正义等法律理性，是否符合本行政区域的具体情况进行审查，一般来讲，规范性文件的合理性有以下两层意思：一是制定规范性文件的动机、目的和具体规定符合法律的目的、原则和精神；二是自由裁量权的行使符合公正、合理、客观、适度的一般要求。[1]

5. 审查处理

人大常委会相关工作机构对报送的规范性文件进行研究，提出初步审查意见。初步审查意见认为不属于地方人大常委会受理范围或不需要进入审查程序的，经相关责任人同意后向制定机关或审查申请人反馈并说明理由。初步审查意见认为需要进入审查程序的，由相关责任人签署后转有关专门委员会审查。审查结论为规范性文件适当或不适当。如规范性文件不适当，应将书面审查意见反馈给制定机关，并与制定机关的有关机构沟通。制定机关应在规定期限内反馈处理结果。如专门委员会对该处理结果不满意，或制定机关拒不反馈处理结果，专门委员会向常务委员会提出书面审查意见和予以撤销的议案。审查发现规范性文件不适当时，除了撤销的处理办法，还可以责成纠正，所谓责成纠正就是由地方人大及其常委会责成该规范性文件的制定机关纠正该规范性文件的部分条款的内容，在纠正后该文件继续有效。

本章小结

地方人大常委会对地方人民法院、人民检察院制定的规范性文件进行备案审查有利于司法机关依法独立行使审判权、检察权，整体上有利于司法的统一、公正。但是现行的备案审查制度由于在中央立法层面未明确将地方司法机关规范性文件纳入审查范围，各地在地方性法规中也未明确相应的审查制度，加之地方人大机关审查司法机关规范性文件的历史积累不足与实践经验欠缺，造成地方司法机关规范性文件存在偏离法律秩序乃至于出现违背我国立法体制的现象。本章在对地方性法规关于地方人民法院、检察院规范性文件备案审查的相关规范进行类型化考察的基础上，提出应在正式的中央立法或者地方性法规中明确规定将地方司法机关规范性文件纳入地方人大常委会审查范围，这不仅是促进司法公正的需要，也是促进地方人大充分行使监

---

[1]　参见易峥嵘：《如何完善地方人大常委会规范性文件备案审查制度》，载《人大研究》2007年第6期。

督职权并加强对司法工作监督的需要。在具体审查制度设计上，地方人大常委会应当设立专门的受理机构与审查机构，采取主动审查与被动审查相结合的审查方式，在审查标准上要兼顾合法性与合理性并且在审查后提出相应的处理措施。

论地方性法规与党内法规的衔接与协调

【本章内容提要】 借用数学领域的交集概念，地方性法规与党内法规之间既具有直接交集，也具有间接交集。其中直接交集对应的是衔接问题的处理，归属于静态规范秩序；间接交集对应的是协调问题的处理，归属于动态规范秩序。地方性法规与党内法规产生衔接协调问题的原因与中央层面党规国法产生衔接协调问题的原因具有相似性，包括"党纪严于国法的政治要求"、党政分工的领导体制、党政联合发文机制与党组党委制度引发的党内法规溢出效力（效应）的影响，但地方性党内法规中的"自主性规定"与党内法规溢出效力（效应）在地方层面的独特性使得地方性法规与党内法规的衔接协调问题自有其特殊性，不完全是中央层面党规国法衔接协调问题的复刻，需要探索与之相关的衔接协调的基准。衔接协调的实现机制包括立法立规前建立人大机关和同级党委组织的沟通协商机制，立法立规中探索构建地方人大机关与党委组织共同参与的批准审查联动机制，立法立规后建立相应的评估机制及修改、废止的通报机制。

党的十八届四中全会提出："形成完备的法律规范体系、高效的法治实施体系、严密的法治监督体系、有力的法治保障体系，形成完善的党内法规体系"。[1]党内法规与国家法律双轨并行，二者组成了完整的中国特色社会主义法治体系。党的二十大报告更是强调要"完善党的自我革命制度规范体系"，提出"坚持制度治党、依规治党……健全党统一领导、全面覆盖、权威高效

---

[1] 《中国共产党第十八届中央委员会第四次全体会议公报》，载 http://cpc. people. com. cn/n/2014/1023/c64094-25896724. html.

的监督体系"。[1]但由于在此前较长历史时间段内党内法规体系独立发展，并未与国家法律体系进行系统整合，建构完善的中国特色社会主义法治体系还需要党内法规与国家法律有效衔接、充分协调。因此，党的十八届四中全会通过了《中共中央关于全面推进依法治国若干重大问题的决定》（以下简称《决定》），《决定》中提出"注重党内法规同国家法律的衔接和协调"[2]，党的十九大报告则进一步将党规国法的衔接协调上升到国家治理与党内治理的高度，提出"依法治国和依规治党有机统一"[3]。

《决定》中的"国家法律"或"法"必然囊括了地方性法规，我国单一制的国家组织结构形式使得中央层面党规国法的衔接协调对于地方性法规与党内法规的衔接协调具有一定的借鉴价值，但是地方性法规与党内法规的衔接协调有其特殊性，其原因主要有以下三点：一是地方性法规的立法权限并不是完全被限缩的，地方性法规并不全然是对中央层面的国家立法的细化，在"不重复、不抵触"的地方立法原则指引与《立法法》的授权下，地方性法规仍具备有限的"自主性立法权限"；二是中央层面的党内法规与地方性法规分属于不同的规范体系，前者在效力位阶上并不当然优位于后者；三是地方性党内法规与地方性法规虽然在价值指向上都要同时兼顾加强党中央的统一领导与发挥地方的自主性，但明显地方性党内法规更侧重于加强党中央的统一领导，地方性法规相对更兼顾发挥地方的自主性。此外，自 2015 年《立法法》修改以来，设区的市具备了制定地方性法规的权限，地方性法规的立法主体更是陡然扩增，地方性法规与党内法规的衔接协调面临着诸多新情况，如省级以下党组织暂时无权制定党内法规[4]与设区的市普遍享有地方立法权等，更使得对地方性法规与党内法规的衔接协调问题的处理需要探索新的路径。

虽然有学者认为中央层面的党内法规与国家法律、行政法规对应，存在

---

〔1〕 习近平：《高举中国特色社会主义伟大旗帜 为全面建设社会主义现代化国家而团结奋斗——在中国共产党第二十次全国代表大会上的报告》，人民出版社 2022 年版，第 65~66 页。

〔2〕 《中共中央关于全面推进依法治国若干重大问题的决定》，人民出版社 2014 年版，第 35 页。

〔3〕 习近平：《决胜全面建成小康社会 夺取新时代中国特色社会主义伟大胜利——在中国共产党第十九次全国代表大会上的报告》，人民出版社 2017 年版，第 22 页。

〔4〕 虽然 2016 年全国党内法规工作会议通过了《关于加强党内法规制度建设的意见》，提出赋予副省级城市和省会城市党委党内法规制定权并着手在武汉、沈阳、福州等城市进行试点，但目前为止《中国共产党党内法规制定条例》仍未正式赋予省级党委之下的党组织制定党内法规的权限。

衔接协调的问题，中央纪律检查委员会与党中央工作机关或省级党委制定的党内法规与部门规章、地方性法规、地方政府规章对应，存在衔接协调的问题[1]，然而在事实上，各层级的党内法规都可能与省一级、设区的市一级的地方性法规产生衔接协调的必要，因此效力位阶是否严格对应并不能决定地方性法规与党内法规衔接协调的问题如何处理，有必要进一步探寻二者衔接协调问题的特殊性。

一、地方性法规与党内法规衔接协调的概念辨析

（一）地方性法规与党内法规的概念、层级及调整事项

1. 党内法规的概念、层级与调整事项

有学者指出，1990 年《中国共产党党内法规制定程序暂行条例》（以下简称《暂行条例》）将党内法规界定为"党内各类规章制度的总称"，《暂行条例》第 4 条第 1 款规定了党内法规的七种形式即党章、准则、条例、规则、规定、办法、细则，但实际上"党内各类规章制度的总称"的外延要大于"党内法规"[2]，其"还包括以决议、决定、意见、通知、纲要、方案、规范、答复、解释为表现形式的党内规范性文件及党的不成文规矩。"[3]学界有少部分学者将党内规范性文件及党的不成文规矩也视为广义上的党内法规。为避免产生争议，本书与现行《中国共产党党内法规制定条例》（以下简称《制定条例》）保持一致，认为党内法规仅包括"党章、准则、条例、规定、办法、规则、细则"七种规范形式，《制定条例》第 5 条也延续了《暂行条例》对党内法规七种形式的规定，并在第 3 条第 1 款明确了党内法规的定义："党内法规是党的中央组织，中央纪律检查委员会以及党中央工作机关和省、自治区、直辖市党委制定的体现党的统一意志、规范党的领导和党的建设活动、依靠党的纪律保证实施的专门规章制度。"这无疑是对党内法规概念最为

---

〔1〕 参见谭波：《党内法规与国家法律的衔接和协调类型研究——基于部分党内法规与国家法律的分析》，载《江汉学术》2019 年第 2 期。

〔2〕 参见王伟国：《国家治理体系视角下党内法规研究的基础概念辨析》，载《中国法学》2018 年第 2 期。

〔3〕 魏治勋、汪潇：《论党内法规的形式规范性及其创造性转化》，载《吉林大学社会科学学报》2019 年第 3 期。

权威的定义。根据《制定条例》第 31 条的规定，党章具有最高效力，中央党内法规效力次之，中央纪律检查委员会与党中央工作机关制定的党内法规效力再次之，效力位阶最低的是省、自治区、直辖市党委制定的党内法规。依照《制定条例》第 4 条的规定，党章之下党内法规的制度体系可以分为党的组织法规制度、党的领导法规制度、党的自身建设法规制度、党的监督保障法规制度。

2. 地方性法规的概念、层级与调整事项

根据我国的立法体制，地方性法规只是地方立法的一种表现形式，除却地方性法规以外，地方立法还包括地方政府规章、自治条例、单行条例。[1]与地方政府规章相比，地方性法规在地方立法的效力位阶更高；而与自治条例、单行条例相比，其立法主体与适用地域更为广泛，地方性法规与党内法规衔接协调问题的解决对于自治条例、单行条例具有很强的示范效应。

依据我国《立法法》第 72 条与第 81 条的规定，地方性法规是地方人民代表大会及其常务委员会在不违背宪法、法律、行政法规的前提下，遵照法定的立法权限，在本行政区域内制定的具有普遍约束力的规范性文件。根据制定主体的差异，可具体分为省、自治区、直辖市的人民代表大会及其常务委员会制定颁行的地方性法规与设区的市的人大及其常委会制定的地方性法规。结合《立法法》第 82 条、第 80 条及第 81 条的规定，制定地方性法规的情形包括以下三种：其一，为执行上位法而根据本行政区域实际状况制定执行性法规；其二，纯属于地方性事务需要制定地方性法规；其三，不属于法律保留的事项但国家尚未制定上位法，由地方根据本地具体情况和实际需要"先行先试"制定地方性法规，待上位法制定后进行修改或废止。上述情形所表征的地方立法权限可以简要概括为执行上位法、地方事务立法、"先行先试"立法三种类型，其中设区的市的立法权限是执行上位法与地方事务立法，仅限于在城乡建设与管理、生态文明建设、历史文化保护、基层治理这四个方面。

（二）交集概念的内涵与转用

交集并非法学术语，它源于数学领域，指的是两种"具有某种特定性质的具体的或抽象的对象汇总成的集体"[2]的重叠，相关对象被称作集合的元

---

〔1〕 参见刘作翔：《当代中国的规范体系：理论与制度结构》，载《中国社会科学》2019 年第 7 期。

〔2〕 潘云霞：《数学集合的交集在卡诺图化简中的应用》，载《电子世界》2020 年第 24 期。

素，交集的概念用最为简化的数学符号表示为：有集合 A 与集合 B，当有元素既属于集合 A 又属于集合 B 时，我们就称 A 与 B 具有交集，记作 A∩B（或 B∩A），其中元素的交集部分可以称作 C。将交集概念转用于地方性法规与党内法规的关系处理其实并不完全符合数学领域对交集的定义，因为单纯从文本层面来看，若将其中某一条规定视作组成元素，那么分属于不同规范体系的地方性法规与党内法规之间并没有如数学领域那样完全相同的规定。如果不盲目追求文本层面元素的完全重叠，我们仍可以将数学领域的交集概念转用于地方性法规和党内法规的关系处理：一种情形是地方性法规与党内法规在实施过程中互相嵌套，一方的实施是另一方的前置条件或应然后果，此种情形主要指向的是地方性法规与党内法规有共同作用的调整事项（如干部管理）；另一种指的是地方性法规与党内法规的实施互相配合，而非在逻辑顺序上互为条件或后果，从而共同致力于某一目标的实现，此种情形主要存在于地方性法规与党内法规因调整事项的相似而实质上共同调整某一类事项。

就共同作用的调整事项而言，地方性法规与党内法规的调整事项在事实上具有重叠部分，类似于元素的重合，二者通常在适用主体上也是重叠的，可以称之为直接交集；而就共同调整某一类事项而论，地方性法规与党内法规仅在调整事项上相似或相关（如环境保护），二者并不必然在适用主体上有重叠部分，一方的实施也不构成另一方的前置条件或应然后果，它们是借助第三方机制（如党委党组制度、党政联合发文）产生联系，元素的重合度低于直接交集的情形且更强调元素的合力，可以称之为间接交集。

（三）衔接、协调概念的厘清及其对应的交集情形

1. 衔接、协调的概念厘清

现有研究对于衔接、协调概念的理解或使用呈现出两种趋向：就分离的趋向而言，有学者认为二者分属于不同层面，协调是党规国法在内容层面的协调，而衔接是党规国法在机制层面的有效衔接；[1]有学者指出协调区别于衔接之处在于党规国法衔接的"接口"是相同的，类似于排序的排列，而党

---

[1] 参见王若磊：《党规与国法的关系的三重维度：内容协调、机制衔接与相互保障》，载《上海政法学院学报（法治论丛）》2019 年第 5 期。

规国法的协调的"接口"则可能是不同的，类似于元素的合力；[1]有学者认为，"'衔接'是指党规与国法两套制度体系无缝连接，不能脱节断档、交叉重复、错位越位；所谓'协调'是指党规与国法可以对某一事项进行侧重性规定，但党规不能与国法的内容相抵触，制度间避免冲突。"[2]就混同的趋向而论，相当一部分学者在使用衔接、协调的概念来处理党规国法的关系时，不加区分或虽有所区分但模糊二者间的边界，以提出基本标准、完善路径、实现机制的方式统合了党规国法的衔接协调问题。

但无论是混同还是分离，学界对衔接、协调概念的使用或理解有着共同的局限性，即基本都是立足于中央一级的国家立法与党内法规的互动关系，忽略了地方性法规与党内法规衔接协调问题的特殊性。

2. 衔接、协调对应的交集情形

衔接、协调概念适用于地方性法规与党内法规的关系处理既有共性，也有个性：共性表现为地方性法规与党内法规关系处理要力求协同适用，促进党内法规与国家法律相辅相成、互为保障、相互促进，实现内在统一于中国特色社会主义法治体系的目标，以服务于国家治理体系的完善以及国家治理能力的提高。[3]个性表现为衔接、协调各有其侧重点，从语义上看，衔接意味着事物之间首尾相接、前后相属，在工程学术语中可以称之为"榫卯结构"[4]，协调则意指事物间搭配得当、相互配合、和谐一致。结合衔接、协调的基本语义，衔接大体对应的是地方性法规和党内法规有直接交集的情形；而协调则主要对应的是地方性法规与党内法规有间接交集的情形。

---

〔1〕　参见谭波：《党内法规与国家法律的衔接和协调类型研究——基于部分党内法规与国家法律的分析》，载《江汉学术》2019 年第 2 期。

〔2〕　曾钰诚：《论党规与国法衔接协调：法理逻辑、目标与价值》，载《社会主义研究》2018 年第 6 期。

〔3〕　参见秦前红、苏绍龙：《党内法规与国家法律衔接和协调的基准与路径——兼论备案审查衔接联动机制》，载《法律科学（西北政法大学学报）》2016 年第 5 期。

〔4〕　参见谭波：《党内法规与国家法律的衔接和协调类型研究——基于部分党内法规与国家法律的分析》，载《江汉学术》2019 年第 2 期。

二、地方性法规与党内法规的衔接协调问题的产生

（一）地方性法规与党内法规交集的情形差异

1. 适用对象的同一性与调整领域的重叠性引致的直接交集

据官方统计，截至 2023 年年底，中国共产党的党员数量为 9918.5 万名，包括省级国家机关在内的各层级、各类别的地方国家机关中具备党员身份的公职人员占据着相当比例，这给规范的共同适用或单独适用奠定了主体基础。例如 2022 年中共中央办公厅印发了《推进领导干部能上能下若干规定（试行）》（以下简称《规定》），适用对象是中央和地方的党政机关领导干部，《浙江省人民代表大会常务委员会任免国家机关工作人员条例》作为省级地方性法规，其适用对象是国家机关工作人员，与前述《规定》在规范领域上高度重叠，具有产生直接交集的可能。此外，源于法律保留原则的限制，属于《立法法》第 11 条规定的事项只能由全国人大及其常委会制定法律，党内法规与地方性法规皆无权直接调整法律保留的事项，但是法律已对法律保留事项作出规定的，地方性法规可以根据本地实际情况就上位法的执行作出具体规定。因此，党内法规与地方性法规可能产生直接交集的领域在于，地方性法规为执行公法领域的上位法而作出的具体规定与党内法规特别是党的监督保障法规、党的组织法规在适用主体上的同一与调整领域上的重叠，其中以党纪国法的同时适用或单独适用最为典型。

2. 党内法规"溢出效力"（效应）催生出的间接交集

地方性法规与党内法规直接交集的有限性并不意味着其余的地方性法规与党内法规没有联系，一部分党内法规在某些情况下会以"溢出效力"（效应）的形式对党外事务或党外人士产生间接作用力。[1]通过党内法规"溢出效力"（效应）的联结，党内法规的执行与立改废释也会间接影响规范地方事务、"先行先试"以及部分执行上位法的地方性法规的立改废释，即产生间接交集。需要说明的是，地方性法规与党内法规产生间接交集的领域以党的领导、党的自身建设方面的法规与相关地方性法规的联结最为典型，但是这不

---

[1] 参见王圭宇：《新时代党内法规同国家法律衔接和协调的实现路径》，载《学习论坛》2019年第 5 期。

代表党的监督保障、党的组织方面的法规无法与相关地方性法规产生间接交集。再以《浙江省人民代表大会常务委员会任免国家机关工作人员条例》为例，这一地方性法规所规范事项是对包括权力机关、行政机关、监察机关、审判机关、检察机关等国家机关在内的主要工作人员的任免。2017 年浙江省委印发的《浙江省贯彻〈中国共产党问责条例〉实施办法》则是就党组织和党的领导干部问责问题作出规定，看似前述地方性法规与党内法规之间没有交集，但由于党管干部原则的影响，被问责的对象如果同时兼具国家机关工作人员的身份，那么其所受到的纪律处分也会影响到相关主体国家公职的任免，当然此种影响是以符合正当法律程序的方式间接影响国家机关工作人员的任免。

3. 不同情形的交集所归属的规范秩序

凯尔森认为："法律秩序，尤其是国家作为它的人格化的法律秩序，因而就不是一个互相对等的、如同在同一平面上并立的诸规范体系，而是一个不同级的诸规范的等级体系。"[1]同样有学者指出，"如果在党内法规体系内部各个法规关系混乱，位阶不明，难免会出现其合法性障碍。"[2]但问题在于地方性法规与党内法规虽然统一于中国特色社会主义法治体系，但仍然是各自独立的包含不同位阶诸规范的规范体系，而凯尔森所探究的是法规范体系内部的效力等级与秩序构造，因此凯尔森语境中的动态或静态的法律规范体系并不能直接适用于地方性法规与党内法规关系的处理。

凯尔森曾区分了动态规范体系与静态规范体系，用以指示两种不同层面的规范秩序，其中静态规范体系指向的是基于逻辑推理而形成的规范之间的效力关系，而动态规范体系反映的则是规范等级秩序中法规范的创设顺序，即由基本规范派生出宪法规范，由宪法规范派生出一般规范，由一般规范派生出个别规范。[3]因为地方性法规与党内法规归属于不同的规范体系，虽然在更高层面上二者统一于中国特色社会主义法治体系，然而二者仍然是具有

---

〔1〕 ［奥］凯尔森：《法与国家的一般理论》，沈宗灵译，中国大百科全书出版社 1996 年版，第 141 页。

〔2〕 姬亚平、支菡箴：《论党内法规与国家法律的协调和衔接》，载《河北法学》2018 年第 1 期。

〔3〕 参见［奥］凯尔森：《法与国家的一般理论》，沈宗灵译，中国大百科全书出版社 1996 年版，第 126-127 页。

殊异性的。因此，我们需要对凯尔森的静态规范体系的概念进行"扩张解释"或曰"类推适用"，承认地方性法规与党内法规在具备直接交集的情形下需要辨明不同类别规范之间的逻辑关系，以便于正确适用，所以地方性法规与党内法规的直接交集归属的是静态层面的规范秩序。而对于凯尔森的动态规范体系的概念我们则需要进行"概念重释"或"名称借用"，因为地方性法规与党内法规在间接交集的情形下更多是因规范的制定或立改废释相互产生间接影响，而非经由元规范在规范体系内部逐级派生出不同等级序列的规范，因此我们可以着重选取"动态"与"规范"二词，用以描述地方性法规与党内法规在间接交集情形下因立改废释产生的动态层面的规范秩序。

（二）直接交集情形下地方性法规与党内法规需要前后衔接的原因

"党纪严于国法的政治要求"与党政分工的领导体制使得党内法规与相应的地方性法规在规范目标上存在了梯级差别，二者既互相独立又互相配合，产生了前后衔接的必要。地方性法规属于法律体系的组成部分，其规范目标是维护体现国家意志的基本法律秩序，而法律具有只规范主体的行为而不规制内心活动的属性，党内法规的规范目标是保证党员的理想信念宗旨不会变质以及党的意志得到充分贯彻，这在一定程度上介入到了相关主体的内心世界。尤其是党的监督保障法规承载着绝大部分成文形式的党的纪律，党纪也具有一定的强制性与约束力且呈现为义务性规范的形式。[1]规范目标的梯级差别导致不同类别的规范有了共同适用于具有公职身份与党员身份的同一主体的操作空间，引发了二者的衔接问题。此外，即使地方性法规与党内法规对同一事项如干部管理、责任追究等都进行了规定，但在党政分工的领导体制的影响下，地方性法规与党内法规对同一事项的规定既相互独立又相互配合，往往构成了同一事项下的子事项，在执行层面形成时间顺序上的承接关系，使得不同类别的规范为调整同一事项有了彼此联结的需要。

（三）间接交集情形下地方性法规与党内法规需要彼此协调的原因

间接交集情形下地方性法规与党内法规不以适用主体与调整事项的同一为前提（类似于元素的重叠），而是通过党政联合发文、党委或党组制度的第

---

〔1〕 参见魏治勋：《论党规的概念、范围与效力等级》，载《法律科学（西北政法大学学报）》2018年第2期。

三方机制使得在调整事项上具有相关性或相似性的地方性法规与党内法规之间产生间接交集（类似于元素的合力）。换言之，一部分党内法规在某些情况下会以"溢出效力"或"溢出效应"的形式对党外事务或党外人士产生间接作用力。[1]从而产生地方性法规与党内法规的协调问题。

其一，党政分工的领导体制不仅体现为地方性法规与党内法规在某一调整事项上针对同一适用主体的衔接规定，也呈现在地方性法规与地方性党内法规针对同一领域的相关调整事项的规定的协调上。在党政联合发文机制的作用下，一部分党内法规特别是地方性党内法规能够对党员、党组织以外的主体具备规范效力（溢出效力），从而在相关调整事项上产生间接交集。例如在生态环保领域各地颁行了大量的地方性法规如《山东省海洋环境保护条例》《云南省生物多样性保护条例》《鄂州市湖泊保护条例》；有关生态环保的党内法规也有很多，如《中央生态环境保护督察工作规定》（以下简称《督察规定》），各省（直辖市、自治区）党委也根据《督察规定》制定了相应的地方性党内法规如《云南省生态环境保护督察实施办法》（以下简称《督察实施办法》）。这些生态环保领域的地方性法规与地方性党内法规虽然都致力于从规范层面为环境保护、生态建设的有效治理提供制度框架，但是不同于直接交集情形下地方性法规与党内法规形成对同一适用主体"环环相扣"的无缝衔接，生态环保领域的地方性法规与地方性党内法规在很大程度上是适用于不同主体情况下的彼此协调，二者并不需要通过准用性规范实现无缝衔接。

其二，经由党委或党组制度的联结，在同一领域相似的调整事项上党内法规能够对地方性法规的执行或立改废释产生事实上的影响，从而以"溢出效应"的形式使得党内法规特别是中央党内法规能够与地方性法规产生间接交集，具有彼此协调的需要。在党政分工的制度逻辑下，党不能直接干预地方性法规的执行或立改废释，中央党内法规对地方性法规的影响主要是通过中央党内法规对从中央到地方乃至基层的党委或党组领导经济、社会、文化等领域建设的职责的规定得以彰显的，这在党的领导法规制度中体现得最为突出，此种事实上的影响不同于党政联合发文情形下党内法规直接将地方性

---

〔1〕　参见王圭宇：《新时代党内法规同国家法律衔接和协调的实现路径》，载《学习论坛》2019年第5期。

法规的适用主体及贯彻落实状况纳为评价对象，而是经由党委或党组的联结，通过党管干部、党管意识形态等原则的影响，使得在相似的调整事项上中央党内法规的贯彻落实会间接影响到地方性法规的执行或立改废释，从而在中央党内法规与地方性法规之间形成间接交集。

三、地方性法规与党内法规衔接协调问题的特殊性

从上述对直接交集与间接交集的分析中可以看出地方性法规与党内法规产生衔接或协调问题的原因包括两类：一类是与中央层面党规国法产生衔接协调问题的原因类似，主要包括"党纪严于国法的政治要求"与党政分工的领导体制；另一类则是地方性法规与党内法规衔接所特有的或与中央层面的党规国法的协调所共有的但是在地方层面呈现出个性的原因。前者主要与地方立法的"不重复原则"有关，指向的是地方性法规或地方性党内法规中的"自主性规定"，后者主要与党内法规的"溢出效力"（效应）有关，指向的是党政联合发文与党委、党组制度的第三方机制。这两类原因在地方性法规与党内法规衔接协调的问题上是彼此交融的，但是导致地方性法规与党内法规的衔接协调问题产生特殊性的原因主要是后者：第一，与中央层面党规国法产生衔接协调问题相类似的原因中，"党纪严于国法的政治要求"与党政分工的领导体制共同影响了直接交集情形下的衔接协调问题，而间接交集情形下的衔接协调问题则主要与党政分工的领导体制相关；第二，地方性法规或者地方性党内法规中的"自主性规定"主要与直接交集情形下的衔接问题的特殊性相关，党政联合发文、党委或党组制度等第三方机制引发的"溢出效力"（效应）在地方层面呈现出的个性主要与间接交集情形下地方性法规与党内法规的协调问题特殊性有关。

（一）"自主性规定"引发的地方性法规与党内法规衔接问题的特殊性

在党政分工的领导体制与"党纪严于国法的政治要求"的作用下，直接交集情形下的地方性法规与党内法规衔接问题的处理似乎高度类似于中央层面党规国法的衔接问题的处理，但也有其特殊性，此种特殊性主要源于地方性法规中的"自主性规定"，在"不重复原则"的指引下地方性法规会适当结合本地实际作出相应调整，涉及地方性法规的"自主性规定"如何与党内法规有效衔接就不能只是简单参考中央层面党规国法衔接问题的处理规定。

地方性法规与党内法规分属于不同的规范体系并且二者在效力位阶上也难以完全对应，二者在直接交集的情形下的衔接问题的处理，往往需要借助党内法规中的准用性规范在规范构造中将地方性法规的适用作为后果（规范后件），或者需要党内法规在规范构造中将地方性法规的适用与否作为假定条件（规范前件）。以浙江省为例，2015 年中共中央办公厅印发了《推进领导干部能上能下若干规定（试行）》（2022 年修订为《推进领导干部能上能下规定》，以下简称《能上能下规定》），适用主体是中央和地方的党政机关领导干部，其中第 9 条规定了调整不适宜担任现职的干部在经过党委（党组）的考察核实、提出调整建议等程序后，最终的任免程序需要按照有关法律法规的规定进行，浙江省委同时也制定了与《能上能下规定》相配套的《浙江省推进领导干部能上能下实施细则（试行）》（以下简称《实施细则》），其第 9 条与《能上能下规定》的第 9 条相类似，也包含有准用性规范。而《浙江省人民代表大会常务委员会任免国家机关工作人员条例》（以下简称《任免条例》）作为省级地方性法规，其适用主体是浙江省的国家机关工作人员，调整事项也是领导干部的任免问题。《任免条例》与《能上能下规定》《实施细则》在调整事项与适用主体上具有重叠部分，因此浙江省的国家机关在进行领导干部的组织调整时要充分处理好地方性法规与党内法规的衔接问题，既要适用《能上能下规定》，同时也要借助《能上能下规定》《实施细则》的准用性规范，适用包括《任免条例》在内的法律、法规。

中央层面党规国法的衔接问题的处理需要通过明确的"规范前件"或"规范后件"引入国家法律，在这一点上地方性法规与党内法规衔接问题的处理与之是类似的，但是地方性法规特别是地方性法规中的"自主性规定"如何与不同层次的党内法规有效衔接也是具有特殊性的：第一，中央党内法规并非效力位阶意义上地方性法规的上位法，即便在"不抵触"的立法原则指引下地方性法规的制定事先消除了与上位法的矛盾、冲突，地方性法规与党内法规的衔接也并非仅是中央层面党规国法衔接的复刻或延伸，不能直接沿用中央层面党规国法的衔接处理方式。因为地方性法规的"自主性规定"可能暂时因欠缺上位法作为直接立法依据（"先行先试"立法），或者因上位法本身就将该事项授权地方性法规调整（地方事务立法），抑或地方性法规所执行的上位法相关条文本身就具有模糊性（执行上位法），从而在内容上不同于国家法律，必须探索不同有别于中央层面党规国法的中央党内法规与地方性法规的衔接基准。第二，与地方性法规具有衔接必要的省级党委制定的地方性党内法规主要是中央党内法规的延伸，其所涉及的调整事项只能是为贯彻执行中央党内法规作出配套规定的事项，如干部管理等，这部分地方性党内法规虽然更侧重于加强党中央的统一领导，但也在一定程度上需要发挥地方自主性，即便其发挥地方自主性的程度远不如地方性法规。因此共同调整同一事项的地方性党内法规与地方性法规存在着"自主性规定"的衔接问题，该问题的处理也不只是中央层面党规国法衔接问题处理的复刻与延伸，同样需要探索相关的衔接基准。

（二）"溢出效力"（效应）导致的地方性法规与党内法规协调问题的特殊性

党政联合发文、党委或党组制度等第三方机制引发的"溢出效力"（效应）同样影响着中央层面的党规国法协调问题的处理，但是相关第三方机制引发的"溢出效力"（效应）在地方层面表现出的特点使得地方性法规与党内法规的协调问题的处理有其特殊性。

一方面，就党政联合发文机制而言，中央党内法规的协调对象既包括国家法律，也包括地方性法规，而地方性党内法规只能与地方性法规产生间接交集，具有协调的必要性。在党政联合发文机制下，中央党内法规和地方性法规的协调处理主要是受到党内法规"溢出效应"的影响；而地方性法规与地方性党内法规的协调处理则主要是受到党内法规"溢出效力"的影响。

以生态环保领域为例，《督察规定》第15条第3项规定应纳入例行督察内容的是"国家生态环境保护法律法规、政策制度、标准规范、规划计划的贯彻落实情况"，其中并不明确包括地方性法规的贯彻落实状况。能够将生态环保领域的地方性法规的贯彻落实状态明确纳为督察内容的主要是与《督察规定》相配套的省级党委制定的地方性党内法规。以云南省为例，《督察实施办法》第14条规定了云南省的省级专职督察机构的督察对象不仅包括党委，还包括政府有关部门、省属企业及其他单位，第15条规定了省生态环境保护法律法规的贯彻落实状况属于督察内容。换言之，包括《云南省生物多样性保护条例》在内的生态领域的云南省的省级地方性法规的贯彻落实状况构成了《督察实施办法》中规定的省级专职督察机构的督察对象及内容，地方性法规与地方性党内法规在此意义上是对同一领域（环境保护、生态建设）中相关调整事项（生物多样性保护和对生物多样性保护的监督）的分别规定。

《督察实施办法》作为党政机关联合制定的地方性党内法规，能够将本行政区域内的相关政府职权事项纳为规范内容。因此经由党政联合发文机制的联结，以《督察实施办法》为代表的地方性党内法规与以《云南省生物多样性保护条例》为代表的地方性法规之所以能够产生间接交集，产生彼此协调的需要，原因恰在于《云南省生物多样性保护条例》与《督察实施办法》在效力位阶上是大致对应的（省级地方性党内法规与省级地方性法规）。

另一方面，就党委或党组制度而言，相较于中央层面党规国法的协调问题的处理的普适性，地方性法规与党内法规的协调问题的处理有着"地方性"的特征。因为中央层面党规国法有着面向全国的特点，因此在党委或党组制度的联结下通过"溢出效应"的影响，党中央及中央各部门依据党内法规对国家法律的执行或立改废释工作的领导必须忽略地方性的差异，换言之，在"溢出效应"联结下的中央层面党内法规与国家法律的协调必须以能为各地提供普适性的规范实施框架为目标，从而适应各地差异性的社会经济发展状况以及不同的风土人情、人文习俗。而在"溢出效应"影响下的地方性法规与党内法规的协调则主要呈现为地方党委或党组依据党内法规对地方性法规的立改废释工作或执行进行领导，由于地方性法规是各地社会治理的重要规范依据，其与不同地域的社会状况、经济水平、文化习俗等因素密切相关，具有鲜明的"地方性"。

四、地方性法规与党内法规衔接协调的基准及应用

（一）直接交集情形下的衔接基准及运用

在产生直接交集的情形下，由于地方性法规与党内法规在适用对象与调整领域上的高度重叠，处理二者关系的关键在于实现有效衔接。规范的有效衔接指的是"两种规范之间行为指引承接互补"[1]，换言之，地方性法规与党内法规的相关规定可以共同适用于同一主体而不会引起矛盾冲突，或者依据具体情况单独予以适用，仅在适用的顺序或适用的尺度上有所差异，互相补位。地方性法规与党内法规的衔接基准与中央层面党规国法的衔接基准在

---

[1]　秦前红、苏绍龙：《党内法规与国家法律衔接和协调的基准与路径——兼论备案审查衔接联动机制》，载《法律科学（西北政法大学学报）》2016 年第 5 期。

总体方向上具有相似性，但是考虑到地方性法规或地方性党内法规中的"自主性规定"，具有相似性的衔接基准落实到地方层面也会呈现出相应的特殊性。

1. 形成完备的规范链条

在地方性法规与党内法规共同适用的情形下，应以形成连贯完整、承接互补的规范链条为衔接的基准，这一点在中央层面的党内法规与地方性法规的"自主性规定"衔接处理上最为突出并且体现出地方层面的特殊性。"在公权力领域，完善的规则体系应该尽可能为被调整对象设定连贯的行为指引，尽管这种连贯性未必由单一的规则体系独立实现，也未必由一条条具体的禁止性或授权性规则串联而成，但必然以严密的逻辑最大限度地限缩模糊地带和规则空白。"[1]但是此一衔接基准在地方层面的落实不同于中央层面，因为中央层面党规国法大致具有层级的对应性，在共同作用的调整事项上二者可以直接形成互补的规范链条，而地方性法规中执行上位法的规定与中央党内法规实际上并不能直接衔接，因为地方性法规中执行上位法的规定实质上从属于中央层面党规国法已形成的规范链条。然而，地方性法规中的"自主性规定"在不与上位法（国家法）相抵触的前提下，可以在上位法不尽完善之处及时跟进作出补充性的操作规定，例如中央一级的党的监督保障法规、党的组织法规与国家法律中的相关规定彼此衔接，形成了规范链条，但是该规范链条对地方国家机关的监督、运行、公职人员管理作出了原则性的规定而不宜进一步作出具体规定，地方性法规中的"自主性规定"则可以直接跟进，就相应的工作机制、实施程序等问题结合本地实际作出详细设计，实现地方性法规与党内法规的衔接。因此地方性法规中的"自主性规定"与党内法规所形成的规范链条相对于中央层面党规国法衔接形成的规范链条，具有补充性、操作性、具体性的特质，并且是结合地方实际的。

以党的组织法规为例，《中国共产党党组工作条例》（以下简称《工作条例》）第20条第2款规定："国有企业党组讨论和决定重大事项时，应当与《中华人民共和国公司法》《中华人民共和国企业国有资产法》等法律法规相符合，并与公司章程相衔接。重大经营管理事项必须经党组研究讨论后，再

---

[1] 秦前红，苏绍龙：《党内法规与国家法律衔接和协调的基准与路径——兼论备案审查衔接联动机制》，载《法律科学（西北政法大学学报）》2016年第5期。

由董事会或者经理层作出决定。"其中"法律法规"当然包括了地方性法规，例如《辽宁省企业国有资产监督管理条例》（以下简称《管理条例》）第 18 条与第 19 条规定了对于重大经营事项，除企业以外的国有资产监督管理机构、法律顾问也应当以相应的方式参与重大事项的决定或讨论。《管理条例》的有关重大经营事项的自主性规定在不与《中华人民共和国公司法》《中华人民共和国企业国有资产法》相抵触的前提下，可以与《工作条例》产生衔接的可能，辽宁省的国有企业讨论与决定重大经营事项的完整程序应当符合《工作条例》《中华人民共和国公司法》《中华人民共和国企业国有资产法》以及相关地方性法规的规定，从而避免程序性的瑕疵。

2. 避免静态层面规范秩序模糊性

在地方性法规与党内法规单独适用的情形下，应以避免静态层面规范秩序模糊性为衔接基准，这一点在地方性党内法规的"自主性规定"与地方性法规的"自主性规定"的衔接问题的处理上体现得最为突出并呈现出地方层面的特殊性。地方性法规与党内法规在直接交集情形下衔接的基准主要涉及静态层面的规范秩序，并且集中在公法领域与党的监督保障、党的组织运行与干部管理方面法规的交叉。在规范单独适用的情形下，针对共同作用的调整事项需要在地方性法规与党内法规中选择适当的规范类别，针对同一主体的同一行为给出具有确定性的处理后果。当不涉及自主性规定时，中央层面的党规国法和中央党内法规与地方性法规在单独适用情形下的衔接处理是高度类似的，因为中央党内法规往往会通过明确的"规范前件"或"规范后件"将国家法律或地方性法规的适用或不适用纳入其中，适用标准是明确的，从而形成二者"互相补位"的局面。例如《中国共产党纪律处分条例》第四章规定了相关主体在纪律审查过程中发现有违反刑法规定但不构成犯罪的行为、因犯罪情节轻微免于起诉或免于刑事处罚的情况下，也应当视具体情节给予相应的纪律处分。

然而当涉及地方性党内法规的"自主性规定"与地方性法规的"自主性规定"的衔接处理时，难以依据明确的适用标准对地方性党内法规与地方性法规的适用进行取舍。以对公职人员的责任追究为例，在地方性法规或地方性党内法规的"自主性规定"都规定了具体的处罚措施且未引入上位法规范的情况下，为了避免出现矛盾冲突或者模糊不清等问题，相关的处罚措施的选择适用就应根据规范语词的差别，结合具体案情进行合理性判断，灵活决断,以选择恰当的责任追究方式。以2015修订的《河北省错案和执法过错责任追究条例》(以下简称《追究条例》)为例,[1]该条例适用于河北省司法人员、行政执法机关的执法人员。《追究条例》第16条规定:"错案和执法过错情节轻微,危害不大的,可酌情给予责任人批评教育、责令检查、通报批评等处理。"中共河北省委曾印发《河北省贯彻落实〈中国共产党问责条例〉实施办法》(以下简称《实施办法》),其中规定了对党的领导干部问责的情形,在公职人员具备党员身份时,《实施办法》与《追究条例》的关系并不必然是共同适用的关系,而是可能适用《追究条例》后就不再适用《实施办法》,或者适用《实施办法》后就不再适用《追究条例》,相互补位的次序根据相关主体的违纪违法程度予以合理判断。

(二) 间接交集情形下的协调基准及运用

不同效力位阶的地方性法规与党内法规皆存在间接交集,具有协调的必要。党内法规并不直接规范设区的市的地方性法规所调整的事项,党内法规更多的是通过"溢出效力"(效应)的方式影响设区的市的地方性法规的制定、执行,二者只能产生间接交集。而由于省级地方性法规的调整领域必然涵盖并且远大于设区的市的地方性法规的调整领域,所以省级地方性法规与党内法规产生间接交集的领域必然是大于设区的市的地方性法规的。需要说明的是,党政联合发文机制、党委或党组制度都能使得各层级的党内法规与地方性法规产生间接交集,但是在党政联合发文机制影响下地方性法规与地方性党内法规的间接交集现象最为典型,而在党委或党组制度下对中央党内法规与地方性法规的间接交集问题的处理最为普遍。

1. 效力位阶的对应性或调整事项的相关性

在党政联合发文机制下,地方性法规与党内法规产生间接交集时要以效力位阶的对应性或调整事项的相关性为协调基准,其中调整事项的相关性适用于中央党内法规与地方性法规的协调处理,而效力位阶的对应性、调整事项的相关性共同适用于地方性党内法规与地方性法规的协调处理。

就中央党内法规与地方性法规而言,二者只需以调整事项的相关性为协调标准。党政联合发文的适用主体在规范层面正式具备了对党外人员、组织

---

[1] 该条例已于2023年失效。

进行规范评价并采取相应行为的权限，而在不考虑效力位阶对应性的情况下地方性法规的适用主体如地方政府、公民、社会组织等本身就已被纳为党内法规的评价对象。只要地方性法规与党内法规的调整事项具有事实上的相关性，那么由于党政联合发文机制的"溢出效应"的作用，中央党内法规的执行在实施过程中就会影响到相关地方性法规的执行。例如《督察规定》第 14 条第 1 款规定督察对象包括"省、自治区、直辖市党委和政府及其有关部门，并可以下沉至有关地市级党委和政府及其有关部门"，虽然《督察规定》第 15 条未明确将生态环保领域地方性法规的贯彻落实状况纳为督察内容，但是 15 条的兜底条款规定了"其他需要督察的生态环境保护事项"，督察机构在实际执行《督察规定》时可以将地方党政机关执行生态环保领域地方性法规的实际状况纳为督察内容。就地方性党内法规与地方性法规而言，二者的协调标准包括效力位阶的对应性和调整事项的相关性。在党政联合发文机制影响下，不同于中央党内法规与地方性法规的协调处理，地方性党内法规与地方性法规的协调更多体现为地方性法规的贯彻落实状况明确被纳入党内法规中，构成特定条文的组成部分，这是地方性党内法规的"溢出效力"的影响，如前述《督察实施办法》与《云南省生物多样性保护条例》的效力位阶大体对应，其中《督察实施办法》第 15 条规定了包括《云南省生物多样性保护条例》在内的省生态环境保护法律法规的贯彻落实状况属于督察内容。

2. 提供具有地方性的规范实施方案

在党委或党组制度的联结下，党内法规特别是中央党内法规的执行会对党外事务或党外主体产生事实性的影响，因此在党内法规的"溢出效应"影响下党内法规与地方性法规在执行过程中相互配合，共同协作，更多的是一种目标趋同，由此处理党内法规与地方性法规关系的关键在于为本地的社会治理提供具有地方性的规范实施方案，二者的协调处理必须要充分吸纳与地方治理有关的诸项事实性要素。

以农村领域为例，中共中央于 2019 年印发了《中国共产党农村工作条例》（以下简称《农村工作条例》），其中第二章的第 5 条到第 13 条规定了党中央、省（自治区、直辖市）党委、市县乡党委组织领导农村工作的职责，而各地党委也依据《农村工作条例》制定了相应的地方性党内法规，如江苏省委印发《关于贯彻〈中国共产党农村工作条例〉实施办法》、中共山东省委印发《中共山东省委关于贯彻落实〈中国共产党农村工作条例〉的实施意见》，而各地人大及其常委会也制定了大量涉及农村领域的地方性法规，如《江苏省农村水利条例》《四川省农村能源条例》《南京市农村公路条例》。规定了党领导农村工作的组织框架、主要任务、队伍建设、保障措施、考核监督的《农村工作条例》的贯彻落实与农村领域地方性法规的执行是彼此关联的，二者在党委或党组制度的联结下产生了间接交集。但是各地党委或党组在领导农村领域的地方性法规的执行工作时，实际上就是力求让《农村工作条例》能够与更为具体农村领域的地方性法规相结合，提供具有地方性的规范实施方案。换言之，各地党委或党组实际上要根据地方实际状况，在推进农村水利、农村能源、农村公路等领域建设的过程中充分考量各项事实性因素，有效协调《农村工作条例》与相关地方性法规。

五、推动地方性法规与党内法规衔接协调的实现机制

地方性法规与党内法规衔接协调的实现机制并不是对衔接协调基准及运用的重复性表达，而是指通过重新设计人大机关与党委组织的工作关系与机构运行来实现对衔接协调基准的运用，换言之，衔接协调基准的运用必须经由人大机关与党委组织的协作配合方能实现，为此需建立一套运行高效、覆盖全面的工作联动机制。这一套工作联动机制覆盖立法立规前、立法立规中、立法立规后三个阶段，包括沟通协商机制、批准审查联动机制、评估机制及修改与废止机制。为使得衔接协调的实现机制不增加立法立规机关的工作负担，妨碍其推进立法立规工作的积极性，相关衔接协调实现机制首先应当将职权在不同层级的立法立规机构、立法立规机构中的内设部门之间进行合理分配，形成相互协作的关系；其次衔接协调的实现机制更多应体现为立法立规机构中的立法工作人员衔接协调思维的养成，而非仅仅是额外的叠床架屋式的机构增设；最后要善于引入体制外的力量参与到衔接协调的工作中，特别是立法专家、司法实务工作者的参与。

（一）立法立规前需建立地方人大机关和同级党委组织的沟通协商机制

1. 需要制定地方性法规而与之有交集的党内法规已然存在的情形

若是直接交集则需要地方人大机关及时与同级地方党委沟通协商，以明确哪些事项只能由既定的党内法规作出规定，不能由地方性法规"越位"调整；哪些事项现有的党内法规规定不够全面、完善，必须由地方性法规作出

补充规定，从而评估相关的地方立法规划能否满足与既定的党内法规有效衔接的要求。若是间接交集也需要地方人大机关及时与同级地方党委沟通协调，以要求同级地方党委合理、及时地执行相关党内法规或者对相关党内法规进行立改废释，以满足启动地方立法制定工作的条件，为立法评估奠定基础。

2. 需要制定党内法规而与之有交集的地方性法规已然存在的情形

中央层面的党内法规的制定首要考虑的是与国家法律的衔接协调，次要考虑的是地方性法规，因为全国人大立法机关已经通过备案审查机制将地方性法规纳入审查体系，从而免去了党的中央组织与地方人大机关、地方政府沟通协商的负担。若是省级党委需要制定党内法规，则一方面需与省级人大机关沟通协商并进行立规评估，以预先避免规范冲突或相互矛盾，实现规范有效衔接或相互协调；另一方面也需由设区的市一级党委与设区的市一级人大机关进行协商沟通并由设区的市一级党委及时汇报协商沟通的结果，尽管设区的市的地方性法规已被纳入省级人大机关的批准审查体系，但鉴于省级人大机关人力资源有限且已承担较多的职能，因此在省级党委需要制定党内法规时适宜地将相关协商沟通的机制同时下沉至设区的市一级党委组织，这不仅有助于缓解省级人大机关的工作压力，也有助于调动各级党委组织、人大机关参与到地方性法规与党内法规的衔接协调工作中的积极性。

3. 地方性法规和党内法规都没有进行规定调整的空白情形

一旦在静态层面的规范秩序中出现了地方性法规和党内法规都应对特定事项予以调整却规范阙如的情形，应通过如下方式实现地方性法规与党内法规的衔接：

其一，如果就该事项国家法律已作出规定，而党内法规与地方性法规对特定事项均未作出调整的情形下，首先应由省级人大机关与同级党委机关沟通协商，再由省级党委机关向党的中央组织汇报，中央一级的党内法规优先满足与国家法律的衔接要求，而后省级党委制定的党内法规与地方性法规在各自规范体系（国家法律与党内法规）理顺逻辑关系，最后实现省级党委制定的党内法规与地方性法规的衔接。

其二，如果就该事项国家法律未作出规定，同时中央一级的党内法规在该领域规定也是空白的情形下，则可以考虑建立由地方人大机关与同级党委机关共同参与的共识凝聚型党政联合发文机制，待时机成熟时再由全国人大机关或党的中央组织制定国家法律或党内法规。"通过党政联合发文这种形式，在一个相对小的范围内、相对低的层次进行制度的先行先试，一定程度上能够为执政党推动制度改革创新以及国家正式立法制造社会舆论、刺激需求、促进共识。"〔1〕

（二）立法立规中需探索构建地方人大机关与党委组织共同参与的批准审查联动机制

1. 现有的批准审查联动机制及其局限性

鉴于备案与审查相互连接，审查机关作出的审议决定能够对地方性法规或党内法规的内容、实施产生实质影响（导致地方性法规、党内法规被撤销等），也可将备案审查视为广义立法立规过程中的活动。《中国共产党党内法规和规范性文件备案审查规定》中提出了建立党内法规和规范性文件备案审查与国家法规、规章和规范性文件备案审查衔接联动机制，以实现党的系统与人大、国务院系统备案制度的有效衔接。〔2〕在官方正式提出建立备案审查衔接联动机制的情势下，尚需进一步完善这一机制，因为全国人大常委会相关工作机构、委员会以及中共中央办公厅机构、人员配置是有限的，现有的备案审查重心则主要集中于中央层面党内法规与国家法律，对于地方性法规与省级党委制定的党内法规的关注力度同样是十分有限的。

2. 建立省级人大机关与同级党委共同参与的批准审查联动机制

根据《立法法》的规定，设区的市的地方性法规需上报省级人大常委会，由其审查批准后施行。为了实现地方性法规与党内法规的衔接协调，可以尝试由省级人大机关与同级党委共同协作，建立批准审查联动机制，省级党委组织可以就设区的市的地方性法规与党内法规是否矛盾、冲突进行预先审查，从而减轻中央备案审查机关的工作压力。

3. 建立设区的市一级人大机关与同级党委共同参与的预先审查协商机制

当地方性法规的制定主体是设区的市一级人大机关时，为减轻省级人大机关批准审查的工作压力，应建立由设区的市一级人大机关与同级党委共同参与的预先审查协商机制。在地方性法规的立法草案出台到上报省级人大机关备案之前的这段时间，由设区的市一级人大机关将立法草案送交同级党委

---

〔1〕 封丽霞：《党政联合发文的制度逻辑及其规范化问题》，载《法学研究》2021年第1期。

〔2〕 参见侯嘉斌：《党内法规与国家法律衔接协调的实现机制研究》，载《社会主义研究》2018年第1期。

进行预先审查，以及时发现立法草案中是否存在与相关党内法规的不协调、不衔接之处，而后由同级党委与设区的市一级人大机关及时协商以便于其后续上报备案或发现问题之后的再行修改。

（三）立法立规后需建立相应的评估机制及修改、废止的通报机制

1. 构建常态化的修改、废止的通报机制

有学者提出为保证党内法规和国家法律在实施过程中的相互配合，建议引入党规法规与国家法律修改与废止的通报机制，即出现了规范修改或废止的情况，有权机关之间应当相互通报，以便于立法立规机关就修改或废止的国家法律所涉及的党内法规、修改或废止的党内法规涉及的国家法律进行合理评估，以确定是否需要启动相应的修改或废止程序。[1]与之相类似，因为地方性法规更会随着社会发展变迁的需要而不断修改与废止，如果不能实现地方性法规与党内法规修改、废止的联动，也会引发规范衔接不畅、无法协调，因此建立修改与废止的通报机制具有保持地方性法规与党内法规动线流畅的重要作用。这一通报机制适合建立在地方人大机关与同级党委之间，但考虑到地方党委特别是设区的市一级党委较为缺乏立规经验，同时立法研究方面的人才储备也难以与地方人大机关比拟，因此宜由地方人大机关与同级党委共同组建负责通报立法立规后修改、废止信息的独立机构，并将该机构的工作运行常态化、制度化：该机构一方面在党内法规被修改、废止时，可以及时通报本级人大机关，另一方面在地方性法规被修改、废止时，可以及时通报有关的党内法规的制定部门或执行部门。

2. 构建第三方参与的科学客观的评估机制

地方性法规、党内法规发生变动后相关信息被通报给相应的立法立规机构后，并不必然导致修改或废止工作的启动，只有在相关的变动足以引发地方性法规与党内法规产生不衔接、不协调的问题时才会要求立法立规机构启动修改与废止工作，因此，从信息通报到立法立规后的更正中间还需经由科学、客观、专业的评估。单方面地由地方人大机关或者同级党委组织进行的评估工作难免陷入主观，导致无法进行准确评估，而应由前述负责通报修改、废止信息的独立机构兼任评估的任务。具体而言，就是在该机构向立法立规

---

〔1〕　参见姬亚平、支菡箴：《论党内法规与国家法律的协调和衔接》，载《河北法学》2018年第1期。

主体通报地方性法规、党内法规的修改、废止信息时，应一并附上评估报告，以便于立法立规机构作出决断，是否启动相应的修改或废止工作。此外，如果有对地方立法、党内法规领域具备专业知识的专家参与评估工作的话，更加能够确保评估结果的科学、客观、专业。

本章小结

本章旨在作出一种融贯性的努力，强调处理地方性法规与党内法规的衔接协调问题一方面需要明确社会主义法治体系的整体性，即地方性法规与党内法规需要实现在自身规范体系内部秩序的和谐统一；另一方面，也需重视不同层级地方性法规与效力等级不同的党内法规衔接协调问题的差别。两个方面互为补充，彼此交融，负责立改废释或执行地方性法规与党内法规的国家机构要精准认识到相关规范"在社会治理结构和法治结构中的地位、作用及其相互关系"[1]。只有明确每一层级的规范在整体法秩序中的定位，并且依据这种定位处理地方性法规与党内法规的衔接协调问题，才能最终建构"整体"与"部分"相互贯通的有序运行的中国特色社会主义法治体系。

---

[1] 刘作翔：《当代中国的规范体系：理论与制度结构》，载《中国社会科学》2019 年第 7 期。

设区的市地方性法规与上级规章的
合理关系
——以山东省设区的市地方性法规为分析对象

【**本章内容提要**】《立法法》相关制度设计缺位导致设区的市地方性法规与部门规章、省级政府规章之间呈现不清晰与不稳定的关系，从理论上看是现行立法体制所蕴含的法制冲突风险，以及单一制下中央和地方事权划分紧张关系的必然反映。本章以山东 16 个设区的市制定的地方性法规为分析对象，择取与部门规章、山东省政府规章相联系的规范内容进行逐一比对和分析，梳理了条文内容重复、衔接和不一致三个类型的具体表现，分析存在的规律性问题，意在阐明设区的市地方性法规与部门规章、省级政府规章之间呈现不清晰与不稳定的关系的深层次原因：一方面当前地方性法规与规章之间缺乏清晰的权限划分，另一方面设区的市地方性法规与上级规章缺乏总体的衔接机制，这是单一制下中央和地方事权划分紧张关系的必然反映。为此，需要从完善匹配事权改革的地方立法体制的实践创新路径入手，有效解决法治统一与地方立法特色之间的矛盾。

一、问题的提出

《立法法》赋予设区的市地方立法权，地市级立法由之前 49 个较大的市少数享有立法权的特殊模式，转变为所有设区的市共同获得立法权的普遍模式。地方立法权的扩容一方面表明地方治理权限的拓展，但另一方面，立法体制既存的相关问题也从较大的市的特殊性延展为设区的市的普遍性存在，典型如维护法制统一的成本增加以及法制冲突的现实可能性加剧。《立法法》第 81 条第 1 款规定了制定设区的市地方性法规的事项范围以及不得抵触的上位法类型，第82条规定了地方性法规权限，第100条第1款明确地方性法规的效力高于本级和下级地方政府规章，第106条规定了地方性法规与部门规章发生冲突的裁决方式，这些条文明确设计了地方性法规的纵向规范层级与效力位阶，又廓清了地方性法规与法律、行政法规的关系。但是，地方性法规与规章的关系并没有在《立法法》规定的立法体制内得到完全清晰的界定，既包括同级地方性法规与地方政府规章就立法事项没有明确界分标准，也包括不同层级的地方性法规与规章之间没有明确的适用选择标准与冲突风险防范机制。尤其是对设区的市地方性法规来说，一方面，其与省级政府规章之间的效力高低以及冲突裁决没有通过《立法法》得到明确；另一方面，尽管《立法法》第106条规定了地方性法规与部门规章的冲突裁决机制，但对如何防止二者之间存在的冲突风险缺乏进一步的规范设计，从中也无法得出二者效力高低的明确判断。有学者聚焦此问题并通过研究分析，得出"设区的市地方性法规的效力等级高于省级政府规章"的结论〔1〕，但此结论未经现行《立法法》制度设计的认可，在立法适用中也难以得到充分支持。

从行政层级的角度，把部门规章和省级政府规章统称为"上级规章"，既便于行文简洁，又符合单一制行政区划层级的现实情况。〔2〕设区的市地方性法规与上级规章的关系是理论和实践所共同关注的重要问题。理论方面，涉及立法体制兼容性和不同层级立法主体的立法权限、效力判定、适用选择等问题，包括中央与地方立法关系、人大立法与行政立法关系等。实践方面，现实中存在大量部门规章与地方政府规章就某一行政管理领域或行业发展制定管理措施，发挥着调整权利义务、配置社会资源、规范行政权力的立法作用，其上承法律法规的规定，下启行政规范性文件的具体措施，发挥着重要的社会治理与规范约束作用。而行业性和专业性立法领域极容易产生地方性法规与规章的冲突，如"在无居民海岛管理、湿地保护及滨海湿地管理方面，

---

〔1〕 参见杨建生、莫玉雪：《论设区的市地方性法规与省级政府规章之间的效力等级》，载《经济与社会发展》2020年第6期。

〔2〕 需要说明的是，"上级规章"并不是"上位法"，即部门规章和省级政府规章不是设区的市地方性法规的上位规范，《立法法》也没有规定设区的市地方性法规不得抵触上级规章。

涉海部门规章与地方性法规均存在较大冲突"。[1]尽管有学者以行使行政权为由把国务院及其部委、省级与设区的市级政府排除在立法主体之外,[2]但《立法法》的规定与行政立法的实践表明,行政法规、部门规章和地方政府规章并不是单纯的行政行为,其在不与法律产生冲突时具有法的规范效力。制定设区的市地方性法规必须要考虑与上级规章的关系问题,避免因地方立法层级扩容而导致法律冲突加剧的情况。

二、设区的市地方性法规与上级规章条文内容的关系类型

有学者指出地方立法纵向衔接方式的多样性决定了立法冲突的情形和表现多种多样,典型如上位法本身存在矛盾冲突、地方创新性立法或者试验改革形成与上位法的矛盾冲突、不能整合多个上位法内容和准确反映上位法精神等。[3]然则,这只揭示了设区的市地方性法规与法律、行政法规的衔接冲突,没有细化至与非上位法地位的上级规章之冲突形式和基本类型。为更加具体地探寻设区的市地方性法规与上级规章关系的实际情况,笔者以 2015 年《立法法》修订以来山东省 16 个设区的市人大及其常委会制定的地方性法规为分析对象,根据法规内容与规范事项,选择与部门规章、山东省政府规章相关联的 78 部地方性法规进行类型分析研究,针对同一事项的立法文件进行逐条比对,总结分析与上级规章存在的冲突与重复。根据"北大法宝"对"法规类别"的标识,基于法规内容与所调整社会关系,在对"城乡建设与管理、环境保护、历史文化保护"三类事项进行细化的基础上,将 78 部地方性法规划分为 13 类。[4]经过认真梳理和系统比对分析发现,同一领域或同一规范内容的条文,设区的市地方性法规与上级规章内容完全重复的较少,条文近似者较多,总体上也能够形成相互衔接、配合的关系,内容冲突的条文不

---

〔1〕　李晓安、张文斐:《涉海部门规章与地方性法规冲突解决的路径分析》,载《北京行政学院学报》2021 年第 3 期。

〔2〕　参见程波、吴玉姣:《央地分权制衡视角下〈立法法〉的完善》,载《湖南社会科学》2018年第 3 期。

〔3〕　参见李克杰:《设区的市地方立法:理论探讨与实证研究》,中国政法大学出版社 2018 年版,第 295-297 页。

〔4〕　本部分内容以 2015 年修订的《立法法》为基准,设区的市立法事项仍为"城乡建设与管理、环境保护、历史文化保护",不包括 2023 年修订的《立法法》将"环境保护"修改为"生态文明建设",以及增加的"基层治理"。

多但较为典型。以下分成三类举例予以说明各类型关系的具体情况。[1]

（一）条文内容重复的关系类型

条文内容重复是指设区的市地方性法规不仅在具体内容上与上级规章一致，连具体表述都高度相似，适用何种规范都可以达到效果。例如《菏泽市物业管理条例》第26条与《山东省物业服务收费管理办法》第34条内容几乎完全一致，仅有个别字词表述不同；《济南市湿地保护条例》第41条与《山东省湿地保护办法》第38条等几乎完全重复；《滨州市城镇容貌和环境卫生管理条例》与《山东省城镇容貌和环境卫生管理办法》，部分条文内容高度重合，连表述都很少变化，选择适用地方性法规和上级规章的区别意义不大，因此，此种情形构成了重复立法。

需要注意的是，在立法目标的条文表述上，几乎所有地方性法规与规章都存在相似处，但这不构成重复立法的事实，因为无论是地方性法规还是规章，都是为了本质相同的目的、解决同类问题而制定规范，有侧重表达的必要性空间。

（二）条文内容衔接的关系类型

设区的市地方性法规与上级规章的条文内容形成了相互衔接、协调配合的融洽互补关系，能够就同一事项形成制度合力，具体情况包括如下几个方面。

其一，地方性法规细化了规章内容。此种情况是指设区的市地方性法规的部分条文较上级规章的规定更加细致，包括对规章原则内容的具体落实，以及增加规章内容未能涵盖但根据立法原意并不冲突的内容（如增加相关权利义务等）。如《济宁市城市绿化条例》第28条与《城市园林绿化管理暂行条例》第22条、《山东省城市绿化管理办法》第24条相比，增加了沿路单位、商户、住户道路绿化门前包保义务，更加符合实践需求；《济宁市城市绿化条例》第33条与《城市园林绿化管理暂行条例》第19条、《山东省城市绿化管理办法》第22条相比增加了不得损坏树木花草与城市绿化设施的禁止性

---

　　[1]　部分地方性法规与规章只在形式上存在区别，形式区别没有造成内容上的差别，因此不在分析比较范围之内，如《青岛市市容和环境卫生管理条例》在规定禁止性事项后直接规定法律后果，而《山东省城镇容貌和环境卫生管理办法》规定的法律后果单独成章，并不存在实质影响。

事项内容。

其二，地方性法规增加了本地特色规定。此种情况是指设区的市地方性法规较上级规章的规定凸显了地方区域特色的内容。如《菏泽市城乡规划条例》第 3 条制定和实施城乡规划的原则，包括"应当围绕打造中国牡丹城、鲁苏豫皖四省交界的区域性中心城市、黄淮平原生态田园城市和山东省现代产业特色基地，突出武术之乡、书画之乡、戏曲之乡、民间艺术之乡的历史文化风貌"，凸显了菏泽区位特征与文化特色，符合菏泽实际发展需求，较之《城市规划编制办法》第 4 条规定更加细致具体。

其三，地方性法规比规章更为严格。此种情况是指设区的市地方性法规就某一事项规定的具体要求，如数量、时限、处罚力度等要比上级规章更为严格。（1）面积等数值要求严格，如《济宁市城市绿化条例》第 10 条规定新建居住区绿地率不得低于 35%，而《城市园林绿化管理暂行条例》第 7 条以及《山东省城市绿化管理办法》第 10 条规定的是 30%，地方性法规更为严格。（2）法定时限严格，如《济宁市城市绿化条例》第 17 条规定附属绿化在主体工程验收后第一个绿化季节完成，《山东省城市绿化管理办法》第 11 条要求第二个年度绿化季节完成，前者在法定时限方面更严格。（3）处罚额度严格，如《菏泽市大气污染防治条例》第 71 条规定了 1 万元–10 万元罚款，《山东省扬尘污染防治管理办法》在修改前的第 24 条规定了 1000 元–5000 元以及 1 万元–3 万元两个罚款额度，修改后统一规定为 1 万元–10 万元。《威海市节约用水条例》第 54 条就违规开凿水井限期未拆除的，[1] 较《山东省节约用水办法》第 36 条增设了"一万元以上二万元以下罚款"的内容。[2]（4）前置条件严格，如《淄博市煤炭清洁利用监督管理条例》第 12 条规定将煤炭洗选作为煤炭生产的必备条件，《煤炭工业环境保护暂行管理办法》第 29 条第 1 项只是规定要提高煤炭洗选比例，并未强制要求所有煤炭生产均需经过洗选。（5）规范强制性程度严格，如《烟台市全民阅读促进条例》第 30 条规定"市级公共图书馆应当建设功能齐全的少年儿童图书馆，县（市、区）公共图书馆应当单独设置少年儿童阅览区域"，"应当"一词表明该项规定是义务性规范，《山东省公共图书馆管理办法》第 7 条规定"具备条件的设区的市和县

---

〔1〕《威海市饮用水条例》于 2020 年修正，该条已删除。

〔2〕《山东省节约用水办法》于 2022 年废止。

（市、区），可以设置独立的少年儿童图书馆；不具备条件的，应当在公共图书馆内设置独立的少年儿童阅览室"，表明该项规定行为具有选择性。

其四，地方性法规与规章形成协调配合关系。此种情况是指设区的市地方性法规与上级规章在内容上协调互补、相互配合，共同完成某一事项的规定。（1）义务的协调配合，如《聊城市道路交通安全条例》第13条规定车辆所有者安装、使用符合规定和国家标准的具有行驶记录功能的卫星定位装置的义务，《山东省实施道路交通安全责任制规定》第13条第6项规定了县级以上人民政府交通运输主管部门对安装、使用情况的监管义务，形成了义务的相互配合。（2）方式的协调配合，如《滨州市供热条例》第37条规定建设单位或施工单位有查明地下供热管线情况的义务并应采取相应的安全措施，《山东省建筑安全生产管理规定》第8条强调的是建设单位需要向相关单位提供地下供热管线资料，相关单位采取安全措施，二者相互衔接，互为补充，均是强调建设工程的相关企业需要全面掌握地下供热管线情况，方式不一。（3）流程环节的协调配合，如《烟台市节约用水条例》第21条规定不能生产、销售、或使用列入山东省淘汰名录的高耗水工艺、设备和产品，《山东省节约用水办法》[1]第17条规定禁止用水单位和个人使用省明令淘汰的高耗水工艺、设备和产品，前者就流程方面补充了后者的要求。（4）层级规范的协调配合，如《滨州市渤海老区革命遗址遗迹保护条例》第5条规定的是市、县两级人民政府组织编制非物质文化遗产保护规划的职责，而《国家级非物质文化遗产保护与管理暂行办法》第5条规定的是国务院和省级政府文化部门制定保护非物质文化遗产规划的职责。

其五，规章比地方性法规更加细致。此种情况是指上级规章就某一内容的规定要比同类设区的市地方性法规更为细致，包括内容上更加具体、范围上更加宽广、程序上更加明确等。如《临沂市城乡规划条例》第6条规定了城乡规划委员会的职能，其产生、任期和议事规则由本级人民政府规定；《山东省城镇控制性详细规划管理办法》第14条至第17条规定了城乡规划委员会的具体决策程序。再如与《东营市城乡规划条例》第12条规定的市、县城

---

[1] 本章写作时《山东省节约用水办法》仍有效。2022年4月25日，山东省人民政府决定废止《山东省节约用水办法》，但《烟台市节约用水条例》于2019年3月1日施行，其在制定时细化《山东省节约用水办法》相关规定的事实是客观存在的。

乡规划编制程序相比，《山东省城镇控制性详细规划管理办法》第 20 条规定了可以修改规划的具体情形，更加细致和充实。还有一种情况是设区的市把部分具体内容规定留给上位法或上级规章，如《济宁市城市绿化条例》第 37 条关于古树名木的迁移保护主体责任未做区分，规定"对古树名木的保护，依照国家、省和本市的有关规定执行"，而《山东省城市绿化管理办法》第 23 条区分了 300 年以上珍稀古木与一般古木迁移的审批机关。再有一种情况，设区的市地方性法规作出的是一般性规定，而部门规章从部门职权与治理范围的角度作出的是特殊性规定，如《滨州市文明行为促进条例》第 21 条第 2 款是表彰奖励见义勇为行为的一般性规定，而《高等学校内部保卫工作规定（试行）》第 14 条、《城市公共汽车和电车客运管理规定》第 59 条、《巡游出租汽车经营服务管理规定》第 44 条是对不同社会领域和不同发生情景下的见义勇为行为进行鼓励和表彰。

（三）条文内容不一致的关系类型

其一，条文具体规定内容不一致但不存在抵触。此种情况是指设区的市地方性法规某具体条文与上级规章就同一内容的规定存在出入，但本质上不存在相互抵触和冲突。如《东营市城乡规划条例》第 19 条第 1 款规定了规划组织编制机关可以对规划修改的情形包括："（一）因城市、县城、镇总体规划修改导致规划无法实施的；（二）因实施重大基础设施和公共服务设施、防灾减灾等工程项目需要进行修改的；（三）城市建设用地的限制条件发生改变的；（四）经评估确需修改规划的；（五）法律、法规规定的其他情形。"《山东省城镇控制性详细规划管理办法》第 20 条规定规划修改的情形包括："（一）城市总体规划发生变化，对控制性详细规划控制区域的功能与布局产生较大影响的；（二）设立重大项目，对控制性详细规划控制地块的功能与布局产生较大影响的；（三）在实施城市建设中发现控制性详细规划有明显错误，确有必要修改的；（四）法律、法规规定的其他情形。"从条文表述上分析，二者对规划变动修改的情形规定不一致，但彼此未形成根本抵触，二者形成内容交叉，前者没有包含后者的第（三）项规定，但前者规定的情形更多、更细致。

其二，条文规定的内容不一致产生相互冲突。此种情况是指设区的市地方性法规与上级规章在影响权利义务与权力责任分配内容方面规定不一致，产生了规范之间的实际冲突，适用不同规范产生不同的法律效果。（1）主体冲突，如《济宁市城市绿化条例》第35条规定了由城市绿地养护管理责任人负责定期修剪树木，而《城市园林绿化管理暂行条例》第23条规定园林部门负责管理，行道树与架空线路、地下管线发生矛盾需要修剪时，由线路管理单位与园林部门协商修剪，《山东省城市绿化管理办法》第19条规定由城市绿化行政主管部门定期修剪。（2）禁止性规定冲突，如《泰安市城市绿化条例》第13条禁止移植天然大树、古树进城，而《山东省城市绿化管理办法》第23条规定经报批后可以移植。（3）规范的强制性程度冲突，如《聊城市道路交通安全条例》第16条规定驾驶人信息发生变化的仅需要备案即可，《机动车驾驶证申领和使用规定》第66条则规定机动车驾驶人信息发生变化需要换证；再如《烟台市节约用水条例》第24条规定鼓励非居民用水户进行水平衡测试，进行测试并非义务性的，《取水许可管理办法》第44条规定相关主体"应当"进行水平衡测试。（4）地方性法规降低了规章处罚力度，如《滨州市文明行为促进条例》第46条对建筑物外乱涂乱画、非法张贴等行为处50元-300元罚款，而《山东省城镇容貌和环境卫生管理办法》第50条第9项和第10项对相关行为处200元-5000元或100元-1000元罚款，地方性法规处罚力度明显低于省政府规章。（5）处罚条件规定冲突，如《烟台市森林防火条例》第41条规定的制裁措施中警告与罚款是并行的，只要有违法行为的存在，罚款的实施不需要其他条件，对违法行为的规定没有区分轻重情况；《山东省实施〈森林防火条例〉办法》第27条规定，即使满足了实施违法行为这一条件，罚款的实施需以个人或单位拒不改正为前提，对具体违法行为的轻重区分了不同情况。

其三，条文规定的法定程序不一致。此种情况是指设区的市地方性法规与上级规章就同一事项所履行的法定程序规定不一致，产生实质性冲突问题。（1）审批程序主体不一致，如《菏泽市城乡规划条例》第9条规定城市规划编制和审批程序，第1项规定菏泽市城市总体规划由市人民政府组织编制，先经市人民代表大会常务委员会审议后报省人民政府审批；《城市规划编制办法》第13条第1项和第2项规定组织编制其他市（非直辖市、省会城市、国务院指定市）的城市总体规划的，应当向省、自治区建设主管部门提出报告，组织编制其他市的城市总体规划的，应当报请省、自治区建设主管部门组织审查。两者对城市规划编制主体与审批主体规定不一致，形成矛盾。再如《潍坊市青州古城保护条例》第9条和第11条规定青州历史文化名城保护规划、历史文化街区保护规划的编制与修改需经青州市人民代表大会或者其常务委员会审议，《历史文化名城名镇名村街区保护规划编制审批办法》第19条第1款和第22条第3款规定的规划审批主体为省、自治区、直辖市人民政府，本规定由人大及其常委会审议。（2）启动程序不一致，如《东营市城乡规划条例》第32条第1款规定建设工程竣工后，由建设单位或者个人向市、县城乡规划主管部门申请竣工规划核实，而《山东省开发区规划管理办法》第17条规定建设工程的竣工验收是由城乡规划行政主管部门主动核实，对核准行为的启动程序产生矛盾。（3）时限不一致，《临沂市城乡规划条例》第56条第1款与《山东省城镇控制性详细规划管理办法》第23条第2款关于城乡规划主管部门接受举报、控告后作出是否受理答复的时限不同，前者为7个工作日内作出答复，并在60日内作出处理决定，后者则规定了15个工作日内予以答复。（4）办事流程选择不一致，2017年修订的《淄博市房地产开发经营管理条例》第8条规定房地产开发企业分立、合并的，重新申请核定资质等级并办理资质证书注销手续，[1]《房地产开发企业资质管理规定》第11条规定必须先注销再重新申请。

其四，地方性法规较规章内容存在缺失。此种情况是指设区的市地方性法规就某一事项的规定较之上级规章存在重要内容缺失。如《临沂市城乡规划条例》第19条与《山东省城镇控制性详细规划管理办法》第13条以及《城市规划编制办法》第17条相比，明显缺失了修改规划向社会公开、听取社会意见的规定。

三、设区的市地方性法规与上级规章关系的理论反思

如果说《立法法》相关制度设计缺失为因，上述所梳理的条文内容重复和不一致便为果，二者共同呈现出设区的市地方性法规与上级规章关系的不清晰和不稳定状态：设区的市地方性法规与上级规章之间缺乏效力判定的明确标准，其中，设区的市地方性法规与省级政府规章的内容发生冲突时缺乏权威的裁决机制，制定设区的市地方性法规时也缺乏避免与部门规章冲突的风险防范机制。

---

〔1〕《淄博市房地产开发经营管理条例》于2023年修订，修订后此条文内容与《房地产开发企业资质管理规定》的条文表述基本一致。

这种不清晰和不稳定状态延伸出三个具体问题。一是地方性法规与规章之间缺乏清晰的权限划分，不仅设区的市地方性法规与上级规章如此，即便是同一层级的地方性法规与地方政府规章也不能从事项内容方面作出完全区分，"地方人大常委会和同级政府普遍感到，在具体立法中，哪些事项应当制定法规，哪些事项应当制定规章，难以把握和区分"[1]，这既反映了法规与规章两种规范各自所欲达致之治理目标的模糊性，还反映了地方人大与政府两类立法主体制定抽象规则之权限定位上的不清晰。二是设区的市立法抄袭和重复现象突出，这种抄袭和重复不仅体现为设区的市地方性法规抄袭部门规章和省政府规章（包括外省政府规章），还包括设区的市地方性法规之间的相互抄袭，如各地市烟花爆竹立法大致相同、如出一辙，前者抄袭体现了立法资源的浪费，即如果执行规章可以解决这些问题，为什么还要制定重复规章的地方性法规，后者抄袭体现了治理事项的省域普遍性，由省级出台法规和规章统一规定即可，没有必要由设区的市制定法规。三是设区的市地方性法规与上级规章缺乏冲突风险防范与有效衔接机制，即在制定时未能充分考虑既有规范的规定而导致彼此重复或冲突。

对这些问题的深入追问，将触碰到设区的市地方性法规与上级规章关系的核心问题——法律效力等级。既有的立法理论与立法实践在遇到两个层面的规范文件时习惯以判断效力高低为标准定性判断法律效力等级。但《立法法》在此问题上的沉默究竟是技术失误的设计缺陷抑或是有意为之的设计留白？以下从三个层面对设区的市地方性法规与上级规章关系现状进行原因分析。

（一）《立法法》关于效力等级的设计留白

《立法法》明确不同规范的效力等级一般采取三种方式：一是明确产生依据，如第 72 条第 1 款规定"国务院根据宪法和法律，制定行政法规"，行政法规根据宪法和法律制定，其内容必然要服从于宪法和法律要求，则其效力等级也得到确定；二是直接规定，如第 98 条规定"宪法具有最高的法律效力"，一切规范不得与之相抵触，再如第 100 条第 1 款"地方性法规的效力高于本级和下级地方政府规章"以及第 102 条"部门规章之间、部门规章与地

---

〔1〕 刘松山：《地方性法规与政府规章的权限界分》，载《中国法律评论》2015 年第 4 期。

方政府规章之间具有同等效力，在各自的权限范围内施行"等；三是规定不得抵触，如第 80 条和第 87 条第 1 款规定省级地方性法规不得与宪法、法律、行政法规相抵触，设区的市级地方性法规同时不得与省级地方性法规相抵触。这三种方式一般通过条文内容即能直接判定。但具体到设区的市地方性法规与上级规章的效力等级时，《立法法》则出现了制度缺失或者设计留白，对之未能明确规定，这也是引起上文梳理大量地方性法规与规章产生重复与冲突的主因。以下将对部门规章与省级政府规章分述之。

　　设区的市地方性法规与部门规章的关系可以在《立法法》第 106 条第 2 项找到线索，即"地方性法规与部门规章之间对同一事项的规定不一致，不能确定如何适用时，由国务院提出意见，国务院认为应当适用地方性法规的，应当决定在该地方适用地方性法规的规定；认为应当适用部门规章的，应当提请全国人民代表大会常务委员会裁决"。此处的地方性法规包括了省级和设区的市级。《立法法》在未明确设区的市地方性法规和部门规章效力等级的前提下，直接规定二者产生冲突的裁决方式，可以推定出二者效力相等，或者至少是并不存在一方完全不附条件地高于另一方。因为如果想在条文中明确不同规范的效力等级，可以采取上述三种方式，而第 106 条以冲突裁决的形式规定不同规范的适用关系，是为应对复杂情形而对相关主体赋予了制度选择空间，也默认了二者之间可能存在冲突风险。并且，二者之间无论选择适用哪一方，《立法法》并没有直接判定对方无效，也未要求对方改变或撤销，这是赋予相关主体裁决权，这就说明二者之间没有相互排斥的关系，仅在适用上有所取舍。

　　设区的市地方性法规与省级政府规章的关系在《立法法》中的设计留白更为直接，连冲突裁决的规范都付之阙如。如果说第 106 条的规定意在给予治理主体以充分选择的话，那么设区的市地方性法规与省级政府规章的设计留白更像是对地方治理复杂形势的制度性回避：从主体看，设区的市地方性法规是民意机关的意志体现，理论上要比地方行政机关出于行政管理目标制定的政府规章效力高；但从适用范围看，辐射全省区域的省级政府规章比只适用于市域管辖范围的设区的市地方性法规覆盖面更宽、兼容性更强。在主体和层级的相互作用下，判定设区的市地方性法规与省级政府规章的效力等级，需要考虑资源配置、体制管理、治理范围等许多《立法法》和立法体制之外的影响制约因素，如果在二者之间确定了效力高低，无论结果如何，都将产生新的治理困境，都会引起执法者与社会公众的两难选择：在缺乏制度标准与权威机关裁决的情况下，设区的市地方性法规与省级政府规章均为有效法律文件，执法者与社会公众根据彼此冲突但同时有效的法律文件要求作出的行为难以从合法性上判定对错。

（二）现行立法体制下的法制冲突风险

设区的市地方性法规与上级规章关系呈现不清晰与不稳定状态，以及难以明确效力等级，《立法法》的制度设计留白是根本原因，现行立法体制所蕴含的法制冲突风险则是助推不稳定性影响放大的现实原因。

"所谓立法体制，是设置立法机关、划分立法权限以及运行立法权的基本原则和基本制度的总称。立法体制的构成要素有三：立法权限的体系和制度、立法权的运行体系和制度以及立法权的载体体系和制度。"[1]从立法主体与立法权限的层级角度来看，"一元、两级、多层次"是对我国立法体制的共识概括，[2]其中，国家立法权内部包括国家最高权力机关的立法权、国家最高行政机关的立法权、国家最高监察机关的立法权、国家最高军事机关的立法权、国务院所属部门的立法权、中央军委各总部的立法权，地方立法权包括省级立法权（含少数民族自治区的立法权）、设区的市立法权（含少数民族自治州的立法权）、各军兵种、军区立法权、特别行政区立法权。[3]在立法与执法实践中，多层次的立法体制既能适应复杂多元的治理需求，也造成了法制冲突的普遍性风险。尤其是设区的市获得立法权后加剧了法制冲突的可能性，除去与法律、行政法规以及省级地方性法规等《立法法》明确规定不得抵触的规范类型，设区的市地方性法规与上级规章的冲突风险表现为如下几个方面。

一是内容重复的风险，即设区的市在同一领域制定的地方性法规与上级规章内容彼此交叉重复、毫无特色，甚至照搬照抄上级规章规定。这一点在本章第二部分梳理的"条文内容重复的关于类型"部分已得到印证。如果执行上级规章就能够解决该领域治理的规范依据问题，则设区的市没有必要就

---

〔1〕 刘风景、李丹阳：《中国立法体制的调整与完善》，载《学术交流》2015年第10期。

〔2〕 所谓"一元"是指我国实行以中华人民共和国宪法为基础的统一的、一元化立法体系；"两级"即我国立法体制分为中央立法和地方立法两个层级；"多层次"是指各立法层级均存在人大立法与行政立法，同时还存在民族自治立法与特别行政区立法等特殊类型。

〔3〕 参见周尚君：《中国立法体制的组织生成与制度逻辑》，载《学术月刊》2020年第11期。

此问题制定地方性法规，以避免立法资源浪费；如果执行上级规章不能完全解决这类问题，则地方性法规应起到填补空白、查缺补漏、具体细化等作用，因此，如何避免与上级规章的立法重复成为设区的市科学立法必须要考虑的重要因素。

二是规范抵触的风险，即设区的市制定地方性法规与上级规章就同一内容规定不一致，彼此抵触冲突。这一点已为本章第二部分梳理的"条文内容不一致的关系类型"所印证。现行有效的部门规章数量繁多、内容庞杂，有治理权限交叉的不同部委之间的规章彼此冲突之情形也较为常见，典型如行政审批中互为前置条件的规定，由于上级规章不是制定地方性法规的依据，更兼设区的市区域性差异明显，立法的地方特色增加了地方性法规与上级规章之间规范冲突的风险。

三是适用选择混乱的风险，即由于缺乏适用选择的标准机制，以及《立法法》并没有给出设区的市地方性法规与省级政府规章之间的效力等级的答案，[1]设区的市在具体治理领域选择地方性法规还是上级规章作为执法依据并没有明确的标准。设区的市政府既是同级人大的执行机关，还是上级政府即省级政府领导下的下级行政机关，这种双重身份使其执行设区的市地方性法规与省级政府规章均有合法性理由，但上级规章制定主体之国务院部委和省政府的"上级"层级身份，放大了对二者效力等级判断的不确定性。

（三）　单一制下央地事权划分的紧张关系

跳出立法体制来看设区的市地方性法规与上级规章的关系亦具有现实性和必要性，因为法规和规章都要在执法中获得真正的生命力，如果地方立法不能匹配所规范的政府相关职能，则会丢失立法实施的制度土壤与配套资源，地方性法规也会沦为一纸具文而丧失权威性。因此，地方立法既要遵循立法逻辑，还要充分考虑行政逻辑与层级治理需求。回到一个更为本源的问题，为什么要赋予设区的市地方立法权？除较大的市外，2015 年之前没有获得地方立法权的广大设区的市通过执行上位法、制定发布规范性文件，也可以完整履行行政管理和公共服务职能，保证本区域的正常运转。推进地方立法权扩容从设区的市角度来说，目的在于推进当地经济社会发展，维护本地利益，

---

〔1〕　参见郑泰安：《设区的市地方性法规与省级政府规章效力等级辨析——基于讨论规则的视角》，载《法学论坛》2018 年第 1 期。

对中央而言目的是在维护法制统一的前提下规范地方立法权运行，促进地方多元发展。[1]实现地方改革于法有据，扭转"红头文件"治理，提升地方治理效能，应当是赋予设区的市地方立法权的基本动因。

但是，当"条块分割"的网状行政体制深刻制约中央与地方事权的合理划分时，设区的市想要通过地方立法提升地方治理效能的愿景可能会力不从心。换言之，在中央与地方事权划分不清晰的前提下，设区的市地方立法权在立法体制中也往往无法准确定位自身地位。"实现'权'之'清晰'的'主战场'集中在央地关系的场域，即具体的事权根据单一制下的公共产品层次等原则在中央、省级地方以及省以下地方的逐层配置。"[2]单一制国家结构形式下，层层节制和向上集中的行政体制使中央与地方的事权划分时刻处于博弈的紧张关系中，"基于中央和地方分权不明，地方事务范围未确定，地方的自主立法空间尚未全面确立，地方自主立法极为有限。"[3]央地事权划分的紧张关系对设区的市地方性法规和上级规章的影响体现为两个方面。一方面，部门规章是行业管理领域的纵向条状规则制定，设区的市地方性法规体现的是横向块状的治理要求，条块分割的行政体制增加了规范之间的冲突风险。另一方面，中央和地方事权划分不清晰，《立法法》关于中央与地方立法权划分的制度设计中，"难以看出什么事项应当由地方自主进行立法而无需中央的特殊授权，也难以看出什么事项应当由中央委托给地方立法"[4]，即便明确概括出《立法法》规定地方立法所能调整的"地方性事务"的范围，也因为上级概括性拥有下级事权，而使"地方性事务"容易为上级规章所"侵入"，如大量部门规章都规定了省、市、县、乡（镇）、街道各级政府有关职权，省政府规章会设定市县政府的职权，那么留给设区的市地方性法规的自主空间极少，如何能体现特色？如果照抄照搬，就成为浪费立法资源的重复立法，如果要体现特色，可能就会突破上位法规定。

---

〔1〕 参见谢桂山、白利寅：《设区的市地方立法权的制度逻辑、现实困境与法治完善路径》，载《法学论坛》2017年第3期。

〔2〕 涂缦缦：《制定我国〈政府间财政关系法〉的重点与难点》，载《政治与法律》2019年第8期。

〔3〕 叶必丰：《论地方事务》，载《行政法学研究》2018年第1期。

〔4〕 封丽霞：《中央与地方立法关系法治化研究》，北京大学出版社2008年版，第155页。

四、问题解决的思路：实现动态调整中的兼容性立法

由上述条文内容的实践梳理与理论分析可见，设区的市地方性法规与上级规章关系的不清晰不稳定状态集中体现为效力等级判定的模糊性，《立法法》的制度设计留白以及对地方治理复杂情形的制度性回避，本意是为适法主体和裁判主体提供充分选择空间，但实践中增加了立法重复、抵触冲突等法制风险，同时，央地事权划分的紧张关系从深层次制约了二者关系的澄清与效力等级的判定。因此，需要反思的是，以等级高低为标准对不同规范的效力作出定性判断，能否适用于设区的市地方性法规与上级规章的关系定位？能否以换个问题解决的思路去澄清这对关系，或者是能减少因不清晰、不稳定以及效力等级模糊而引发的法制冲突问题？本章在尊重《立法法》对二者关系和效力等级制度设计留白的基础上，提出实现动态调整中的兼容性立法之思路，具体从如下两个方面论述。

（一）由"明确判断效力等级"到"构建兼容性衔接机制"

地方立法长期遵循"不抵触、有特色、可操作"的基本原则，其中，"有特色"与"可操作"必须服从于"不抵触"，即维护法制统一是地方立法的根本价值取向，这是由我国单一制国家结构形式和中央统一领导的权力体制所决定的。"所谓不抵触，包括三层意思：一是一切法律法规都不能与宪法相违背；二是下位法与上位法不能相冲突；三是同位阶的法律规范之间也不能相矛盾，要保持和谐统一。"[1]在地方立法实践中，"不抵触"可以通过批准后实施或备案审查等方式得以量化检验，也可以通过具体案件的适用争议而由有权机关裁决，但是"有特色"和"可操作"则缺乏明确的量化评价标准，因此，为了避免出现与上位法冲突的现象，规避法律风险与责任，地方立法者更愿意采取重复上位法的方式制定地方性法规，于是产生大量重复立法和相互抄袭现象，所谓"有特色"也因为"不抵触"的要求而变得流于表面。因此，维护法制统一成为地方立法的前提，推进地方治理法治化、增强地方发展活力的目标被法制统一的严格要求慢慢稀释。而设区的市地方性法

---

〔1〕 李高协：《再议地方立法的不抵触、有特色、可操作原则》，载《人大研究》2015 年第 9 期。

规为了摆脱重复上位法的阴霾，在创制性立法以及执行性立法过程中，也尽量体现自主性特色，在突破上位法成为禁忌的情形下，非上位法的上级规章则成为重点突破对象，法制统一与地方立法特色的矛盾体现于二者之间不清晰与不稳定的关系。

与此同时，由于法制统一的向心力，在遇到不同规范的效力判断时，理论与实践更倾向于分清效力的孰高孰低以判定位阶，但当判定位阶最权威的《立法法》设计制度留白时，效力判断的争议已经与制度实践所欲解决现实问题的需求相距甚远。与其决然判断设区的市地方性法规与上级规章的效力高低，不如从实践操作兼容性的角度，完善设区的市地方性法规与上级规章的衔接机制，解决法制统一与地方立法特色的矛盾。

其一，应把上级规章作为制定设区的市地方性法规的重要参考。设区的市人大及其常委会在制定地方性法规时，可以不依据非上位法的上级规章，但是有必要将之作为重要参考，包括：同一领域上级规章已经作出符合地方治理需求的制度设计时，设区的市可以不制定地方性法规，或者就规章缺失的内容进行补充性规定，避免立法重复；当上级规章已经对设区的市及其管辖区域的相关事项进行了规定，设区的市地方性法规一般不应再作出与之抵触的制度安排，除非能证明执行上级规章脱离地方治理现实需求，有悖于公共利益等。

其二，强化设区的市地方性法规与上级规章的协同效应。本章第二部分梳理地方性法规与规章"条文内容衔接的关系类型"，包含地方性法规细化了规章内容、地方性法规增加了本地特色规定、地方性法规比规章更为严格、地方性法规与规章形成协调配合关系、规章比地方性法规更加细致等五种情况。这是设区的市地方性法规与上级规章关系在实践层面呈现出来的正向价值。要解决法制统一和地方特色之间的矛盾，应强化设区的市地方性法规与上级规章的协同效应，实现地方性法规与上级规章在地方治理中的有效衔接，包括：同一领域的设区的市地方性法规、省级政府规章、部门规章应在程序与内容严格性、规范设计细致性等方面形成梯度，实现有序分工，如设区的市地方性法规重点规范市域社会治理的现实问题，省级规章从全省层面规范该领域行政管理与社会治理的普遍性问题，部门规章则聚焦该领域的行业性、专业性、技术性等标准问题，提供国家层面的技术支持。

其三，完善设区的市地方性法规与上级规章争议的解决机制。地方性法规与规章的冲突往往来自功能定位的不清晰。要明确地方性法规和规章治理功能的区别，即地方性法规是针对区域内调整对象的一般性规范，所规范调整的社会关系较为全面、内容广泛，而规章旨在便于行政管理以及政府职能履行，是政府行政职能的延伸，有立法权的地方人大及其常委会可以从事项内容、规范程度、治理目标、行政管理关联度等方面设计标准，明确哪些事项适宜制定地方性法规或规章，解决同级地方性法规与政府规章的权限界分问题。就设区的市地方性法规与部门规章来说，《立法法》第 106 条第 2 项规定了争议解决方式。设区的市地方性法规与省级政府规章的争议，如前所述属于《立法法》的制度设计留白，因此，地方无法通过统一的制度设计去裁决争议，但可以建立争议解决的工作机制：设区的市人大常委会会同省级政府规章制定主体进行调查研究，协商区域内规范选择适用的方案；如果争议较大难以形成一致意见，可以提交省级人大常委会，由省人大常委会提出意见。

（二）由"事后效力裁决机制"到"事前风险防范机制"

无论是《立法法》规范设计，还是立法具体实践，对不同规范之间的效力认定一般都属于事后裁决，即在法律、法规、规章生效后，遇到执法适用或者案件诉讼援引时产生了适法冲突，进而启动效力裁决机制，典型如前文对《立法法》第 106 条的分析。事后效力裁决以法律文件的生效为前提，以具体适用或者案件援引为应用场景，这就使得事后效力裁决不可避免地提升了制度运行成本：法律文件生效需要经过漫长的立法工作周期与立法资源投入，已生效法律文件根据《立法法》第 106 条的裁决适用有可能进入第 107条规定的情形而被改变或撤销，前期立法成本被浪费；另外，发生规范适用冲突或者实质上应当改变或撤销的法律文件，在未遇到具体适用或案件援引的应有场景时，一直处于生效状态，发挥着调整社会关系、提供治理依据的功能，其潜伏的问题同时存在，当事后效力裁决机制启动后，对之的裁决结果（不适用、改变、撤销）等会影响其一直调整规范的社会治理领域，造成新的规范替代和制度衔接问题。具体到设区的市地方性法规与上级规章的关系，可以发挥事前风险防范作用，在设区的市立法规划、省人大常委会批准等立法阶段严格把关，利用大数据技术识别可能存在的风险冲突，尽量避免设区的市地方性法规与省级政府规章的矛盾冲突，同时防止设区的市地方性法规与部门规章进入《立法法》第 106 条规定的事后效力裁决阶段。

其一，发挥"立法规划"与"批准后施行"的事前防范作用。有学者把除法案的"提出——审议——表决——公布"四个显性立法程序之外的"立法规划/立法计划、法案的起草、法案的审议、适用解释"等称之为四个隐性立法程序，认为立法规划/计划涉及立法资源分配，立法机关工作人员起到"入口把关"的作用。[1]通过立法规划阶段的严格把关，设区的市人大及其常委会制定地方性法规时将会避免重复立法风险，即如果上位法或上级规章已经对某领域规定较为详细，地方性法规缺乏必要的创新空间，就可以不列入规划，避免立法资源浪费。《立法法》第 81 条第 1 款规定设区的市地方性法规需经省级人大常委会批准后施行，"省级人大常委会对设区的市地方性法规的审查，不是毫无边界的全面审查，审查范围包括合法性和具备合法性前提下的一定程度的合理性。"[2]就合法性看，由于上级规章非上位法，不是合法性审查对象，目前的省级人大常委会审查批准不能解决设区的市地方性法规与上级规章的冲突问题，因此，可以把防范与上级规章冲突的功能寄托在省级人大常委会的合理性审查，即如果设区的市地方性法规与上级规章明显冲突，省级人大常委会应当提出意见。

其二，利用大数据、人工智能等技术识别法规规章草案可能产生冲突的风险。设区的市人大及其常委会在制定地方性法规时，可以充分利用大数据、人工智能等技术，在法律法规数据库中进行识别检索，既可以防止浪费立法资源的重复立法以及违反上位法规定的情况，同时可以比较地方性法规草案与上级规章的异同，既避免重复性规定以及明显的冲突规定，又能够根据上级规章内容调整草案，形成规范衔接的协同治理格局。

其三，创新构建立法主体间的沟通协商机制。由于上级规章不是设区的市地方性法规的制定依据，设区的市人大及其常委会在制定地方性法规时不必与省级政府和国务院部门进行沟通。但缺乏沟通协商而各行其是的结果往往是同一领域的重复性立法或者彼此规定冲突。因此，有必要创新建构立法主体间的沟通协商机制，包括：建立设区的市人大常委会、省级规章备案部

---

〔1〕 参见郑文睿：《立法程序的二元结构论：基于组织视角与个人视角的转换》，载《西南民族大学学报（人文社科版）》2020 年第 6 期。

〔2〕 冉艳辉：《省级人大常委会对设区的市地方性法规审批权的界限》，载《法学》2020 年第 4 期。

门、国务院部门规章备案部门的信息交流与反馈机制，能够就相关立法问题在线交流与信息交换；地方性法规征集意见时，可以邀请省级政府部门以及国务院相关部门工作人员出席。

本章小结

随着地方立法权的扩容，设区的市地方性法规与上级规章关系的问题化具备了现实性意义，为立法理论研究和立法制度实践所共同关注。本章在对相关条文内容规范梳理的基础上，进一步对设区的市地方性法规和上级规章关系所呈现的不清晰和不稳定状态进行理论反思，发现二者之间缺乏清晰权限划分、存在立法抄袭和重复、缺乏冲突风险防范和有效衔接机制等问题的背后，蕴含着更深层的体制机制原因，包括《立法法》的设计留白、现行立法体制下的法制冲突风险以及单一制下央地事权划分的紧张关系。为此，应转变问题解决思路，修正直接对不同规范进行效力确认的定性判断的方式，转而构建不同规范之间的兼容性衔接机制，解决法制统一和地方立法特色的矛盾；在尊重《立法法》对不同规范"事后效力裁决机制"设计的基础上，将可能存在的法制冲突风险考察前置，构建"事前风险防范机制"，以降低立法成本、避免立法资源浪费。

设区的市城市管理立法权限的界定与
合理配置[1]

【本章内容提要】 城市管理立法在推进城市法治建设、破局城市发展难题与完善地方立法体制等三个方面发挥了提升设区的市城市治理水平的基本功能。通过对《立法法》第 81 条第 1 款 "城乡建设与管理" 的规范解读，可以在法理上明晰 "城市管理" 的基本范围，即城市公用事业管理、公共设施管理、公共事务管理、环境管理、交通管理、应急管理和城市规划实施管理等内容。梳理当前设区的市城市管理立法情况，发现设区的市城市管理存在上位法依据不充分、各地立法发展不平衡、立法能力不足、管理主体权责不清晰、管理方式非法治化特征显著等问题。基于此，本章提出从管控型立法向治理型立法、从强制性执法向回应型执法的理念转型，以及完善和优化地方立法体制、合理配置城市管理事权的制度完善思路。

2015 年《立法法》修订后规定设区的市人大及其常委会可以就 "城乡建设与管理、环境保护、历史文化保护" 等方面的事项制定地方性法规，其中，"城乡建设与管理" 涉及大量行政管理领域，是辐射范围最广的重要立法事项，但同时也存在范围解释的理论与实践争议。有学者指出："设区的市地方立法事项在《立法法》的修正案出台过程中被多次修改，尤其是城乡建设与管理一项，经历由 '城市管理' 作为包含 '城市建设' 的上位概念、'城市建设' 与 '城市管理' 并行，至最终将 '城市' 扩展为 '城乡'。"[2]随着

---

〔1〕 本章以 2015 年修订的《立法法》为分析对象，分析当时城市管理立法情况，不涉及 2023 年修订的《立法法》，故使用 2015 年《立法法》条文与序号。

〔2〕 陈书全、马鹏斐：《基于地方立法实践的设区的市立法事项范围研究》，载《山东大学学报（哲学社会科学版）》2020 年第 1 期。

城市化进程不断加深，设区的市作为真正意义上的"都市"，亟待制定大量城市管理法规以完成现代治理转型，然而多次对"城乡建设与管理"的概念修改并未明晰"城乡建设与管理"的事项范围。分析城市管理立法与执法存在的具体问题，并提出制度完善建议以供立法参考，既是设区的市立法工作的重要内容，也是法学研究的热点理论问题。在展开研究之前，有必要在现代国家治理和全面依法治国的大背景下，对《立法法》赋予设区的市城市管理立法权限进行意义追问和功能定位，即为什么是设区的市获得城市管理立法权？设区的市获得立法权对城市管理有何意义？

一、设区的市城市管理立法的功能定位

现代国家治理面临社会转型时期大量积累的各类问题、矛盾与任务，其中尤为突出的是"城市化"进程及其产生的各类城市治理问题。随着科技进步与现代治理转型，"智慧城市"成为多数国家推进城市化进程、解决城市治理危机的战略选择，"物联网、大数据、云计算、互联网、车联网、虚拟现实、增强现实和人工智能等新兴技术不断充实到智慧城市的框架之中，直接促进了全世界对智慧城市应用价值的强烈期待"〔1〕。智慧城市由战略选择到实践操作需要依托具体制度建构与完善，在当下中国社会转型的语境中，当积弊已久的"运动式"治理、"红头文件"治理等模式无法满足规范城市管理执法行为、维护城市运行秩序、保障公民合法权益、提供高效公共服务等治理需求时，寻求能够彻底化解这些问题的治理方式与治理工具成为城市建设不可回避的问题。经过实践筛选与理性抉择，法治成为建设智慧城市的必然路径选择，而因地制宜的立法则成为城市法治建设的制度起点与规范依据。

在我国，符合城市的现代性品质和都市化特征，以及有充分条件建设"智慧城市"的行政区划，除了直辖市以外，就是大量"设区的市"。在经济社会发展结构层面，设区的市处于承接并贯彻落实中央和省域治理任务、领导和辐射广泛县乡基层发展的中枢地位；在国家发展战略层面，设区的市代表了国家推进城市化发展的程度与水平，体现地方治理的基本状况。2015 年《立法法》修订，赋予了设区的市地方立法权，地市级立法主体由 49 个较大的市扩容至 334 个地市级单位（包括设区的市、自治州），这对化解城市管理

---

〔1〕　徐振强：《智慧城市新思维》，中国科学技术出版社 2017 年版，第 2 页。

难题、规范城市管理执法权力、提升城市化水平、建设智慧城市来说，既有着强烈的法治示范效应——这是将广大设区的市城市管理问题纳入法治框架的前提基础，同时还为城市管理法治建设、区域性特殊治理需求提供了制度设计空间："城市发展需要配套法律、法规的完善，由于城市经济社会的发展水平、自然环境、人口数量、资源分布等不同，具体治理需求的回应无法完全寄希望于上位法规定。因此，赋予地方立法权是实现地方社会治理法治化和可持续发展的必然需求。"[1]具体来说，城市管理立法在推进城市法治建设、破局城市发展难题与完善地方立法体制等三个方面发挥了提升设区的市城市治理水平的基本功能。

第一，城市管理立法是推进城市法治建设的规范基础。"坚持全面依法治国，推进法治中国建设"[2]已成为广泛共识；坚持法治国家、法治政府、法治社会一体建设的布局下，建设法治城市以及依法治市成为城市发展的必然选择。基于此，中央对城市管理立法进行了深刻部署，于 2015 年 12 月 24 日发布《中共中央国务院关于深入推进城市执法体制改革改进城市管理工作的指导意见》，特别就城市管理立法提出要求："加强城市管理和执法方面的立法工作，完善配套法规和规章，实现深化改革与法治保障有机统一，发挥立法对改革的引领和规范作用。有立法权的城市要根据立法法的规定，加快制定城市管理执法方面的地方性法规、规章，明晰城市管理执法范围、程序等内容，规范城市管理执法的权力和责任。全面清理现行法律法规中与推进城市管理执法体制改革不相适应的内容，定期开展规章和规范性文件清理工作，并向社会公布清理结果，加强法律法规之间的衔接。加快制定修订一批城市管理和综合执法方面的标准，形成完备的标准体系。"[3]强调发挥立法对改革的引领和规范作用，表明国家已经深刻认识到城市法治建设之于城市发展的保障作用，逐步明确城市管理立法推进城市法治建设的规范基础地位。法治城市建设或依法治市面临的是城市管理和发展的具体法律问题，需要采取具

---

〔1〕 谢桂山、白利寅：《设区的市地方立法权的制度逻辑、现实困境与法治完善路径》，载《法学论坛》2017 年第 3 期。

〔2〕 习近平：《高举中国特色社会主义伟大旗帜 为全面建设社会主义现代化国家而团结奋斗 在中国共产党第二十次全国代表大会上的报告》，人民出版社 2022 年版，第 40 页。

〔3〕 《中共中央国务院关于深入推进城市执法体制改革 改进城市管理工作的指导意见》，载《人民日报》2015 年 12 月 31 日，第 3 版。

有可操作性的法治方式与手段，严格依据和贯彻执行法律、行政法规和省级地方性法规等上位法是必然前提，但这并不能完全满足城市发展与管理的特殊性要求。"国家普适性立法无法照顾复杂的区域特色问题，从而需要地方立法的辅助与填补。"[1]各个城市的自然环境、地理位置、优势与短板、发展重点、转型目标等都有区别，通过法治方式着力解决的法律问题也各不相同，完全执行上位法只能解决省域内的共性问题，无法更为细致地处理各个城市自身的特殊性治理问题。《立法法》赋予设区的市地方立法权后，各地市就本区域内的城市管理问题既可以制定细化上位法的具体执行性立法，还可以制定查缺补漏、填补空白的创设性立法。这些立法共同构成了城市发展规划、城市管理执法的规范基础。

第二，城市管理立法是破局城市发展难题的制度选择。经历了改革开放近四十年发展，我国的城市化水平不断提升，计划经济体制下积累的城市问题也得到进一步化解，但照比世界发达国家，我国由于城市化起步相对较晚、基础较差，在城市发展进程中出现了不少问题，"既有和其他国家表现相同的城市问题，如中低收入者的居住问题、交通堵塞、环境污染、城市蔓延等，也有具有中国特色的城市问题，如户籍制度约束下的大规模的流动人口、流动人口的集居地'城中村'、城市化进程的区域差异等。"[2]在城市管理领域中最受舆论关注和争议最大的莫过于城管执法问题。有学者敏锐指出，城管作为管理体制的末端环节很容易成为暴露社会利益分化问题的"放大镜"和"显示器"："在城管部门执法实践中，最为社会公众诟病的对设摊者的粗暴执法、野蛮执法，集中反映了对于社会利益分化造成的社会矛盾复杂多变、一触即发状况的不适应。"[3]无论是交通拥堵、环境污染、人口膨胀等城市发展痼疾，还是城管不当执法、民生建设滞后、城市规划决策缺乏民主参与等城市管理体制缺陷，多数情况下源于依靠政策文件、领导人意志、舆论压力等非法治方式的治理，在问题形成之初均缺乏法治规划与制度预测，问题发展过程中缺乏法治参与和规范治理，问题暴露产生较大影响时，又缺乏应对和

---

〔1〕魏治勋、刘一泽：《地方立法的"地方性"》，载《南通大学学报（社会科学版）》2020年第6期。

〔2〕宁越敏：《中国城市化特点、问题及治理》，载《南京社会科学》2012年第10期。

〔3〕张良：《从管控到服务：城市治理中的"城管"转型》，华东理工大学出版社2016年版，第104页。

处理问题的法治能力与补救机制。有学者指出我国城市管理综合行政执法存在的一些问题，如法律依据滞后于城市发展对城市管理综合行政执法的需求、全国各地城市管理综合行政执法体制差异较大、城市管理综合执法机关和其他机关之间的执法权限配置不合理、城市管理综合行政执法机关与其他机关之间的公务协作体系不完善等。[1]究其原因，仍在于立法的不完善导致无法为城市管理执法提供明确的规范依据。因此，通过立法划分各部门城市管理执法权责，厘清各治理主体与对象的权利义务，针对城市发展难题、人民群众呼声较大的城市管理诉求进行立法设计，是破局城市发展难题的必然制度选择。

第三，城市管理立法是完善地方立法体制的重要内容。在《立法法》第72条第1款规定的设区的市立法事项中，"生态文明建设"与"历史文化保护"的概念范围较为清晰，争议也较少，而"城乡建设与管理"涵盖面广、涵义相对模糊，也存在各种争议。暂且搁置对"城乡建设与管理"的范围争议，从字面意思和法条设计上来看，"城乡建设与管理"所指并非一种或一类事项，而是多类复杂事项的集合统称——空间范围横跨"城"与"乡"，行为事项包括"建设"与"管理"，几乎涵盖了地方区域治理的大部分内容；《立法法》第72条第1款将"城乡建设与管理"置于三大立法事项之首，尽管无法从重要性和优位性上作出解释，但仍能表明"城乡建设与管理"将占据设区的市立法事项的大部分内容，在"量"上占据重要地位；就城市管理内容而言，环境保护与历史文化保护在内容上都与其存在交叉，如城市环境卫生治理、城市历史建筑保护等，说明城市管理的内容庞杂丰富。从《立法法》赋予设区的市立法权和设区的市发展定位来看，赋予其城市管理立法权才是《立法法》修改、整个立法体制完善乃至推进现代国家治理的目的。如前所述，当前大量"设区的市"承担着承上启下的治理中枢的角色，它们代表着城市化进程与都市化建构的方向与水平，《立法法》赋予其立法权无疑是继续提升城市化水平、强化城市法治建设的重要制度建构，则城市管理立法成为实现这些目标的核心手段。特别是相对于一般规模的国家，我国有着更为复杂的地理以及人文条件，"国家层面的统一立法很难兼顾每个地方的特

---

[1] 参见张步峰、熊文钊：《城市管理综合行政执法的现状、问题及对策》，载《中国行政管理》2014年第7期。

点，从而给国家法律在地方的实施带来困难。"[1]设区的市根据本地实际制定出有地方特色和符合本地需求，同时具备科学性与前瞻性品质的城市管理法规与规章，即使地方立法体制进入了良性运转周期，在这个过程中积累的经验与教训也能够及时反馈给中央与其他地区予以借鉴或反思，为某一城市管理领域或事项的全国性立法提供实践样本与论证素材，促进整个立法体制的不断修复与完善。

二、设区的市城市管理权限的法理分析

在明确设区的市城市管理立法的功能意义后，研究应当聚焦于城市管理权限范围，即城市管理究竟包含哪些内容，设区的市城市管理有哪些权限？这就必然要回归对《立法法》相关条文的法理分析与规范解释。2015 年修订的《立法法》在赋予所有设区的市地方立法权的同时，将其立法权限明确限定于"城乡建设与管理、环境保护、历史文化保护等方面"。从近些年的学术讨论来看，对于该权限范围的规定中的"等方面"是"等内等"还是"等外等"，虽然存在不同意见，但普遍倾向于"等内等"。[2]在时任全国人大常委会法工委主任李适时明确指出"从立法原意讲，应该是等内，不宜再作更加宽泛的理解"[3]之后，关于设区的市地方立法权限的争论就不再具有实际意义；可以说，正是李适时代表最高立法机关作出的表态为这种争论画上了句号，也实际上将设区的市的地方立法权限定于城乡建设与管理、环境保护、历史文化保护三大领域。

2015 年修订的《立法法》赋予设区的市三项地方立法权中，学界和立法实务界对于"环境保护、历史文化保护"两项立法权限基本不存在争议。但是，关于"城乡建设与管理"的具体范围是什么，至今尚未形成统一的意见，各地的立法实践也存在较为明显的差异。有学者指出：《立法法》不仅没有界

---

〔1〕　魏治勋、刘一泽：《地方立法的"地方性"》，载《南通大学学报（社会科学版）》2020年第 6 期。

〔2〕　参见王正斌：《〈立法法〉对设区的市一级地方立法制度的重大修改》，载《中国法律评论》2015 年第 2 期；郑毅：《对我国〈立法法〉修改后若干疑难问题的诠释与回应》，载《政治与法律》2016 年第 1 期。

〔3〕　李适时：《全面贯彻实施修改后的立法法——在第二十一次全国地方立法研讨会上的总结》，载《中国人大》2015 年第 21 期。

定"城市建设与管理"的内涵和外延,甚至在修改之初,立法者对该法律用语的表述也有不同看法。2014 年《立法法(草案)》一次审议稿规定,设区的市制定地方性法规限于"城市建设、市容卫生、环境保护等城市管理方面"的事项。二次审议稿规定,"可以对城市建设、城市管理、环境保护等方面的事项"制定地方性法规。提交全国人大审议的草案规定,"可以对城市建设与管理、环境保护、历史文化保护等方面的事项"制定地方性法规。2015 年最终通过的法律文本把"城市"扩大为"城乡"。至此,在规范对象上,"城市"扩展为"城乡";在主体内容上,"市容卫生"从出现到消失或包含于"城乡建设与管理","环境保护"和"历史文化保护"从归属于"城市管理"到单独列项。四次表述各不相同,争议之大可见一斑。[1]这个问题不解决,将在很大程度上长久地影响着设区的市地方立法权的行使和城市管理实践的顺利有序开展,因而成为设区的市城市管理权限范围中必须予以明确的重点和难点问题。

2015 年全国人大原法律委员会《关于〈中华人民共和国立法法修正案(草案)〉审议结果的报告》中指出,"城乡建设与管理、环境保护、历史文化保护等方面的事项,范围是比较宽的。比如,从城乡建设与管理看,就包括城乡规划、基础设施建设、市政管理等;从环境保护看,按照环境保护法的规定,范围包括大气、水、海洋、土地、矿藏、森林、草原、湿地、野生生物、自然遗迹、人文遗迹等;从目前 49 个较大的市已制定的地方性法规涉及的领域看,修正案草案规定的范围基本上都可以涵盖。"从已有的立法实践来看,关于"环境保护"的范围和"历史文化保护"的范围,都有相关有效立法分别予以明确规范,这就是《中华人民共和国环境保护法》和《中华人民共和国文物保护法》等相关法律。但对于"城乡建设与管理"的具体范围是什么,却没有一部上位于地方性法规的法律予以明确表述和规范,目前仍旧处于这样一种状态:"这些围绕城市管理领域的区域法规,是以本地城市管理活动为调整对象,构成一个地方立法的法规系统。城市管理的具体工作需要城市政府部门来执行,但当前城市管理的地方性法规互不联系,缺乏较强的完整性和内在逻辑性,未形成全面而相对独立的法治系统。"[2]因而需要在

---

〔1〕 参见苗连营、张砥:《设区的市立法权限的规范分析与逻辑求证》,载《地方立法研究》2017 年第 1 期。

〔2〕 成都市人大常委会法工委课题组等:《城市管理与地方立法规制——以成都市地方立法的实际需求为视角》,载《地方立法研究》2017 年第 1 期。

对相关立法实践的梳理和立法理论的逻辑推理和辩思中确定其内涵。

从城乡建设与管理的相关立法实践以及作为其产物的法律法规文本的角度来看，对城乡建设与管理范围的界定，遵循的主要是经验理性的思路，即通过对以往立法经验的梳理和总结逐渐框定"城乡建设与管理"的合理范围。"城乡建设与管理"是我国现行行政管理常用概念，但由于缺乏此一方面的专门立法，作为立法学上的概念，其基本范围是十二届人大法律委员会对《立法法》修正案草案中指出的"城乡规划、基础设施建设、市政管理"三项。有学者指出："不论是法律法规的条文规定，还是相关规范性文件的具体表述，都没有对'城乡建设与管理'所涵盖的范围作出明确界定，且这些规定相互之间往往存在一些抵牾，从这些规定中求得文义层面的最大公约数比较困难。"[1]因此，对于这三项权限的基本范围，需要根据相关立法、规范性文件予以学理分析。在此分列如下。

首先，关于城乡规划的范围。《中华人民共和国城乡规划法》（以下简称《城乡规划法》）第17条第1款规定："城市总体规划、镇总体规划的内容应当包括：城市、镇的发展布局，功能分区，用地布局，综合交通体系，禁止、限制和适宜建设的地域范围，各类专项规划等。"第18条第2款规定："乡规划、村庄规划的内容应当包括：规划区范围，住宅、道路、供水、排水、供电、垃圾收集、畜禽养殖场所等农村生产、生活服务设施、公益事业等各项建设的用地布局、建设要求，以及对耕地等自然资源和历史文化遗产保护、防灾减灾等的具体安排。乡规划还应当包括本行政区域内的村庄发展布局。"从《城乡规划法》第17条第1款和第18条第2款关于城镇规划和乡村规划的分别规定来看，这两项内容属于列举性的并列结构，而所谓"城乡规划"应当是"城镇规划"与"乡村规划"的集合。因而，在总体范围上，"城乡规划"的范围还是比较清楚的。但问题在于，《城乡规划法》关于城镇规划和乡村规划的范围方面，分别使用了"等""等的具体安排"这样的"概括性法律用语"，而这恰恰是需要作出合理解释予以明确的事项范围。关于法律法规中的以"……等""……类"等为标志的"概括性法律用语"的解释，一般应当遵循"同类规则"，即，应当按照被列举事物的特定特征对其作出平行

---

〔1〕　代水平：《"城乡建设与管理"地方立法的规范与实践》，载《西北大学学报（哲学社会科学版）》2021年第2期。

性解释。同类规则作为渊源于罗马法的一项重要法律解释规则，是指在法定证书、制定法等文件中存在先载明特定的事项、然后再附加一般事项的表述模式时，在解释的时候应当将一般事项包含的范围只限定于与特定事项具有共同特征的同类或类似事项。比如，假定某城市的园林法规中存在"本市公园禁止将狗等宠物带入园内"的规定，对"等"所包含的事物的理解，就只能根据立法目的限定于在人身安全方面与"狗"具有同等"危险性"的动物的范围，如此则将一只鹦鹉带入公园内当然不受此规定的限制，而当作宠物饲养的熊则当然在禁止之列。[1] 根据此一解释规范，在对《城乡规划法》第17条第1款和第18条第2款中的"等"字的理解上应当遵循"同类规则"，这既是对该两条法律条文关于城镇规划和乡村规划范围的合理解释，也是对其所赋予的城乡规划权力的合理限定；如果这里对该两条法律规范中的"等"字仅作"等内等"理解，则不利于不断发展和扩展的城乡规划实践的开展，反而会造成法律禁锢社会实践的不利后果。

其次，关于"基础设施建设"的范围。我国现有的法律法规没有专门系统化的规定，唯一可参照的是国务院2013年发布的《国务院关于加强城市基础设施建设的意见》（国发〔2013〕36号）这一规范性文件。该规范性文件将"基础设施建设"的重点领域限定于城市道路交通基础设施、城市管网、垃圾和污水处理设施和生态园林等四个方面。而城市道路交通基础设施又包括公共交通基础设施建设、城市道路桥梁建设改造、城市步行和自行车交通系统建设三个方面；城市管网包括城市供水、污水、雨水、燃气、供热、通信等各类地下管网的建设改造和检查、城市供水、排水防涝和防洪设施建设、城市电网建设；垃圾和污水处理设施则包括城市污水处理设施建设和城市生活垃圾处理设施建设两个方面；生态园林建设方面主要指城市公园建设。当然，该规范性文件并没有列举出城市基础设施建设的全部领域范围，而只是列举了四项重点领域的内容。从发展的视角来看，凡是与这四项基础设施领域属于同类范围的建设事项，即使没有被列举提及，但只要是属于城市社会生活必需的设施，也应当包括在内，因为所谓"基础设施建设"实际上也是一个不断发展的概念，对其具体范围的理解，可以按照制定法文义解释的"同类原则"予以合理推理而加以扩展。因而，其"基础设施建设"的具体范

---

〔1〕 参见魏治勋：《法律解释的原理与方法体系》，北京大学出版社2017年版，第170页。

围虽然不能通过完全列举予以确定，但在解释逻辑上却是可以予以清晰把握的。

最后，关于"市政管理"的范围及其与"城市管理"的关系。"市政管理"是"城乡建设与管理"所包含的三项权力中最为复杂和难以确定的一项，由此使得"城乡建设与管理"的范围陷入众说纷纭的不确定状态。因而，从既有立法实践和基于逻辑推理的理论辩思两个方面澄清"市政管理"的范围，就成为能否准确界定"城乡建设与管理"之范围的核心与难点所在。

界定"市政管理"范围的第一个路径是从既有的立法实践方面切入。虽然市政管理是我国城市管理部门的主要职责范围，但我国却不存在一部统一的市政管理方面的法律法规，而只存在众多的城市管理立法。"地方立法采取以专门法律授权的方式，授予地方政府相关部门履行城市管理职能，专门法律的分散性造成地方政府配置城市管理职权不合理、不规范，导致部门间权责不清、多头执法等城市管理乱象丛生。"[1]这些城市管理立法一般都以"城市管理条例"的名称出现，如《长沙市城市管理条例》《广州市城市管理综合执法条例》等，各城市对"城市管理"内容的界定又各有不同，而一般不使用"市政管理"的概念。至于"城市管理"的范围及其与"市政管理"之间是什么关系，也缺乏法律法规的依据和权威性的解释，因而很难清晰地确定一个关于我国城市"市政管理"的一般含义与范围。不仅我国如此，即使法治更加发达的西方国家对"市政管理"的范围及其与"城市管理"的关系也缺乏一个明确的界定。

从西方法治发达国家关于城市管理的范围界定来看，不同国家各有区别：当代英国立法对城市管理的范围大约规定了五类五十项职能，这五大类职能分别是保护性职能、环境方面的职能、个人方面的职能、社会和娱乐性职能、贸易性职能；美国地方政府的城市管理范围主要分为三类：卫生与治安职能、福利职能、"管家"职能（即地方政府的行政职能）；法国地方城市管理的职能主要包括：对地区问题的研究，参与并从事本地区的经济发展和领土整治工作，负责高中校舍修建，负责修建公路等交通设施和环境保护，负责在职教育和学徒培训，与国家签订计划合同等；日本的城市管理包括：保存、维护和使用自治体财产，处理地方的社会服务性事务，制定地方预算、征收地方税、管理户籍及指挥地方警察，为履行上述职能依法制定不与国家法律相

---

[1]　王黎瑶：《我国城市管理立法工作的问题及对策》，载《城乡建设》2020年第7期。

抵触的条例等职能。可见"城市管理"既是一个具有历史传统的范畴，也是一个具有重大区域差异的范畴，在世界各国并不具有普遍认同的一般性的职能范围。

关于城市管理与市政管理的关系，则存在广义说、中义说和狭义说三种，广义的城市管理将有关城市公共服务的一切政府行为都纳入其中，举凡政治、经济、文化、社会和生态文明的管理都属此列；而中义的城市管理则包括市政管理、城市经济管理、城市社会管理和城市环境管理；狭义的城市管理与市政管理具有近乎同等的内涵，主要是指政府部门对城市的公用事业、公共设施等方面规划和建设的控制、指挥。[1]从当代中国城市管理的立法宗旨和立法实践来看，"城市管理"的范围既不宜过宽也不宜过窄，不能将城市管理仅仅局限于狭义的市政管理，既要包含传统的市政管理，又应将城市社会管理和城市环境管理等方面的内容纳入，才比较符合中国城市立法的实践和市政管理的实践。那么，城市管理中的市政管理一般包含哪些内容呢？在考察国内城市管理立法实践的基础上，有学者将市政管理的范围细化为对城市公用事业、公共设施和公共事务的管理。[2]但问题在于，市政管理的这三项内容不仅具有极强的关联性，又在教科文卫、基础设施等多方面存在明显的交叉，虽然这种交叉是"城乡建设与管理"之下的"市政管理"细部内容的交叉，不影响对"市政管理"总体范围的理解，但仍需在具体立法过程中予以较为准确的区分和归类，以免影响城市管理的执法实践。

界定"市政管理"范围的第二个路径是从逻辑分析与理论辩思方面切入。这一方面的分析有助于从本源上、逻辑上明晰设区的市地方立法权的范围，虽然设区的市地方立法权的实际界定与操作并不完全遵循这样的理论逻辑，但仍然构成对地方立法实践的指导和促进作用。对市政管理予以逻辑分析主要借助于对立法词项的逻辑关系的解析。在立法语言中，往往通过对"义类词"连用以增强语义的逻辑严谨性，假定义类属是一个集合，那么在理想状态之下，义类属之下的种词项之间不存在交集，而且只能呈现为互为补集的关系，种词项组成的义类属则是一个封闭而周延的全集，且种词项外延之和

---

〔1〕 参见范志伟主编：《城市管理概论》，上海交通大学出版社 2012 年版，第 6 页。

〔2〕 参见李小萍：《对设区市立法权限之"城乡建设与管理"的界定》，载《法学论坛》2017 年第 3 期。

等于属词项的外延。[1]用通俗的语言来表达，可以这样理解：假定或者将某属概念看作一个集合，则此属概念之下的多个种概念之间就应当是一种没有交集亦即没有任何交叉的关系，因而每一个种概念与其他种概念之间都构成补集关系；所有种概念的外延之和也就是属概念的外延所指。就前述涉及的概念关系而言，从严谨的立法技术角度来看，"设区的市地方立法权"是"属概念"，则"城乡建设与管理""环境保护""历史文化保护"就是种概念，那么三个种概念中的任何一个与其他两个种概念之间都成立补集关系，三个种概念的外延之和，即"城乡建设与管理""环境保护""历史文化保护"的范围之和就等于"设区的市地方立法权"的范围。同理，立法词项的逻辑关系原理也可以用于分析"城市建设与管理"与"城乡规划""基础设施建设""市政管理"之间的应然逻辑关系；还可以用于分析"市政管理"与"城市公用事业管理""公共设施管理""公共事务管理"之间的应然逻辑关系。从理想的角度而言，立法应当是一项非常严谨的事业，体现在立法规范中的上下位概念之间，应当成立符合立法语言词项逻辑要求的严谨关系，即：在"设区的市地方立法权"属概念之下，"城乡建设与管理""环境保护""历史文化保护"三个种概念与其上位概念成立词项逻辑关系，那么，当然可以判断出，三个种概念之后的"等"就只能是"等内等"；在"城乡建设与管理"这一属概念之下，"城乡规划""基础设施建设""市政管理"三个种概念之后的"等"也只能是"等内等"，有学者指出，这一分析结论得到《立法法》的官方释义的肯定；[2]同理，在"市政管理"这一属概念之下，"城市公用事业管理""公共设施管理""公共事务管理"之后的"等"，同样是"等内等"。否则，就会破坏属概念与种概念之间的立法词项的应然逻辑，从而造成立法语言的不严谨和立法技术的粗放。经过上述分析，就可以明确"设区的市地方立法权""城乡建设与管理""市政管理"每一层级概念的准确内涵，从而就能够准确地界定每一级概念所指向的立法权限的范围。当然除此之外，这一分析方法还能够带来一个明显的立法语言和立法技术方面的效果，就是在诸如同一层级的种概念之间，其所指范围必须能够完全确切地划分开来。

---

〔1〕　参见孙懿华、周广然编著：《法律语言学》，中国政法大学出版社1997年版，第122页。

〔2〕　参见黄良林：《论地方立法权限和范围——兼评温州市地方立法立项》，载《地方立法研究》2017年第2期。关于《立法法》官方释义对"城乡建设与管理"的界定，参见乔晓阳主编：《〈中华人民共和国立法法〉导读与释义》，中国民主法制出版社2015年版，第32页。

例如，对于"市政管理"之下的"城市公用事业管理""公共设施管理""公共事务管理"之间，不允许存在相互交叉关系，前文述及的"公共事务管理"之下的教科文卫、基础设施等方面的内容与"城市公用事业管理""公共设施管理"之下的相关内容，都存在不同程度的交叉关系，严谨的立法语言和立法技术不允许存在这种状况。上述类似问题，只能期待通过立法机构工作人员的立法素质的提高和立法技术的进步逐步予以克服。

将前文的分析进行逻辑层次的阶段性归纳，可以概括为如下三个层面的内容：其一，从当下中国设区的市地方立法的实践的角度予以分析，"城乡建设与管理"包括"城乡规划、基础设施建设、市政管理"三项内容。其二，"市政管理"在其性质上基本等同于狭义的"城市管理"，但范围可能有所不同，广义和中义的"城市管理"所涉及的政治、经济等方面的管理明显超出了作为立法概念的"城市管理"的范围，地方立法广泛使用的"城市管理"概念在内涵上明显具有政府行政管理的属性，因而将"城市管理"界定为与"市政管理"同性质的概念是比较恰当的。其三，阶段性的基本判断就是，当前城市管理立法中使用"城市管理"概念，既非广义与中义概念，也不完全是狭义概念，而应当是与十二届全国人大法律委员会在《立法法》修正案草案中使用的"市政管理"概念性质一致但内涵与外延更加宽泛一些的概念。[1] 概言之，"市政管理"的范围，大的方面包括"城市公用事业管理""公共设施管理""公共事务管理"三大项，而"城市管理"除此之外，还应当包括同属城市行政管理性质的其他内容。至于其具体内容，鉴于各个城市在城市管理细节内容方面存在一定的差异，随着社会的发展，每个城市的城市管理的具体内容也会发生某些变化，因而不宜对之作出过于固化的理解和规定，而应当寻求对其基本范围的合理探讨。

在确定了"市政管理"的基本范围以后，则可以进一步确定"城市管理"的权限和职责范围。有研究文献指出，城市管理一般被认为是对城市的各类公共事务的管理，狭义的城市管理被理解为城市管理行政部门的行政执法，广义的城市管理则被认为是政府特定机构保障城市基础设施健康运行和

---

〔1〕 本论与有的学者将"城市管理"界定为与"市政管理"同义同范围的概念的主张有所不同。参见李小萍：《对设区市立法权限之"城乡建设与管理"的界定》，载《法学论坛》2017 年第 3 期。

公共空间良好秩序的活动。[1]尽管学界对于城市管理的概念理解存在多种观点，但其共享的观念则是，都承认政府在城市管理中的主导地位和核心作用，只是对政府城市管理的权限和范围有所争议。大多数学者比较赞同这样一种观点，现代城市管理是指多元的城市管理主体依法管理或参与管理城市的公共事务的活动。界定城市管理概念既需要厘清政府相关职能机构的权力范围，又要考虑社会组织参与城市管理的问题，同时还需要借助于城市立法和上位法对城市管理职权和行为进行规范。

基于以上考虑，可以遵循如下的前提性原则认识城市管理的边界与范围：一是城市管理的边界应该是城市政府职能机构执法与管理行为的权力界限；二是需要准确把握城市管理的基本职责内容的范围；三是需要依法对城市管理职能部门的权力进行规范，这种规范本身也是对其权力的边界和行使方式的限制。在中国当前的立法体制下，城市管理所依据的上位法不可能把涉及城市管理部门的职权行为的详细细节予以规定，需要城市立法在遵守上位法的前提下充分考虑本城市的管理实践需要与地方特色，通过地方立法的方式实施上位法或者将城市管理部门的职权行为法定化。因而，城市管理领域的地方立法主要考虑关于城市发展规划、城市建设管理、城市道路交通管理、城市社会管理以及城市环境与资源管理方面的法律需求。[2]事实上，中共中央、国务院在2015年以党政联合发文方式下发的规范性文件即《关于深入推进城市执法体制改革 改进城市管理工作的指导意见》，就把城市管理的主要职责确定为：市政管理、环境管理、交通管理、应急管理和城市规划实施管理等内容。应当说，这一规范性文件关于城市管理的主要职责范围的界定，较好地体现了前述有关认识城市管理的边界与范围的前提性原则。

将前文对"市政管理"方面的内容带入"城市管理"之中，则城市管理的范围可以表述为：城市公用事业管理、公共设施管理、公共事务管理、环境管理、交通管理、应急管理和城市规划实施管理等内容。其中，前三项（城市公用事业管理、公共设施管理、公共事务管理）是"市政管理"的范围，城市公用事业管理主要包括对城市的教育、科技、文化、卫生事业的管

---

〔1〕 参见莫于川、雷振：《从城市管理走向城市治理——〈南京市城市治理条例〉的理念与制度创新》，载《行政法学研究》2013年第3期。

〔2〕 参见成都市人大常委会法工委课题组等：《城市管理与地方立法规制——以成都地方立法的实际需求为视角》，载《地方立法研究》2017年第1期。

理；而城市公共设施管理则主要是对城市的市政设施、供水设施、公交设施、园林设施、环卫设施等公共设施的管理；城市公共事务管理则包括城市基础设施的投资和维护，提供和加强就业岗位，社会保障服务，兴办和支持教育、科技、文化、医疗卫生、体育等公共事业，及时发布有关社会信息，为社会公共生活质量的提高和参与公共事务提供有力的保障和创造相关的条件。[1]后四项（环境管理、交通管理、应急管理和城市规划实施管理）的具体实施范围则包括：市政公用设施运行管理、市容环境卫生管理、园林绿化管理等方面的全部工作；市、县政府依法确定的，与城市管理密切相关、需要纳入统一管理的公共空间秩序管理、违法建设管理、环境保护管理、交通管理、应急管理等方面的部分工作。从城市管理前三项与后四项职责范围内容来看，很难避免交叉或重复，也存在不少需要具体明确的地方，这方面的工作有待于设区的市在具体的立法实践中进一步予以明确、丰富和发展。

三、设区的市城市管理立法现状与问题梳理

如前所述，由于"城乡建设与管理"的内涵不确定以及外延不清晰，学术界和立法实务部门对《立法法》第72条规定的设区的市的立法事项范围一直存在争议，全国人大及其常委会也没有进一步解释，国家也并未出台统一的城市管理法律或法规，但是，通过上述理论分析，可以大致确定城市管理的范畴，即城市公用事业管理、公共设施管理、公共事务管理、环境管理、交通管理、应急管理和城市规划实施管理等内容。基于城市管理工作的重点、难点，以及社会公众对城市管理民生诉求的热点问题，从城市管理中特选取电动车管理、流动摊贩管理、环境卫生管理、违法违章建设处理、社区建设管理等五大具体领域作为立法梳理与分析对象。

城市管理立法并非新实践。尽管全国人大及其常委会尚未制定《城市管理法》，国务院也没有制定《城市管理条例》，但关于城市管理的规定散见于各种法律和行政法规，如《城乡规划法》《中华人民共和国环境保护法》《中华人民共和国行政处罚法》等，关于推进城市管理改革的国家规范性文件更是不胜枚举，这些构成了城市管理的规范基础；省级人大及其常委会所制定

---

〔1〕 参见李小萍：《对设区市立法权限之"城乡建设与管理"的界定》，载《法学论坛》2017年第3期。

的地方性法规也大量涉及城市管理领域的规定，并且相关地方立法探索也逐步提升了城市管理的法治化水平，如湖南省于 2017 年 5 月 27 日出台了全国首部省级城市综合管理地方性法规《湖南省城市综合管理条例》，具体内容涉及市容环境卫生管理、园林绿化管理、市政公用设施管理等领域；《立法法》修订前具有地方立法权的"较大的市"已经探索制定了很多城市管理法规与规章，积累了成熟经验，如《南京市城市治理条例》《长沙市城市管理条例》《广州市城市管理综合执法条例》等，尤其是《南京市城市治理条例》以"治理"为核心，较为清晰地明确了政府与公众在城市管理中的角色，体现了鲜明的"治理型"立法特色，如规定了"城市治理委员会"的职责范围，并针对"公众参与治理""城市管理事项""城市管理行政执法权"以及"监督和救济"等城市治理的决策、执行和救济多个方面内容进行了详尽规定。是目前国内首次提出城市治理理念的地方性立法。

　　随着地方立法权扩容，所有设区的市都能够通过制定地方性法规与规章来推进城市管理，设区的市城市管理立法既有合法权限基础，又有现实治理需求。2015 年《立法法》修订后，获得地方立法权的设区的市制定了不少城市管理地方性法规。在全面推进依法治国背景以及城市管理国家立法不断完善的驱动下，各地城市管理立法已经全面展开："城市管理条例"等"总纲立法"与城市管理具体领域的专门立法相结合，城市管理法规体系逐步建构和形成；电动车管理、流动摊贩管理、环境卫生管理、违法违章建设处理和社区建设管理等具体领域立法丰富多元，形成一定规模；2015 年《立法法》修订后赋予设区的市地方立法权，城市管理立法数量增加，各地立法实践特色突显，不断积累立法经验，包括长沙、南京、武汉在内的多个城市为规范城市管理执法活动在地方立法层面进行了积极的探索，"形成了一些典型做法，为构建完备的城市管理法律体系奠定了实践基础"[1]；城市管理注入民主参与和共治共享的"治理"理念，立法不断迎合与引领现代治理需求与方向。

　　尽管当前国家法律、行政法规以及省、市两级地方立法中的城市管理内容丰富，但困扰城市发展、影响人民生活的问题依然日益严重，阻碍城市化进程、影响智慧城市建设的困难依然存在，城市管理的法治化水平亟待进一步提升，城市管理法规体系的建构任务依然繁重。"无论是中央还是地方一

---

〔1〕　王黎瑶：《加强和改进我国城市管理立法的思考》，载《上海城市管理》2020 年第 3 期。

级，都缺少涉及城市综合管理的专门立法，使得城市综合管理的法律法规不成体系，欠缺内在的协调性和统一性，使城管执法部门始终处于'借法执法'的尴尬位置，无论在职责界定还是在部门组织结构设置上，都缺少一般行政机关所应具备的确定性。"[1]总体来看，当前设区的市城市管理立法存在如下几个方面的问题。

其一，设区的市城市管理上位法依据不充分。尽管《中华人民共和国行政处罚法》第 18 条规定了相对集中行政处罚权，即"国家在城市管理、市场监管、生态环境、文化市场、交通运输、应急管理、农业等领域推行建立综合行政执法制度，相对集中行政处罚权。国务院或者省、自治区、直辖市人民政府可以决定一个行政机关行使有关行政机关的行政处罚权。限制人身自由的行政处罚权只能由公安机关和法律规定的其他机关行使。"《地方组织法》第 63 条规定"地方各级人民政府应当坚持以人民为中心，全心全意为人民服务，提高行政效能，建设服务型政府。"这构成了当前城市管理综合执法制度（简称城管制度）和城市管理综合执法机构设置的法律依据，但是，全国人大并没有出台统一的城市管理法律，国务院也没有出台城市管理的行政法规，"缺少统一的具有权威的城市管理法，使城市管理执法陷入困境。依法行政首先要依法规范行政权力，要在整个城市管理和城市管理执法系统内建立起统一的法律化的规则体系，用统一的标准去衡量和处理同一行政事务。由于我国现有的城市管理方面的各项实体法原来大都是以'条条'为主制定，并由相关职能部门执行的，相互之间不配套不说，甚至还发生矛盾。实行相对集中行政处罚权之后，城市管理执法局拥有的七个处罚权的法律依据仍然分属过去七个部门各自的法律体系，这些法律体系之间的矛盾依然存在，这给执法工作带来很大困难。"[2]以单行法方式授予地方政府各个职能部门城市管理职权，如《城乡规划法》授权城乡规划主管部门，《中华人民共和国土地管理法》授权自然资源主管部门，零散授权与集中管理、统一执法与多部门决策之间必然存在矛盾，其根本原因就在于城市管理缺乏统一的国家立法，进而无法规范、合理地统一配置地方政府城市管理职权。因此，出台统一的城市

---

〔1〕 朱仁显、黄雀莺：《城市综合管理的法治化规范化——基于厦门的个案分析》，载《东南学术》2015 年第 4 期。

〔2〕 周奋进：《为城市管理立法，破解城市管理执法难》，载《云南行政学院学报》2008 年第 6 期。

管理法律或者行政法规成为社会呼声，许多人大代表也积极呼吁、建言献策，如有代表建议"先在国务院层面加快制定一部《城市管理条例》，并在条件成熟后通过全国人大制定《城市管理法》，将党的意志上升为全体人民的意志。"[1]

其二，各地城市管理立法发展不平衡。经过笔者在"北大法宝"的梳理发现，各地城市管理立法呈现出不平衡、不充分的情况：首先，城市管理立法数量与水平呈现区域差异，立法与城市管理水平呈正相关关系。以环境卫生立法为例，经济发达的东部、南部沿海城市立法数量较多，这些城市的环境卫生管理水平也较高，"全国文明城市"的数量也较多，而西北内陆地区立法较少，其环境卫生管理水平也有待提升。其次，立法理念与技术方面也存在差异，先进经验并没有形成推广和示范效应。以南京的城市治理立法为例，南京市秉持共建共治共享的治理理念，由城市管理立法向城市治理立法转变，成立城市治理委员会，其立法的先进经验具备示范特色，但是，其他地区的立法并未由此跟进，立法的管理型和管控型特色强烈，由之形成的城市管理制度距离现代治理需求存在较大差距。再其次，各地城市管理立法碎片化较为严重。各设区的市城市管理的"总纲立法"仅23部，数量较少，而城市管理具体领域专门立法较多且较为零散、交叉与重复，一项城市管理领域事项分散于不同的地方性法规之中，增加了规范冲突风险，不利于法制统一。最后，设区的市立法与省级立法的权限划分依然不清晰。"表面看来，省级地方立法权限与设区的市地方立法权限是清晰明了的，但仔细分析可以发现至少对于'三类事项'，省级地方立法权限与设区的市地方立法权限是重叠的，在实践中容易引发问题。"[2]这涉及设区的市立法的自主性与能动性问题，某些城市管理领域事项由省级人大立法还是由各设区的市人大立法，目前没有清晰标准，如目前流动摊贩管理立法集中于省级地方性法规，在省级地方性法规的存在下，设区的市对流动摊贩管理立法是否有必要和空间，这些都是设区的市城市管理立法面临的问题。

其三，设区的市城市管理立法能力不足。2015年《立法法》修订后享有地方立法权的地市级单位由之前49个较大的市扩展至334个地市级单位（包

---

〔1〕 杨冠军：《加快出台国务院城市管理条例》，载《城乡建设》2016年第4期。
〔2〕 马竞遥：《设区的市地方立法权限的实践问题》，载《地方立法研究》2019年第5期。

括设区的市、自治州），近85%的设区的市级单位新获得了立法权。在这种情况下，新获得立法权的设区的市人大面临很多制度初创问题，而且设区的市人大在城市管理决策中长期处于话语权缺失的状态，如何主导城市管理立法、在制度设计上化解城市管理难题，成为提升立法能力最现实的挑战。首先，设区的市地方立法经验的积累尚不充分，对某项城市管理领域事项是否立法、怎样立法还需要实践探索和试错。在现有的334个设区的市级单位中，只有49个较大的市具备立法经验，大部分地市虽然在《立法法》修订以来有相应的制定地方性法规的实践经验，也从事了立法性质的相关调研、重大事项听证以及出台规范性文件等。然而，对大部分设区的市地方人大而言，其拥有立法权的时限相比于省级人大或者较大的市的人大仍较短，针对本地发展状况确定立法需求，哪些领域应当立法、怎样行使立法权等，设区的市的地方人大立法工作人员的认识尚不够全面、充分。其次，设区的市地方立法基本架构有待加强、立法资源配置亟待完善，其中，最为核心和关键的专业人才队伍需求是设区的市应优先解决的问题，解决立法紧迫需求与立法人才稀缺的矛盾，加快立法人才的引进和培养是地方立法长期持续的工作任务。最后，如何增强设区的市立法的人大主导地位，提升人大城市管理话语权成为提升立法能力的关键。在我国政治权力格局中，人大在社会治理方面的影响力较之行政机关与司法机关一直处于弱势地位，并未完全发挥权力机关应有的治理作用。尤其是不享有地方立法权的县级以下人大，以及2015年《立法法》修改前未被赋予地方立法权的大部分设区的市级人大，其在整个地方治理中是被边缘化的。因此，当赋予地方立法权之后，设区的市人大如何承接立法权以开展立法工作、如何在城市管理过程中协调政府与社会公众关系、如何主导城市管理立法的进程与结果等，与其治理地位的提升和治理话语权的增强息息相关，这也是提升地方立法能力的关键。

其四，设区的市城市管理主体权责不清晰。尽管各地推行相对集中行政处罚权改革，城市管理执行取得一定成效，通过整合执法力量、划转执法权限、优化职能配置、加强规范化管理，在一定程度上解决了多头执法问题，提升了执法效率，加强了监督制约，提高了执法水平。[1]但是，由于缺乏统

---

〔1〕 参见张步峰、熊文钊：《城市管理综合行政执法的现状、问题及对策》，载《中国行政管理》2014年第7期。

一城市管理立法，城市管理主体权责混乱的状态依然存在于执法体制中。究其原因，一方面在于缺乏统一的城市管理立法而未能规范合理地配置城市管理职权，进而难以设置统一的城市管理机构；另一方面，在于行政组织法的不完善加重了我国"条块"分割行政体制的弊端。所谓"条块体制"，是指"以层级制和职能制相结合为基础，按上下对口和'合并同类项'原则建立起来的从中央到地方各个层级的政府大体上'同构'的政府组织和管理模式"〔1〕，这种条块体制容易引发两张极端；一种是"条条专政"，中央政府权力过于强大；另一种是中央权力流失，"各级块块对条条的管理和规定置若罔闻、敷衍塞责，存在着上有政策、下有对策，有令不行、有禁不止等大量非规范性的行为，导致条条无法在全国范围内进行有效地调控；或者只是在形式上行使着调控职能，但实际上是调而不控，即所谓'空调'，其后果表现为'块块'各自为政的分散主义"〔2〕。条块分割的行政体制在分配城市管理任务的同时，也造成了职权分散，某一管理事项涉及多个部门时，权责不清晰导致遇到利益就相互争夺、遇到任务就相互推诿，许多城市管理问题由此产生，并积攒多年，找不到负责解决的部门，典型如违法违章建设、烂尾楼等，如果在问题开始之初有关部门能够严格执法，就可以将这些问题解决在萌芽阶段，避免日后城市管理的高昂成本以及为完成上级指标而采取的"运动式治理"模式。

其五，设区的市城市管理方式的非法治化特征显著。尽管全面依法治国背景下，将"权力关进制度的笼子里"已成为广泛共识，建设法治政府也是依法治国的应有之义，但行政权力的天然扩张性和缺乏有效监督仍然是法治建设的难题，政府治理方式的非法治化在转型期间依然有存在的"合理"空间。有学者指出基层治理存在两种行动逻辑，即政府的"不出事"逻辑和民众的"出大事"逻辑，前者意指"基层政府在治理过程中为避免发生影响社会秩序稳定所遵循的行动规律"〔3〕，在这种逻辑指导下，政府治理行为"出现了很多不合乎法理的操作"〔4〕；后者指民众为达到某种目的进行公开性抗争，期待获得政府和主要领导人的重视，典型如群体性事件。对城市管理来

---

〔1〕　周振超：《当代中国政府"条块关系"研究》，天津人民出版社2009年版，第2页。
〔2〕　周振超：《当代中国政府"条块关系"研究》，天津人民出版社2009年版，第5页。
〔3〕　谢正富：《基层治理行动逻辑研究》，华中科技大学出版社2015年版，第33页。
〔4〕　谢正富：《基层治理行动逻辑研究》，华中科技大学出版社2015年版，第32页。

说，上述两种逻辑都有显著的实践印证，典型如广为社会诟病的城管暴力执法。以城管暴力执法为代表的城市管理多采用依靠红头文件所部署的、以"专项整治""综合治理"等形式为主体的运动式治理方式，在短期内可以集中调动综合资源高效完成城市管理任务，但是，这种方式的代价是牺牲法治的规范性与稳定性品质，部分执法主体甚至会以"大局"为由而损害公民合法权益。有学者深刻指出了城管执法失范的制度性困境，包括压力型体制对基层官员行为的强烈刺激和约束、城市管理执法重心下移后职权与职责不相匹配、城市管理综合执法缺乏有效的协调机制与监督问责机制等。[1]

四、设区的市城市管理立法的理念转型与制度完善

习近平总书记在党的二十大报告中强调："中国共产党的中心任务就是团结带领全国各族人民全面建成社会主义现代化强国、实现第二个百年奋斗目标，以中国式现代化全面推进中华民族伟大复兴。"[2]"中国式现代化，是中国共产党领导的社会主义现代化，既有各国现代化的共同特征，更有基于自己国情的中国特色。"[3]党的二十大报告作出的科学判断与国家战略布局，是指导新时代各项工作开展的总纲领。城市管理立法作为中国式现代化的制度建设的重要内容，必然要回应新时代社会主要矛盾的变化，也必然要以党的二十大报告为根本指导。结合之前的理论分析、实践梳理与问题定位，笔者进一步提出：要完善设区的市城市管理立法，提升城市管理水平和奠定智慧型城市所需的制度建设基础，必须从理念转型与制度完善两个层面实现城市管理的现代法治跨越。

（一）设区的市城市管理立法与执法的理念转型

现代国家治理目标的提出，是中国特色社会主义实践经验的深刻总结与科学判断，"由于利益格局日趋复杂与利益表达诉求日益多元，以单向行政管

---

〔1〕 参见张良：《从管控到服务：城市治理中的"城管"转型》，华东理工大学出版社 2016 年版，第 125-129 页。

〔2〕 习近平：《高举中国特色社会主义伟大旗帜 为全面建设社会主义现代化国家而团结奋斗——在中国共产党第二十次全国代表大会上的报告》，人民出版社 2022 年版，第 21 页。

〔3〕 习近平：《高举中国特色社会主义伟大旗帜 为全面建设社会主义现代化国家而团结奋斗——在中国共产党第二十次全国代表大会上的报告》，人民出版社 2022 年版，第 22 页。

控为主的社会运行模式已然不能适应社会发展需求，从过去的'社会管理'
到当下的'社会治理'，不仅是语词的变化，更重要的是理念与内涵的重要转
型"〔1〕，"治理"所蕴含的平等性、交互性、参与性将不断冲击和修正国家
公权力对社会采取的强制、处罚、禁止、命令等管控手段，转而向商谈、协
作、规制、服务等平等交往方式转型。党的二十大报告提出："健全共建共治
共享社会治理制度，提升社会治理效能……加快推进市域社会治理现代化，
提高市域社会治理能力。"〔2〕"共建共治共享"的社会治理格局是对现代国家
治理体系的深入阐述和具体落实，是社会发展理念的又一次深刻转型。对城
市管理来说，行政权力主导的强制性管理和强调平等协商、民主参与的治理
不可偏废，强调治理转型并不意味着取消行政管理的强制手段，"尽管社会治
理相较于社会管理呈现出治理方式多样性和治理主体多元化的特征以及强调
平等协商的共治姿态，但二者之间也存在着明显交集，尤其是一些需要行政
权力介入和充分发挥国家职能的领域，管理作为达成良善社会秩序之必要手
段依然是引导社会发展的重要助力"〔3〕因此，城市管理立法与执法必然要坚
持行政管理与公共服务。由于当前社会环境深受"官本位"与权力崇拜传统
的影响，无论是立法还是执法，均存在重管理而轻服务、重义务而轻权利、
重权力而轻责任的现象，这些都是困扰城市管理与社会治理工作的深层问题，
故应当将服务理念作为城市管理转型之重点。

其一，由管控型立法向治理型立法转变。当前，大部分设区的市城市管
理立法依然侧重于管控，大多数法规按照"总则——城市管理职责——城市
管理综合执法规定——法律责任——监督与救济"的基本结构，强调行政管
理权力对于城市建设与发展的职责。由于城市管理领域属于社会公共事务，
充斥大量配置民生资源、组织建设力量、维护居民权益、协调各方利益、维
持社会秩序、化解利益矛盾的行政管理性工作，需要劝诫、强制、处罚、引
导等管理性手段，因此，地方立法赋予城市管理部门行政管理权有充分必要

〔1〕 魏治勋、白利寅：《法学视域下的社会治理问题》，载《南通大学学报（社会科学版）》
2014 年第 5 期。

〔2〕 习近平：《高举中国特色社会主义伟大旗帜 为全面建设社会主义现代化国家而团结奋
斗——在中国共产党第二十次全国代表大会上的报告》，人民出版社 2022 年版，第 54 页。

〔3〕 魏治勋、白利寅：《法学视域下的社会治理问题》，载《南通大学学报》（社会科学版）
2014 年第 5 期。

性。但单一管控型立法的问题在于以方便行政管理为出发点而赋予行政部门较大的城市管理权限，强调社会对管理权力的服从与秩序，城市管理部门往往采取较为简单和直接的执法方式完成城市管理任务，如忽视个体差异情况的"一刀切"政策，这使得无法真正从深层次解决城市发展问题，社会与公民个体的立法参与和利益诉求也得不到应有的保障和体现。管控型立法向治理型立法转变，不只是增强立法的民主参与和社会公众知情，更为重要的是在城市管理和行政执法中嵌入"共建共治共享"的理念，"共建共治共享，即共同参与建设、共同参与治理、共同参与分享，国家、人民以及社会组织通过结构性地整合成为一个'共同体'来共同治理、共享利益、共生发展。"[1]城市管理立法理念转型的"南京经验"有借鉴意义。南京市人大常委会于2012年通过了《南京市城市治理条例》，该条例是第一个以"城市治理"为主题的地方性法规，其核心在于由"城市管理"向"城市治理"的转型，第一条开宗明义指出城市治理立法目的："为了推动公众参与城市治理，提高城市管理和服务水平，建设宜居城市和幸福城市，根据有关法律、法规，结合本市实际，制定本条例。"第二条区分了城市治理与城市管理的概念："本条例所称城市治理，是指为了促进城市和谐和可持续发展，增进公众利益，实行政府主导、公众参与，依法对城市规划建设、市政设施、市容环卫、道路交通、生态环境、物业管理、应急处置等公共事务和秩序进行综合服务和管理的活动。本条例所称城市管理，是指政府及其有关部门依法行使行政权力，对前款所列城市公共事务和秩序进行组织、监管和服务的活动，是城市治理的基础性内容。"第九条规定了城市治理的组织机构——"城市治理委员会"："市人民政府设立城市治理委员会，组织、指导、监督考核城市治理工作，协调城市管理相关部门之间以及和其他政府部门的关系。城市治理委员会依据市人民政府的授权，依法对城市治理重要事项作出的决议，政府有关部门、有关单位应当遵守和执行。"有学者深刻指出了《南京市城市治理条例》的创新亮点与转型意义："一是由单纯管理转变为共同治理，保障人民的知情权、参与权、表达权、监督权，实现由党委、政府包办一切向党委领导、政府负责、社会协同、公众参与的社会管理格局的转变；二是由防范性管理转变为

---

〔1〕 孙杰：《共建共治共享：构筑"中国之治"的社会基础》，载《科学社会主义》2021年第2期。

服务性管理，'在服务中实施管理，在管理中实现服务'；三是由单一的行政手段转变为综合运用法律、政策、经济、行政、教育等手段，由仅仅依靠刚性手段转变为更多地适用柔性手段，形成刚柔相济的管理模式。这些创新亮点，体现了《城市治理条例》制定者的立法追求，是走出当下城管困局的示范性探索，符合当代行政法治发展方向和城市经济社会协调发展要求，具有鲜明的时代性、实践性和针对性。"[1]

其二，由强制性执法向回应型执法转变。行政执法是行政机关根据法律、法规授权单方做出的影响行政相对人权利和义务的具体行为，强制性是行政执法的底色："行政执法除赋予相对方权利外，一律具有强制的执行效力。相对方不履行行政执法所涉及的义务，行政主体有权给予处罚并强制执行。"[2]诸多领域的城市管理任务需要大量的强制性执法配合完成，典型如拆除违法建筑，涉及对违法建设者的利益损害，但这种损害是出于公共利益角度的合法性损害，故必须有国家强制力做后盾，维持执法的强制性要素必不可少。但强制性执法基于行政机关的优势地位与执法行为的优位原则存在滥用公权力的风险，即行政机关既可能伺机扩张权力以获取利益资源，甚至存在权力寻租、权钱交易等腐败现象，也可能因为执法水平有限、执法者素质不高等问题而错误适用强制性执法手段，进而侵犯了行政相对人合法权益。随着公共行政的深入发展，由行政机关作为唯一主体的单一强制性执法越来越受到社会自治的冲击，由强制性行政执法向回应型行政执法转变成为转型趋势。"回应型行政承认并尊重公众的主体地位，在行政执法过程中扩大公众的有序参与，吸收专家学者作为政府与公众的理性中介，以文明、柔性的非强制行政手段为主，注重行政机关与行政相对人之间的协商、沟通与合作，以求行政能够积极能动地回应公众的多元化利益诉求和社会发展的多重需求，最终实现善治。"[3]回应型行政/执法理念在城市管理领域尤为重要，电动车管理、流动摊贩管理、环境卫生管理、违法违章建设处理、社区建设管理等领域与公民生活与权益息息相关，城市管理执法必须要以人民满意为目标。城市管

---

〔1〕 莫于川、雷振：《从城市管理走向城市治理——〈南京市城市治理条例〉的理念与制度创新》，载《行政法学研究》2013 年第 3 期。

〔2〕 胡和勤：《行政管理基本问题研究》，内蒙古人民出版社 2003 年版，第 178 页。

〔3〕 杨峰、徐继敏：《论回应型行政的法治维度及其实现路径》，载《安徽大学学报（哲学社会科学版）》2017 年第 5 期。

理执法理念转型的济南经验有借鉴和参考价值。"济南城管着力打造服务、管理、执法'三位一体'的城管模式，创新'七二一'工作法，即用服务手段解决 70% 的问题，用管理手段解决 20% 的问题，用执法手段解决 10% 的问题，强调服务在先，管理在后，执法在最后，核心是强调群众满意。……济南城管在第一发展阶段实现了由'粗暴执法'向'文明执法'、由'处罚执法'向'服务执法'、由'短效执法'向'长效执法'三大转变的基础上，又着力于处理好城市管理的三大关系，使服务城管的理念真正付诸实际。"[1]

（二）设区的市城市管理立法与执法的制度完善思路

在理念转型的基础上，需要设计立法与执法的总体思路以完善设区的市的城市管理制度。因为城市管理千头万绪，每一个具体领域都会涉及组织机构优化、管理资源分配、行政职权配置、社会公众参与等各种各样的制度建设问题，必须有一个提纲挈领的总体指导思路，这个总体指导思路既要承接城市管理立法和执法理念转型的发展趋势，又要发挥指导城市管理具体制度建设的基础作用，其意义和功能在于：指导和规划城市管理立法与执法的总体制度架构；引领和布局未来城市管理制度的发展趋势；奠定城市管理具体领域的制度完善基础。因此，完善设区的市城市管理立法与执法的总体思路是：以完善和优化地方立法体制为规范前提，通过合理配置城市管理事权与责任，确定设区的市的城市管理的机构设置与权责分配，以深化城市管理执法体制改革为动力，化解城市管理难题、破局城市发展瓶颈。

一方面，完善和优化地方立法体制，建构城市管理法治基础。科学完善的立法体制是建设城市管理立法与执法制度的前提。地方立法体制在城市管理方面仍有优化空间。其一，要制定有效区分省、市两级城市管理立法权限的标准与机制，避免重复立法和资源浪费。"在设区的市立法事项范围内，省级人大及其常委会可以立法，设区的市人大及其常委会也可以立法，这样在地方省级和设区的市之间就会产生立法的重合，容易产生立法资源的浪费，

---

〔1〕《坚持以人民为中心 靠人民共建城市 让人民共享城市——济南城市管理理念研究》，载济南大学"政法学院城市治理现代化研究中心"编：《当代中国城市化进程中的城市治理现代化——济南城管经验研究》，山东城市出版传媒集团·济南出版社 2017 年版，第 5 页。

甚至出现立法冲突。"〔1〕从城市管理特点来看，具体领域和具体问题较多，《立法法》或省级地方性法规应就省、市两级的地方立法权限设计区分标准与划分机制，在立法内容方面进行有效区分：某类城市管理事项如果反映了省域的普遍性问题，可以由省级人大及其常委会出台地方性法规，则各设区的市没有必要针对这类事项再制定本市的地方性法规，确有必要制定的，应当进行立法的特殊性与必要性论证，防止照搬照抄上位法；某类城市管理事项在省域内的各市情况复杂、问题各异，则有必要由各市立法，省级人大可以出台指导意见。其二，建构和完善党委领导、人大主导、政府主体、公众参与、智库协助的地方立法格局，实现城市管理立法的"共建共治共享"。人大主导立法已成为共识，在制度安排层面意味着，"地方人大及其常委会在相当程度上主导着区域内的各类立法，在规范行政行为、服务重大改革上发挥着不可替代的作用。"〔2〕要落实地方立法的人大主导原则，切实发挥人大主导作用，必须将人大主导纳入整个立法体制环境中，定位多元参与主体的基本功能、厘清相互关系。具体来说，就是要从党委、人大、政府、智库等各自的性质、功能角度出发，确定其在立法中的地位与作用，提出立法体制与机制新格局的基本蓝图。

另一方面，合理配置城市管理事权，深化城市管理执法体制改革。各级政府事权与支出责任一直是行政体制改革和现代治理体系建构的重点。"就事权划分的形式而言，我国各级政府事权划分缺乏法律规范已经是众所周知的事实。到目前为止，关于地方制度的基本法律仅有地方组织法一部，而即便是这一部法律也过于粗线条，缺乏关于各级政府事权划分的内容。"〔3〕党的十八届四中全会提出："推进各级政府事权规范化、法律化，完善不同层级政府特别是中央和地方政府事权法律制度，强化中央政府宏观管理、制度设定职责和必要的执法权，强化省级政府统筹推进区域内基本公共服务均等化职责，强化市县政府执行职责。"〔4〕党的十九大报告提出："加快建立现代财政制

〔1〕　王腊生：《新立法体制下我国地方立法权限配置若干问题的探讨》，载《江海学刊》2017年第1期。

〔2〕　李延吉：《地方人大主导立法的目标与限度》，载《人大研究》2020年第9期。

〔3〕　王建学：《论地方政府事权的法理基础与宪法结构》，载《中国法学》2017年第4期。

〔4〕　《中共中央关于全面推进依法治国若干重大问题的决定》，人民出版社2014年版，第16页。

度，建立权责清晰、财力协调、区域均衡的中央和地方财政关系。"〔1〕党的二十大报告更是强调："转变政府职能，优化政府职责体系和组织结构，推进机构、职能、权限、程序、责任法定化，提高行政效率和公信力。"〔2〕国务院也曾于 2016 年 8 月 16 日出台《国务院关于推进中央与地方财政事权和支出责任划分改革的指导意见》（国发〔2016〕49 号），探索设计各级政府事权与支出责任划分的法治化路径。之所以在城市管理立法领域探讨合理配置政府事权与支出责任问题，是源于城市管理立法大部分集中于行政管理与公共服务领域，是关于行政管理事务与职权的立法，设区的市通过立法赋予某一行政管理部门城市管理职权的前提，是根据宪法、组织法、省级地方性法规等上位法确定本级行政机关有哪些部门享有何种行政管理权限，即明确各级政府及部门的事权与支出责任。前文已述，我国"条块"分割的行政体制与行政组织法的不完善导致城市管理权责不清晰，解决此一问题，必须从法制上实现城市管理部门事权与支出责任的合理配置与科学划分。

合理配置城市管理事权与支出责任与深化城市管理执法体制改革密不可分，前者是规范前提，后者是完善动力。城市管理执法体制改革是完善设区的市的城市管理制度的核心重点。城市管理和城市发展的深层问题几乎都会体现在城市管理执法过程中，或者说，城市管理执法是检验城市管理水平与法治化程度的具体标准。2015 年颁行的《中共中央、国务院关于深入推进城市执法体制改革改进城市管理工作的指导意见》细化部署了城市管理执法体制改革内容。党的二十大提出要扎实推进依法行政，"深化行政执法体制改革，全面推进严格规范公正文明执法，加大关系群众切身利益的重点领域执法力度，完善行政执法程序，健全行政裁量基准。"〔3〕结合相关指导意见与党的二十大报告，以下对完善设区的市城市管理制度进行细化阐述。

首先，充分保障和合理配置设区的市政府城市管理事权。根据《国务院关于推进中央与地方财政事权和支出责任划分改革的指导意见》要求："加强

〔1〕 习近平：《决胜全面建成小康社会 夺取新时代中国特色社会主义伟大胜利——在中国共产党第十九次全国代表大会上的报告》，人民出版社 2017 年版，第 34 页。

〔2〕 习近平：《高举中国特色社会主义伟大旗帜 为全面建设社会主义现代化国家而团结奋斗——在中国共产党第二十次全国代表大会上的报告》，人民出版社 2022 年版，第 41 页。

〔3〕 习近平：《高举中国特色社会主义伟大旗帜 为全面建设社会主义现代化国家而团结奋斗——在中国共产党第二十次全国代表大会上的报告》，人民出版社 2022 年版，第 41 页。

地方政府公共服务、社会管理等职责。将直接面向基层、量大面广、与当地居民密切相关、由地方提供更方便有效的基本公共服务确定为地方的财政事权，赋予地方政府充分自主权，依法保障地方的财政事权履行，更好地满足地方基本公共服务需求。……要逐步将社会治安、市政交通、农村公路、城乡社区事务等受益范围地域性强、信息较为复杂且主要与当地居民密切相关的基本公共服务确定为地方的财政事权。""省级政府要参照中央做法，结合当地实际，按照财政事权划分原则合理确定省以下政府间财政事权。……将有关居民生活、社会治安、城乡建设、公共设施管理等适宜由基层政府发挥信息、管理优势的基本公共服务职能下移，强化基层政府贯彻执行国家政策和上级政府政策的责任。"城市管理职权向基层转移将成为划分政府事权与支出责任的必然趋势，城市管理不仅存在于设区的市，在县级市以及乡镇，都会存在城市管理需求和问题。因此，法律、行政法规和省级地方性法规应当充分赋予设区的市以城市管理事权，并延伸至县和乡镇，尤其是城镇化水平较高的乡镇，也可以通过设区的市立法来配置城市管理事权，省级政府可以就城市管理事权的具体种类、权限范围和内容，在省、设区的市、县、乡镇作出合理划分。可以参考和落实《中共中央、国务院关于深入推进城市执法体制改革改进城市管理工作的指导意见》关于"匡定管理职责"的规定："城市管理的主要职责是市政管理、环境管理、交通管理、应急管理和城市规划实施管理等。具体实施范围包括：市政公用设施运行管理、市容环境卫生管理、园林绿化管理等方面的全部工作；市、县政府依法确定的，与城市管理密切相关、需要纳入统一管理的公共空间秩序管理、违法建设治理、环境保护管理、交通管理、应急管理等方面的部分工作。城市管理执法即是在上述领域根据国家法律法规规定履行行政执法权力的行为。"

其次，推进城市管理部门机构改革与职权划分。根据《国务院关于推进中央与地方财政事权和支出责任划分改革的指导意见》要求："按照一项财政事权归口一个部门牵头负责的原则，合理划分部门职责，理顺部门分工，妥善解决跨部门财政事权划分不清晰和重复交叉问题，处理好中央和省级政府垂直管理机构与地方政府的职责关系，为更好履行政府公共服务职能提供保障。"就城市管理部门机构改革来看，很多城市管理领域涉及多个部门，如环境卫生、质检、工商等，职能交叉严重，导致一个事项多头管理，但遇到问题却相互推诿，降低了行政管理效率。《中共中央、国务院关于深入推进城市执法体制改革改进城市管理工作的指导意见》要求明确主管部门和综合设置机构："各省、自治区、直辖市政府应当确立相应的城市管理主管部门，加强对辖区内城市管理工作的业务指导、组织协调、监督检查和考核评价。各地应科学划分城市管理部门与相关行政主管部门的工作职责，有关管理和执法职责划转城市管理部门后，原主管部门不再行使。……按照精简统一效能的原则，住房城乡建设部会同中央编办指导地方整合归并省级执法队伍，推进市县两级政府城市管理领域大部门制改革，整合市政公用、市容环卫、园林绿化、城市管理执法等城市管理相关职能，实现管理执法机构综合设置。统筹解决好机构性质问题，具备条件的应当纳入政府机构序列。遵循城市运行规律，建立健全以城市良性运行为核心，地上地下设施建设运行统筹协调的城市管理体制机制。有条件的市和县应当建立规划、建设、管理一体化的行政管理体制，强化城市管理和执法工作。"[1]可以预见的是，城市管理的大部门制成为改革的重点方向，"过去的城管体制改革，只是改了权力，实行了部分行政权力的集中（处罚权和强制措施权）"。[2]未来应当就某一城市管理领域确定牵头主管部门并赋予其管理事权，需要其他部门协作时应有一定的协作机制和职责分工。

最后，实现城市管理事权与执法方式的法治化。根据《国务院关于推进中央与地方财政事权和支出责任划分改革的指导意见》要求："要将中央与地方财政事权和支出责任划分基本规范以法律和行政法规的形式规定，将地方各级政府间的财政事权和支出责任划分相关制度以地方性法规、政府规章的形式规定，逐步实现政府间财政事权和支出责任划分法治化、规范化，让行政权力在法律和制度的框架内运行，加快推进依法治国、依法行政。"[3]有学者指出地方政府事权划分法治化是指："第一，法律明定事权范围，免于上级政府任意的事权转移；第二，为履行法定事权（或上级政府事权委托其实施），须循法律机制配置相应财力，主要透过收入划分和转移支付实现，免于'有权无能'；第三，事权履行受到预算约束，体现财政民主，免于'有权无责'。"[4]未来设计的《城市管理法》应规范中央与地方、地方各层级的城市

〔1〕《中共中央国务院关于深入推进城市执法体制改革改进城市管理工作的指导意见》

〔2〕杨小军：《深入推进城管执法体制改革研究》，载《行政法学研究》2016年第5期。

〔3〕《国务院关于推进中央与地方财政事权和支出责任划分改革的指导意见》

〔4〕刘剑文、侯卓：《事权划分法治化的中国路径》，载《中国社会科学》2017年第2期。

管理事权与支出责任，并授权省级以下地方性法规配置本区域的城市管理事权，设区的市人大可以通过地方性法规配置本市、区、县的城市管理职权，逐步实现城市管理事权与支出责任的法治化。实现执法方式的法治化可以参考《中共中央、国务院关于深入推进城市执法体制改革改进城市管理工作的指导意见》"提高执法水平"的要求，如"制定权责清单""规范执法制度""改进执法方式""完善监督机制"等。

五、结　语

城市管理从古至今不仅是一个停留在纯粹学理建构或国家权力运行层面的上层建筑问题，而与每个人尤其是城市居民切身的生存与发展息息相关。在大数据、人工智能等科技进步的当下时代，"智慧城市"所代表的不仅是城市发展形态，也是未来人类社会生存和发展的基本方式。因此，城市问题就是人类自身的问题，城市管理就是人类文明的自我完善和提升。当我们选择从法治的视角观察城市管理时，我们看到的是文明的普遍性与多样性的统一："法治作为普遍尊重人权的一种制度设计，反映了社会变迁的历史要求，具有深厚的公民文化基础。法治的普遍性价值并不否认法治在不同文化背景与不同历史发展进程中所表现的特殊性。"[1]经历了改革开放四十多年的发展，城市管理的法治转型积累了深厚的历史资源、现实需求与技术方法。城市管理立法作为法治建构的前提依据与规范基础，在城市管理体制改革与法治转型的道路上依然肩负着重要责任。已获得地方立法权的广大的设区的市，应当充分把握这个时代机遇，不断完善城市管理立法，推进城市治理现代化，服务于现代国家治理的改革目标。

本章小结

结合《立法法》第七十二条及相关法律、行政法规、规范性文件的规定，我们可以大致划定"城市管理"的范围。设区的市的城市管理立法虽然要求政府运用公权力介入到城市公用事业管理、公共设施管理、公共事务管理、环境管理等事项中，但是不能只是单纯的管控型立法，而是要趋向于容纳多

---

〔1〕　魏治勋：《法治的真原》，陕西人民出版社 2012 年版，第 167 页。

元社会治理主体前提下的治理型立法。设区的市在国家治理与社会经济发展布局中的中枢地位使得其对城市管理难题的解决、城市管理权力的规范、城市化水平的提升具有重要的落实作用和示范效应。然而，当前的设区的市城市管理立法在立法内容、立法技术、立法理念及更深层次的立法体制层面都存在着诸多不足，这导致设区的市的城市管理难以有效提升设区的市的治理水平。城市管理立法作为中国式现代化的制度建设的重要内容之一，必然一方面需要符合世界各国城市管理的一般规律及共同特征，这要求设区的市城市管理立法与执法在理念上以"共建共治共享"为导向，由管控型立法、强制性执法向治理型立法、回应型执法转变；另一方面需要符合本国国情与实际所需，这要求设区的市在城市管理立法与执法的制度完善上要以完善和优化地方立法体制为规范前提，通过合理配置城市管理事权与责任，确定设区的市的城市管理的机构设置与权责分配，以深化城市管理执法体制改革为动力。

参考文献

（一）中文著作类

1. 本书编写组编著：《规范性文件备案审查制度理论与实务》，中国民主法制出版社 2011 年版。

2. 《邓小平文选》第三卷，人民出版社 1993 年版。

3. 范志伟主编：《城市管理概论》，上海交通大学出版社 2012 年版。

4. 付子堂主编：《地方立法蓝皮书：中国地方立法报告（2018）》，社会科学文献出版社 2018 年版。

5. 何冰等编著：《数据可视化应用与实践》，企业管理出版社 2015 年版。

6. 洪涛：《本原与事变：政治哲学十篇》，上海人民出版社 2009 年版。

7. 胡和勤：《行政管理基本问题研究》，内蒙古人民出版社 2003 年版。

8. 济南大学政法学院"城市治理现代化研究中心"编：《当代中国城市化进程中的城市治理现代化：济南城管经验研究》，济南出版社 2017 年版。

9. 姜明安主编：《行政法与行政诉讼法》，北京大学出版社 2015 年版。

11. 李培传：《论立法》，中国法制出版社 2013 年版。

12. 李允杰、丘昌泰：《政策执行与评估》，北京大学出版社 2008 年版。

13. 刘松山：《中国立法问题研究》，知识产权出版社 2016 年版。

14. 刘雪明：《政策运行过程研究》，江西人民出版社 2005 年版。

15. 刘作翔、冉井富主编：《立法后评估的理论与实践》，社会科学文献出版社 2013 年版。

16. 钱锦宇：《法体系的规范性根基——基本必为性规范研究》，山东人民出版社 2011 年版。

17. 乔晓阳主编：《〈中华人民共和国立法法〉导读与释义》，中国民主法制出版社 2015 年版。

18. 全国人大常委会法制工作委员会国家法室编著：《〈中华人民共和国各级人民代表大会常务委员会监督法〉释义及实用指南》，中国民主法制出版社 2013 年版。

19. 阮荣祥、赵澄主编:《地方立法的理论与实践》,社会科学文献出版社 2011 年版。

20. 孙懿华、周广然编著:《法律语言学》,中国政法大学出版社 1997 年版。

21. 孙哲:《左右未来:美国国会的制度创新和决策行为》,复旦大学出版社 2001 年版。

22. 汪全胜:《法律绩效评估机制论》,北京大学出版社 2010 年版。

23. 汪全胜等:《立法后评估研究》,人民出版社 2012 年版。

24. 魏治勋:《禁止性法律规范的概念》,山东人民出版社 2008 年版。

25. 魏治勋:《法律解释的原理与方法体系》,北京大学出版社 2017 年版。

26. 魏治勋:《法治的真原》,陕西人民出版社 2012 年版。

27. 武钦殿:《地方立法专题研究——以我国设区的市地方立法为视角》,中国法制出版社 2018 年版。

28. 习近平:《决胜全面建成小康社会 夺取新时代中国特色社会主义伟大胜利——在中国共产党第十九次全国代表大会上的报告(2017 年 10 月 18 日)》,人民出版社 2017 年版。

29. 谢正富:《基层治理行动逻辑研究》,华中科技大学出版社 2015 年版。

30. 徐振强:《智慧城市新思维》,中国科学技术出版社 2017 年版。

31. 阎锐:《地方立法参与主体研究》,上海人民出版社 2014 年版。

32. 杨海坤、赵玮等:《弱势群体权益的公法保护》,中国人事出版社 2015 年版。

33. 喻中:《论授权规则——以"可以"一词为视角》,山东人民出版社 2008 年版。

34. 张良:《从管控到服务:城市治理中的"城管"转型》,华东理工大学出版社 2016 年版。

35. 张述存主编:《山东省"十三五"规划重大问题研究》,山东人民出版社 2016 年版。

36. 周旺生:《立法论》,北京大学出版社 1994 年版。

37. 周旺生:《立法学》,法律出版社 2004 年版。

38. 周赟:《"应当"一词的法哲学研究》,山东人民出版社 2008 年版。

39. 周振超:《当代中国政府"条块关系"研究》,天津人民出版社 2008 年版。

40. 朱力宇、叶传星主编:《立法学》,中国人民大学出版社 2015 年版。

41. 《中共中央关于全面推进依法治国若干重大问题的决定》,人民出版社 2014 年版。

(二)译著类

42. [奥]凯尔森:《法与国家的一般理论》,沈宗灵译,商务印书馆 2013 年版。

43. [德]伯恩·魏德士:《法理学》,丁晓春、吴越译,法律出版社 2013 年版。

44. [德]阿图尔·考夫曼、温弗里德·哈斯默尔主编:《当代法哲学和法律理论导论》,郑永流译,法律出版社 2013 年版。

45. [古希腊]亚里士多德:《政治学》,吴寿彭译,商务印书馆 1965 年版。

46. [美]布赖恩·比克斯:《法律、语言与法律的确定性》,邱昭继译,法律出版社 2007 年版。

47. [美]欧文·M·柯匹、卡尔·科恩:《逻辑学导论》,张建军等译,中国人民大学出版社 2014 年版。

48. ［美］桑福德・尚恩：《语言与法律》，沙丽金等译，知识产权出版社 2016 年版。

49. ［美］约翰・吉本斯：《法律语言学导论》，程朝阳等译，法律出版社 2007 年版。

50. ［美］朱迪・弗里曼：《合作治理与新行政法》，毕洪海、陈标冲译，商务印书馆 2010 年版。

51. ［日］米丸恒治：《私人行政——法的统制的比较研究》，洪英等译，中国人民大学出版社 2010 年版。

52. ［奥］凯尔森：《法与国家的一般理论》，沈宗灵译，中国大百科全书出版社 1996 年版。

（三）期刊论文类

53. 陈国权、李院林：《政府自利性：问题与对策》，载《浙江大学学报（人文社会科学版）》2004 年第 1 期。

54. 陈家刚：《人大主导、行政主导与党的领导》，载《人大研究》2017 年第 2 期。

55. 陈俊：《〈立法法〉修改后中国立法体制的发展展望》，载《中国社会科学院研究生院学报》2015 年第 6 期。

56. 陈伟斌：《地方立法评估的立法模式与制度构建》，载《法学杂志》2016 年第 6 期。

57. 程波、吴玉姣：《认真对待地方立法重复》，载《中国社会科学报》2017 年 8 月 9 日，第 5 版。

58. 成都市人大常委会法工委课题组等：《城市管理与地方立法规制——以成都市地方立法的实际需求为视角》，载《地方立法研究》2017 年第 1 期。

59. 崔开云：《中国政府与非政府组织间关系——一个总体性研究》，载《理论探讨》2009 年第 4 期。

60. 丁贤、张明君：《立法后评估理论与实践初论》，载《政治与法律》2008 年第 1 期。

61. 顾爱平：《公众参与地方立法的困境与对策》，载《江苏社会科学》2017 年第 6 期。

62. 何增科：《中国公民社会组织发展的制度性障碍分析》，载《中共宁波市委党校学报》2006 年第 6 期。

63. 洪晓梅等：《论我国行业协会功能及其法律调整》，载《东北大学学报（社会科学版）》2007 年第 3 期。

64. 胡坚明：《德国法上违反禁止性规定之法律行为的效力》，载《华东政法大学学报》2018 年第 2 期。

65. 胡玉鸿：《〈监督法〉对规范性文件备案审查机制的完善与不足》，载《学习论坛》2007 年第 1 期。

66. 胡玉鸿：《试论法律位阶划分的标准——兼及行政法规与地方性法规之间的位阶问题》，载《中国法学》2004 年第 3 期。

67. 黄文艺：《信息不充分条件下的立法策略——从信息约束角度对全国人大常委会立法政策的解读》，载《中国法学》2009 年第 3 期。

68. 黄良林：《论地方立法权限和范围——兼评温州市地方立法立项》，载《地方立法研究》2017 年第 2 期。

69. 黄晓春：《当代中国社会组织的制度环境与发展》，载《中国社会科学》2015 年第 9 期。

70. 姜明安：《论法治国家、法治政府、法治社会建设的相互关系》，载《法学杂志》2013 年第 6 期。

71. 蒋萍、马雪娇：《大数据背景下中国时间利用调查方案的改革与完善——基于中、日、美时间利用调查方案的比较》，载《统计研究》2014 年第 8 期。

72. 李高协：《浅议地方立法技术及其规范》，载《人大研究》2015 年第 3 期。

73. 李高协：《再议地方立法的不抵触、有特色、可操作原则》，载《人大研究》2015 年第 9 期。

74. 李革胜等：《使规范性文件更加"规范"——〈湖北省各级人民代表大会常务委员会规范性文件备案审查工作条例〉解读》，载《人大研究》2014 年第 2 期。

75. 李龙、李豪：《论地方人大常委会对地方"两院"规范性文件备案审查的正当性》，载《时代法学》2011 年第 6 期。

76. 李茂武：《论"可以 P"与"可以不 P"的关系》，载《江汉大学学报》2001 年第 4 期。

77. 李适时：《全面贯彻实施修改后的立法法——在第二十一次全国地方立法研讨会上的总结》，载《中国人大》2015 年第 21 期。

78. 李小萍：《对设区市立法权限之"城乡建设与管理"的界定》，载《法学论坛》2017 年第 3 期。

79. 李学栋等：《管理机制的概念及设计理论研究》，载《工业工程》1999 年第 4 期。

80. 刘家华：《地方人大能否审查"两院"规范性文件》，载《检察日报》2005 年 5 月 9 日，第 6 版。

81. 刘剑文、侯卓：《事权划分法治化的中国路径》，载《中国社会科学》2017 年第 2 期。

82. 刘杰：《社会自治组织的概念探析》，载《太平洋学报》2006 年第 8 期。

83. 刘经平：《关于地方国家权力机关对规范性文件的审查》，载《政治与法律》1998 年第 2 期。

84. 刘松山：《科学立法的八个标准》，载《中共杭州市委党校学报》2015 年第 5 期。

85. 刘松山：《党领导立法工作需要研究解决的几个重要问题》，载《法学》2017 年第 5 期。

86. 刘松山：《当代中国处理立法与改革关系的策略》，载《法学》2014 年第 1 期。

87. 刘小康：《建立事业单位法人治理结构的理论再探讨》，载《北京行政学院学报》2015年第2期。

88. 刘权：《论行政规范性文件的事前合法性审查》，载《江苏社会科学》2014年第2期。

89. 吕忠：《行政主导型立法模式：特征、成因及其限度》，载《福建行政学院学报》2017年第1期。

90. 马发明、王邺：《建立法规跟踪问效制度初探》，载《中国人大》2005年第13期。

91. 马发明、赵遵国：《开展立法后评估的几个问题》，载《人大研究》2009年第1期。

92. 马贵翔、黄国涛：《立法程序正当化探析》，载《人大研究》2017年第8期。

93. 苗连营、张砥：《设区的市立法权限的规范分析与逻辑求证》，载《地方立法研究》2017年第1期。

94. 莫于川、雷振：《从城市管理走向城市治理——〈南京市城市治理条例〉的理念与制度创新》，载《行政法学研究》2013年第3期。

95. 宁越敏：《中国城市化特点、问题及治理》，载《南京社会科学》2012年第10期。

96. 钱宁峰：《规范性文件备案审查制度：历史、现实和趋势》，载《学海》2007年第6期。

97. 饶世权：《论公众参与视野中的地方立法调研》，载《西北大学学报（哲学社会科学版）》2011年第6期。

98. 石东坡：《立法需求的生成与确立问题探究——析〈立法法〉第72条第4款》，载《法学论坛》2016年第1期。

99. 宋方青：《地方立法中公众参与的困境与出路》，载《法学》2009年第12期。

100. 苏力：《崇山峻岭中的中国法治——从电影〈马背上的法庭〉透视》，载《清华法学》2008年第3期。

101. 苏艺：《论行政权力清单的本质属性与实践检验》，载《行政科学论坛》2015年第4期。

102. 孙潮、徐向华：《论我国立法程序的完善》，载《中国法学》2003年第5期。

103. 孙成：《地方人大常委会规范性文件备案审查程序探析——以湖北省荆州市的实践为例》，载《武汉理工大学学报（社会科学版）》2015年第6期。

104. 孙书妍：《立法技术与法律的有效性——以就业促进法为例》，载《人大研究》2008年第6期。

105. 田林：《关于确立根本性立法技术规范的建议》，载《中国法律评论》2018年第1期。

106. 汪全胜：《立法后评估的标准探讨》，载《杭州师范大学学报（社会科学版）》2008年第3期。

107. 汪全胜、陈光：《立法后评估的回应滞阻析论》，载《理论与改革》2010年第5期。

108. 汪全胜：《科学立法的判断标准和体制机制》，载《江汉学术》2015年第4期。

109. 汪全胜：《论立法后评估主体的建构》，载《政法论坛》2010 年第 5 期。

110. 王柏荣：《地方立法评估标准探微——功能、路径与框架》，载《中国社会科学院研究生院学报》2015 年第 6 期。

111. 王春业、邓盈：《重要立法事项第三方评估机制研究》，载《中南大学学报（社会科学版）》2017 年第 6 期。

112. 王建学：《论地方政府事权的法理基础与宪法结构》，载《中国法学》2017 年第 4 期。

113. 王锴：《论规范性文件的备案审查》，载《浙江社会科学》2010 年第 11 期。

114. 王克稳：《政府业务委托外包的行政法认识》，载《中国法学》2011 年第 4 期。

115. 王克稳、张贺棋：《论行政审批权力清单的法律标准》，载《行政法学研究》2015 年第 6 期。

116. 王腊生：《新立法体制下我国地方立法权限配置若干问题的探讨》，载《江海学刊》2017 年第 1 期。

117. 王腊生：《人大常委会规范性文件备案审查制度研究》，载《江苏警官学院学报》2009 年第 5 期。

118. 王理万：《立法官僚化：理解中国立法过程的新视角》，载《中国法律评论》2016 年第 2 期。

119. 王名：《非营利组织的社会功能及其分类》，载《学术月刊》2006 年第 9 期。

120. 王艺璇：《我国社会组织管理法治化的制度建构——基于社会组织功能定位的分析》，载《太原理工大学学报（社会科学版）》2014 年第 6 期。

121. 王正斌：《〈立法法〉对设区的市一级地方立法制度的重大修改》，载《中国法律评论》2015 年第 2 期。

122. 魏治勋：《法律授权模态的规范分析》，载《苏州大学学报（哲学社会科学版）》2009 年第 2 期。

123. 魏治勋：《全面有效实施宪法须加快基本权利立法》，载《法学》2014 年第 8 期。

124. 魏治勋、陈磊：《法律规范词的语义与法律的规范性指向——以"不得"语词的考察为例》，载《理论探索》2014 年第 3 期。

125. 魏治勋：《法律工程视野中的法律解释方法体系建构》，载《法学论坛》2016 年第 5 期。

126. 魏治勋、白利寅：《法学视域下的社会治理问题》，载《南通大学学报（社会科学版）》2014 年第 5 期。

127. 吴竞爽：《对地方司法规范性文件备案审查的探讨》，载《上海人大月刊》2015 年第 7 期。

128. 吴理财、方坤：《地方立法体制机制创新：现状、问题和出路——基于湖北省地方立法实践的研究》，载《地方治理研究》2016 年第 1 期。

129. 席涛：《立法评估：评估什么和如何评估（上）——以中国立法评估为例》，载《政法论坛》2012 年第 5 期。

130. 谢桂山、白利寅：《设区的市地方立法权的制度逻辑、现实困境与法治完善路径》，载《法学论坛》2017 年第 3 期。

131. 谢天：《完善立法后评估制度的若干建议》，载《人大研究》2017 年第 3 期。

132. 谢勇：《概念的成长：破解地方立法"不抵触""有特色"的理论困境》，载《求索》2017 年第 12 期。

133. 解志勇：《政府权力清单的理论与实现路径研究》，载《人大法律评论》2016 年第 1 期。

134. 徐继敏：《地方行政体制改革：实践、问题与路径》，载《理论与改革》2012 年第 4 期。

135. 徐继敏：《国家治理体系现代化与行政法的回应》，载《法学论坛》2014 年第 2 期。

136. 徐家良、薛美琴：《政府购买服务中事业单位身份重构与治理绩效》，载《中国行政管理》2015 年第 7 期。

137. 徐靖：《论法律视域下社会公权力的内涵、构成及价值》，载《中国法学》2014 年第 1 期。

138. 许中缘：《禁止性规范对民事法律行为效力的影响》，载《法学》2010 年第 5 期。

139. 杨峰、徐继敏：《论回应型行政的法治维度及其实现路径》，载《安徽大学学报（哲学社会科学版）》2017 年第 5 期。

140. 杨冠军：《加快出台国务院城市管理条例》，载《城乡建设》2016 年第 4 期。

141. 杨宏亮：《地方非规范性司法文件纳入人大备案审查机制研究》，载《上海政法学院学报（法治论丛）》2007 年第 2 期。

142. 杨丽等：《社会组织参与社会治理：理论、问题与政策选择》，载《北京师范大学学报（社会科学版）》2015 年第 6 期。

143. 杨小军：《深入推进城管执法体制改革研究》，载《行政法学研究》2016 年第 5 期。

144. 易峥嵘：《如何完善地方人大常委会规范性文件备案审查制度》，载《人大研究》2007 年第 6 期。

145. 俞荣根：《地方立法后评估指标体系研究》，载《中国政法大学学报》2014 年第 1 期。

146. 喻中：《中国宪法蕴含的七个理论模式》，载《浙江社会科学》2009 年第 8 期。

147. 曾永和：《当下中国社会组织的发展困境与制度重建》，载《求是学刊》2013 年第 3 期。

148. 曾哲、肖进中：《我国立法听证制度的困境反思与进路完善》，载《江汉学术》2015 年第 2 期。

149. 张步峰、熊文钊：《城市管理综合行政执法的现状、问题及对策》，载《中国行政管理》2014 年第 7 期。

150. 张卉林：《论专家参与在民主立法中的功能定位及制度完善》，载《湖南社会科学》2017 年第 2 期。

151. 郑泰安：《设区的市地方性法规与省级政府规章效力等级辨析——基于讨论规则的视角》，载《法学论坛》2018 年第 1 期。

152. 郑毅：《对我国〈立法法〉修改后若干疑难问题的诠释与回应》，载《政治与法律》2016 年第 1 期。

153. 周奋进：《为城市管理立法，破解城市管理执法难》，载《云南行政学院学报》2008 年第 6 期。

154. 周松玉、王雅琴：《地方人大规范性文件备案审查的现实困境与制度完善》，载《人大研究》2016 年第 9 期。

155. 周伟：《论创新性地方立法的良法标准》，载《江汉大学学报（社会科学版）》2013 年第 4 期。

156. 朱景文：《关于完善我国立法机制的思考》，载《社会科学战线》2013 年第 10 期。

157. 朱仁显、黄雀莺：《城市综合管理的法治化规范化——基于厦门的个案分析》，载《东南学术》2015 年第 4 期。

158. 朱学磊：《"法律、法规授权的组织"之身份困境及其破解——以行政诉讼为展开视角》，载《江汉学术》2015 年第 6 期。

159. 祝捷、刘文戈：《论规范性文件审查建议的遴选机制》，载《长沙理工大学学报（社会科学版）》2009 年第 4 期。

160. Lynn T. White III、马俊亚：《中国宪法的现状》，载《开放时代》2009 年第 12 期。

162. 王圭宇、王宁宁：《论新时代省级人大常委会的地方性法规批准权》，载《法治现代化研究》2022 年第 1 期。

163. 陈希：《我国地方立法合宪性审查制度特色研究》，载《法学论坛》2020 年第 6 期。

164. 焦盛荣：《推进地方立法科学化民主化特色化的遵循和机制》，载《甘肃社会科学》2020 年第 5 期。

165. 罗玥：《知识产权的地方立法权限与空间——以各地著名商标法规被废止为切入点》，载《地方立法研究》2019 年第 5 期。

166. 刘菊：《设区的市亟待以地方立法促进文物保护和合理利用》，载《法制博览》2019 年第 19 期。

167. 陈建财、蓝金华：《地方立法的科学性问题与对策——以〈南宁市城市房地产交易管理条例〉为例证》，载《法制与社会》2019 年第 13 期。

168. 孙骥、陈书全：《地方立法中行政处罚条款的合理性研究——以设区的市地方立法为样本》，载《山东社会科学》2019 年第 3 期。

169. 邢斌文：《地方立法合宪性审查：内涵、空间与功能》，载《内蒙古社会科学（汉文版）》2019 年第 1 期。

170. 魏治勋、汪潇：《论地方立法技术的内涵、功能及科学化路径——基于当前地方立法现状的分析》，载《云南大学学报（社会科学版）》2019 年第 1 期。

171. 白利寅：《实现地方立法科学化的创新机制研究》，载《云南大学学报（社会科学版）》2019 年第 1 期。

172. 张津：《依法治国背景下地方立法科学化与民主化研究》，载《漯河职业技术学院学报》2019 年第 1 期。

173. 戴津伟：《"地方立法重复上位法"的界定及其合理应用》，载《法律方法》2018 年第 2 期。

174. 山东省人大常委会法制工作委员会：《依法做好合法性审查 提高设区市立法质量——山东省 2017 年设区的市地方立法审查指导工作综述》，载《山东人大工作》2018 年第 3 期。

175. 贺海仁：《防止地方立法"放水"，完善中国特色合法性审查制度》，载《人民论坛》2018 年第 3 期。

176. 黄秋鸣：《地方立法中的公平竞争审查与合法性审查》，载《长春教育学院学报》2017 年第 8 期。

177. 屠凯：《司法判决中的经济特区法规与法制统一》，载《当代法学》2017 年第 2 期。

178. 周继东、张岩：《试论在地方立法中实行相对独立的法律审查》，载《法学杂志》2011 年第 9 期。

179. 陈光：《该如何构建合理的中央和地方立法关系——兼评〈中央与地方立法关系法治化研究〉》，载《山东大学法律评论》2010 年第 00 期。

180. 刘锦森：《对报批法规应进行合理性审查》，载《新疆人大（汉文）》2005 年第 9 期。

181. 张群：《审查批准较大的市地方性法规遇到的主要问题及对策》，载《中国人大》2004 年第 19 期。

182. 马根：《地方立法 要注重权利和权力的公平合理配置》，载《山东人大工作》2000 年第 5 期。

183. 朱最新：《论证抑或评估：地方立法立项的程序选择》，载《地方立法研究》2021 年第 2 期。

184. 宋才发：《地方立法的基本程序及功能研究》，载《河北法学》2021 年第 3 期。

185. 陈维林：《设区市地方立法中的几个程序问题》，载《人大研究》2020 年第 5 期。

186. 李晓波：《论地方立法后评估程序构建》，载《河南财经政法大学学报》2020 年第 2 期。

187. 王颖慧：《论民族区域自治地方立法的前提和程序》，载《法制与社会》2019 年第

21 期。

188. 张燕：《地方立法立项与起草程序的内在机制及其完善》，载《山东社会科学》2019
年第 5 期。

189. 谭波：《党内法规与国家法律的衔接和协调类型研究——基于部分党内法规与国家法
律的分析》，载《江汉学术》2019 年第 2 期。

190. 王伟国：《国家治理体系视角下党内法规研究的基础概念辨析》，载《中国法学》2018
年第 2 期。

191. 魏治勋、汪潇：《论党内法规的形式规范性及其创造性转化》，载《吉林大学社会科学
学报》2019 年第 3 期。

192. 刘作翔：《当代中国的规范体系：理论与制度结构》，载《中国社会科学》2019 年第
7 期。

193. 潘云霞：《数学集合的交集在卡诺图化简中的应用》，载《电子世界》2020 年第
24 期。

194. 王若磊：《党规与国法的关系的三重维度：内容协调、机制衔接与相互保障》，载《上
海政法学院学报（法治论丛）》2019 年第 5 期。

195. 曾钰诚：《论党规与国法衔接协调：法理逻辑、目标与价值》，载《社会主义研究》
2018 年第 6 期。

196. 秦前红、苏绍龙：《党内法规与国家法律衔接和协调的基准与路径——兼论备案审查
衔接联动机制》，载《法律科学（西北政法大学学报）》2016 年第 5 期。

197. 王圭宇：《新时代党内法规同国家法律衔接和协调的实现路径》，载《学习论坛》2019
年第 5 期。

198. 姬亚平、支菡箴：《论党内法规与国家法律的协调和衔接》，载《河北法学》2018 年
第 1 期。

199. 魏治勋：《论党规的概念、范围与效力等级》，载《法律科学（西北政法大学学报）》
2018 年第 2 期。

200. 封丽霞：《党政联合发文的制度逻辑及其规范化问题》，载《法学研究》2021 年第
1 期。

201. 侯嘉斌：《党内法规与国家法律衔接协调的实现机制研究》，载《社会主义研究》2018
年第 1 期。

（四）外文文献

202. Cass R. Sunstein, *Legal Reasoning and Political Conflict*, Oxford University Press, 1998.

后 记

　　经过一段时间编排、校对和修改，这本名曰《地方立法的科学化与合理性》的小册子，终于定型并即将付梓。此书由数篇以"地方立法"为主题的论文集成，亦是多年来多人合作研究的共同成果，其中大部分以精简的形式在学术期刊发表过，小部分篇幅则籍此成书机会首次面世。

　　集攒一本学术专著殊为不易，在此过程中获得的支持和帮助尤其值得感激。以下按照与本书形成相关事实的时间顺序表达谢意：感谢对本书各章节的形成做出突出贡献的白利寅博士（现为山东社科院法学研究所副研究员）、曹瀚予博士（现为青岛大学法学院讲师）、汪潇博士（现为上海政法学院法律学院讲师）、刘一泽博士（现为天津工业大学法学院教师），白利寅博士与上海政法学院的韩姿洁同学参与了本书的最后修改与校对，在此一并感谢；感谢《法律科学》《河南大学学报（社会科学版）》《云南大学学报（社会科学版）》《理论导刊》等学术期刊的主编与编辑的大力支持和帮助；感谢中国政法大学出版社魏星编辑，本书的修改、出版过程巨细无遗，全赖他的精心策划和不遗余力的劳作；感谢上海政法学院及其科研处的各位领导和同事，籍此出版机会和经费资助，这本小书终能不揣浅陋，在其学术与实践价值尚未彻失之时及时面世。最后，还要感谢广大的读者朋友们，在共享品读乐趣之时，恳望不吝批评指正；同时感谢家人和各位亲朋，你们的支持是我们的学术事业不断前进的不竭动力。

魏治勋

于沪西野马浜桥畔

2024 年 9 月 5 日